UHURU:
THE STORY OF TANZANIA-
ZAMBIA RAILWAY

中非之路：
坦赞铁路
沿线访谈录

张 勇◎主编

ZHEJIANG UNIVERSITY PRESS
浙江大学出版社

▲ 张勇

▲ 中国驻坦桑尼亚大使王克接见

▲《重走坦赞铁路》摄影指导梁子

▲《重走坦赞铁路》摄影师王逸海

▲《重走坦赞铁路》出镜导演尼尔斯

▲《重走坦赞铁路》导演助理陈远

▲《重走坦赞铁路》摄影师王圣溥

▲《重走坦赞铁路》开机仪式

▲《重走坦赞铁路》开机仪式合影

▲ 坦桑尼亚首任总统尼雷尔的夫人玛丽亚女士

▲ 坦桑尼亚前总理萨利姆博士和摄制组合影

◀坦桑尼亚前交通部长乔布·卢新德和摄制组合影

◀时任中国驻坦桑尼亚使馆公使衔参赞荀皓东和摄制组合影

◀中国—坦桑尼亚友好协会秘书长约瑟夫·卡哈马和摄制组合影

◀中国—坦桑尼亚友好协会秘书长约瑟夫·卡哈马应邀来浙江师范大学非洲研究院交流

▲ 中土东非有限公司——原坦赞铁路大院旧址

▼ 原坦赞铁路开工仪式现场

▲ 坦赞铁路机车标志

▼ 东方红机车

▲ 中国援助的坦赞铁路机车

◀ 老轨枕上印制的"中国"

中、坦、赞三国
人民的友谊万岁！

LONG LIVE THE FRIENDSHIP BETWEEN THE PEOPLES OF CHINA, TANZANIA AND ZAMBIA!

▲ 坦赞铁路口号标牌

▼ 中国援助的坦赞铁路机车

CSR

CSR QISHUYAN CO., LTD.

MADE IN CHINA

2012

▲ 原坦赞铁路大院里的老电影胶片

▲ 坦赞铁路中国专家组所在地的轨枕厂

▼ 坦桑尼亚中国专家公墓

▲ 挂在达累斯萨拉姆火车站里的坦赞线路全线图

▼ 坦赞铁路乌有里车站

▲ 坦赞铁路货运列车

▼ 坦赞铁路纳孔德车站

12

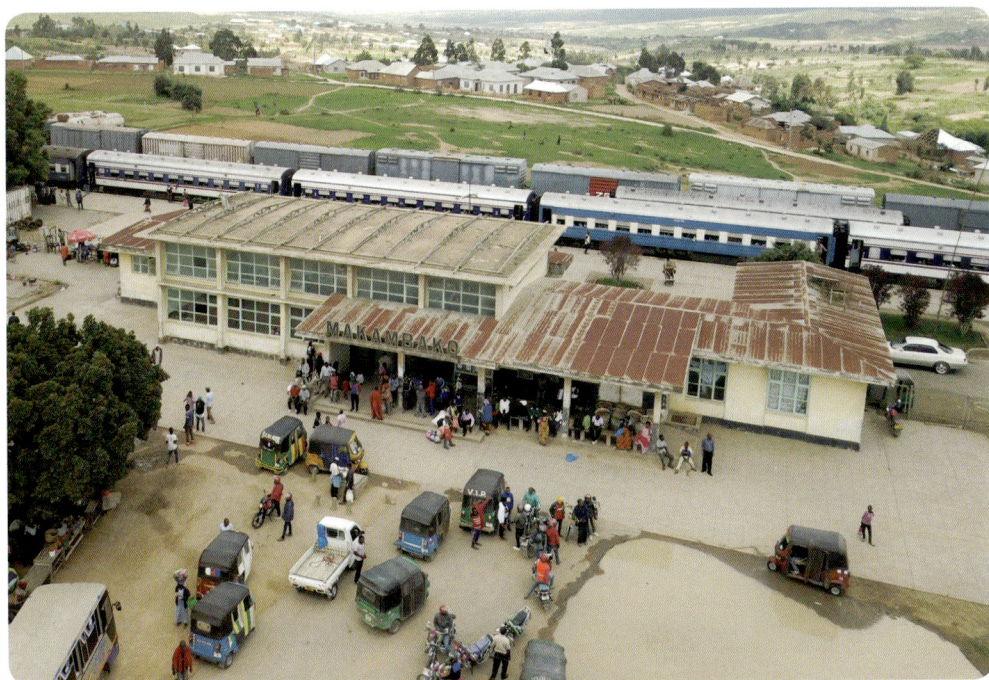

▲ 坦赞铁路马坎巴科车站

▲ 坦赞铁路纳孔德车站候车乘客

▼ 坦赞铁路起点——达累斯萨拉姆火车站候车乘客

▲ 拥挤的三等座

▼ 坦赞铁路沿线民众

▲ 坦赞铁路沿线的小贩

▲ 坦赞铁路火车到站后搬运货物的沿线民众

◀▲ 坦赞铁路沿线女贩

▲ 坦赞铁路中国专家组所在地附近的集市

▲ 坦赞铁路沿线学生

▲ 坦赞铁路沿线货运

▼ 坦赞铁路沿线风光

▲▲坦赞铁路沿线叫卖者

▲ 塞卢斯野生动物保护区

▲ 坦赞铁路沿线马赛部落

▼ 坦赞铁路经过的塞卢斯野生动物保护区

▲ 在坦赞铁路沿线做生意的马赛女人

▲ 张勇和坦赞铁路沿线马赛人合影

▲ 达累斯萨拉姆城市航拍

▼ 坦赞铁路航拍

坦赞铁路之书

姆贝尔瓦·凯鲁基[*]

坦赞铁路是20世纪60年代中国援非的里程碑项目。当时，受到泛非主义思潮的启发，坦桑尼亚总统姆瓦利姆·朱利叶斯·尼雷尔（已故）和赞比亚总统肯尼斯·卡翁达双方就建设连接两国的铁路项目达成共识，并向中国提出了援助请求。尽管当时中国正处于困难时期，但本着真诚友好的合作精神，中国政府愿意慷慨解囊，为该项目提供无息贷款。正是中国领导层的战略决策，使得该项目能够顺利实施。

这条贯穿东非和南部非洲的交通大动脉，全长1860.5千米，在经济、政治等领域都产生了深远影响，尤其为南部非洲国家的社会发展和解放做出了巨大贡献。中国对坦赞铁路建设的支持为中非关系奠定了深厚的友谊，坦赞铁路被非洲人民誉为"自由之路"和"友谊之路"，成为中非友好的见证。

由于自然条件恶劣，疾病多发，施工队伍面临各种艰难挑战。铁路沿线几乎杳无人烟，荒郊野岭里毒蛇猛兽肆意横行。尽管困难重重，专家队伍们依然全身心投入到建设中，并完成了这项长达5年8个月的艰巨任务。在这项旷日持久的建设中，共有66名中国专家长眠在异国他乡。

为了适应新时代社会经济发展的要求，坦赞铁路需要在管理和技术运营方面进行系统的改革和创新。"一带一路"倡议让中非合作再掀高潮，坦赞铁路将为两国经济社会发展注入新动力。

张勇博士主编的这本书，采访了涉及坦赞铁路的各个方面的群体，包括坦桑尼亚建国后的首任总统尼雷尔的夫人玛丽亚女士、坦桑尼亚前总理萨利姆、坦赞铁路建设时期的交通部长等大量历史亲历者，以及沿线的居民、乘客、媒体从业者、铁路工作人员等，对于中非年轻一代了解坦赞铁路这一伟大工程具有重要意义，也有利于中坦关系的进一步发展。

坦赞铁路是一座象征着三国深厚友谊的桥梁，我们继续展望它美好的未来。

---

* 姆贝尔瓦·凯鲁基，现任坦桑尼亚联合共和国驻华大使。

打开尘封的记忆

苟皓东[*]

张勇博士发来《中非之路：坦赞铁路沿线访谈录》书稿，说是纪录片《重走坦赞铁路》的"副产品"。读着书中那些熟悉的谈话，拍摄纪录片时的许多画面再次浮现在脑海中。时间真快，一年多又过去了。

《重走坦赞铁路》纪录片在达累斯萨拉姆火车站开拍的第一天，正好有一群德国年轻人在等火车，出镜导演尼尔斯走上前攀谈。

尼尔斯问："你们知道坦赞铁路是哪个国家修建的吗？"

德国青年："德国吧？"

尼尔斯："不，是中国。"

德国青年："中国为什么要修这条铁路？"

……

我亲耳听到这段对话。

在距离火车站10多千米的中国专家公墓，长眠着60多名为坦赞铁路牺牲的中国工程技术人员。墓地附近有一所小学，我曾经出席过中国商会捐赠课桌的活动，我问在场的师生：你们知道公墓里安葬的是什么人吗？没有人能回答上来。

中国有好几个铁路博物馆，上海铁路博物馆和北京的中国铁道博物馆我都看过，没有关于坦赞铁路的只字片言。

中国人民曾经家喻户晓、非洲兄弟曾经欢欣鼓舞的坦赞铁路，如今几乎只是个传说？

20世纪六七十年代，非洲民族解放运动风起云涌，年轻的中华人民共和国在道义

---

[*] 苟皓东，现任中国驻印度尼西亚登巴萨总领事。曾任中国驻厄立特里亚大使馆一等秘书，驻利比里亚、博茨瓦纳大使馆政务参赞，驻非盟使团副代表，驻坦桑尼亚使馆公使衔参赞，在非洲工作长达14年。

和物资上给予非洲兄弟坚定支持。1999年，我到非洲当时最年轻的国家厄立特里亚工作，那里的大多数政府官员都是游击队战士出身，总统伊萨亚斯本人22岁时曾经到中国学习，结束后，带着"老三篇"（《纪念白求恩》《愚公移山》《为人民服务》）和《论持久战》回到战场，继续领导独立斗争，终于在1993年建国。后来，我先后在非洲五个国家工作和生活，每到一处，都经常被中非往事感动。在博茨瓦纳的时候，马希雷（博第二任总统）先生亲口告诉我一个故事：博茨瓦纳独立后，与中国台湾建立了所谓的"外交关系"。后来，卡马总统（博首任总统）应邀出席坦赞铁路通车典礼，尼雷尔总统和卡翁达总统狠狠批评了他，告诉他中华人民共和国是非洲人民最可靠的朋友。卡马总统解释说，自己当时急于得到国际社会承认，没想到犯下如此错误，回国后立刻宣布与中国台湾断绝所谓的"外交关系"，与中华人民共和国建交。坦赞铁路的道义感召力可见一斑！

中国劳工在100多年前就曾到这片土地上修筑铁路，那时德国殖民者为了掠夺财富，征用大批拖着长辫子的中国苦力（coolie）修建中央铁路（1905—1914，干线全长1252千米）。到底有多少中国苦力参加了中央铁路的建设？以这条铁路的规模和当时的技术条件以及建设时间来看，应该是数以万计，而且伤亡无数，据说曾经在铁路沿线发现过不少中国苦力的墓葬。历史的巧合总是让人唏嘘感叹不已。半个多世纪之后，为了帮助非洲兄弟获得主权和捍卫尊严，5万名中国人再次来到这里修筑铁路，60多人长眠在这块土地上。非洲人民给坦赞铁路起了光荣的名字Uhuru Railway（自由之路）、Urafiki Railway（友谊之路），西方则视之为"红色铁路"、非洲的"胡志明小道"，千方百计阻挠破坏。尼尔斯在采访中了解到罗德西亚白人政权策划的炸毁坦赞铁路一座桥梁的事件，而且寻访到当年机智驾驶列车逃过一劫的赞比亚女司机。尼尔斯愤怒地说：这是赤裸裸的恐怖主义！

坦桑尼亚是南部非洲民族独立运动的大本营，当年津巴布韦非洲民族联盟（ZANU）、安哥拉人民解放运动（MPLA）、莫桑比克解放阵线党（FRELIMO）、南非非洲人国民大会（ANC）的许多秘密据点就隐藏在达累斯萨拉姆的背街小巷里，穆加贝、萨莫拉、曼德拉、内图都是尼雷尔总统的常客，甚至秘密潜入非洲的格瓦拉都在这里活动过。坦赞铁路指挥部大院的中国医院救治了无数当地人民，也为许多自由战士提供了医疗服务，乌干达总统穆塞韦尼至今感念坦赞铁路医院救了他的性命。坦桑尼亚的国防军英勇善战，一举打败阿明政权发动的侵略，因此得名"坦桑尼亚解放军"。我在坦桑尼亚工作的两年里，经常去看望中国人民的老朋友萨利姆先生、"国母"尼雷尔夫人、乔治·卡哈马（George Kahama）先生（尼雷尔总统的亲密战友，首任内阁部长之一，20世纪80年代出任驻华大使）。我去看望前总理马莱塞拉（Malecela）时，老人称自己是毛泽东的粉丝，中年时期从发型到服装都模仿毛泽东，他的夫人至今还能说出20世纪70年代中国产半自动步枪的型号。坦赞铁路建设时期的交通部长卢辛德（Lusinde）先生（后来曾担任驻华大使）已经是耄耋之年，他清晰地记得坦赞铁路的许多往事和两国老一代领导人的友谊。当年非洲思想界的风云人物伊萨克·什维吉（Issac Shivji）教授、著名出版家沃尔特·博格亚（Walter Bgoya）先生均已年过古稀，他们都是当年民族解放运动的亲历者，也是中坦友谊的见证者。能与这些前辈交往，聆听不少鲜为人知的故事和史料，是我莫大的荣幸，也是激励我努力工作学习的精神力量。《重走坦赞铁路》在拍摄过程中采访了他们当中的一部分人，我们可以从这本书里管窥一些史料。

尼雷尔一生13次访问中国。1965年第一次访华后，他不再穿西服，自己设计了一种无领套装，居然迅速在非洲流行起来。这种被西方称为"毛服"的套装，至今在非洲仍到处可见。尼雷尔被中国人民艰苦奋斗的精神所感动，访华回来后大幅降低政府公车数量和档次，宴会取消酒精饮料，宣布《阿鲁沙宣言》，推行坦桑尼亚式人民公社（UJAMAA）。毛泽东说，中国应当对于人类有较大的贡献。尼雷尔说，非洲国家没有全部独立，坦桑尼亚就不能算是真正的独立……尼雷尔的名言"坦桑尼亚有许多朋友，中国是最好的朋友"被坦桑尼亚历届政府作为"国父遗训"而坚定奉行。

回顾历史，新中国第一代领导人的长远目光和外交布局，在今天看来非常了不起。我常常对同事们说，如果西方非要以中国为竞争对手的话，这个对手在非洲具有他们望尘莫及的优势，那就是道义和感情优势。

遗憾的是，这种优势随着时间的流逝而逐渐消退，那段感天动地的历史被时间的尘埃慢慢掩去。

浙江师范大学非洲研究院张勇博士团队拍摄《重走坦赞铁路》，并由张勇博士整理出版《中非之路：坦赞铁路沿线访谈录》，深度触及那段历史，无疑是一个非常令人鼓舞的良好开端。此刻我在印度尼西亚的万隆，住的酒店附近就是当年的亚非会议旧址，读着这本书，心里有一种兴奋的预感：也许，这部纪录片和这本书可能会催化对当代中非关系史的研究热潮，更多的中国学者和非洲学者会加入进来，寻找中非合作的"初心"。

半个世纪前，中非前辈们开辟了这条自由之路、友谊之路，今天，我们将继续沿着这条路，走向中非合作更加壮丽的明天。

2019年3月

印度尼西亚万隆

做行走、行动的**非洲学问**

刘鸿武

　　2019年是中华人民共和国成立70周年，各行各业都在回顾总结国家民族艰苦奋斗而逐渐复兴崛起的光荣历史。当代中非合作关系是中华民族追求国家民族复兴进程中在对外关系方面所做的特殊努力，也有许多值得人们回顾总结的往事。值此特殊时刻，由浙江师范大学非洲研究院张勇博士团队完成的大型纪录片《重走坦赞铁路》正式发布，根据此纪录片采访内容辑录而成的著作《中非之路：坦赞铁路沿线访谈录》也正式出版，这种让宏大历史叙事与精细私人记忆共同呈现中非合作光荣历史的全貌的做法，是很有意义的。我作为这一项目最初的策划人，应张勇博士的邀请，将一些感受、想法略记于下，以为书序。

一

　　坦赞铁路是当代中华民族一份特殊的海外国家历史记忆。作为长期从事非洲研究的人，我早在1990年到尼日利亚拉各斯大学留学时就听说过不少坦赞铁路的传闻，但一直到2003年我到坦桑尼亚（以下简称坦桑）达累斯萨拉姆大学做访问教授时，才对这一当代中非合作的历史丰碑和相关细节有了真正直接的感知与观察。

　　在坦桑期间，我在当地朋友和大使馆文化处帮助下，曾对中国援助坦桑的多个重点项目做过调研考察，如坦赞铁路沿途车站、达市友谊纺织厂，拜访过当年坦赞铁路的见证人桑加大使、萨利姆先生、坦桑开国元首尼雷尔的夫人，也前往坦赞铁路政府办公室访问过相关官员，清明节时与当时中国专家组组长杜坚先生一起到郊区祭扫

---

* 刘鸿武，教育部长江学者特聘教授，浙江师范大学非洲研究院院长。

坦赞铁路中国专家公墓，还与非洲朋友一起乘坐客运班车前往沿线小站感受民风民情，在伊林嘎山区感受中国铁路数十年来给这个国家的边远山区沿线带来的变化，也渡海到桑给巴尔岛感受600年前郑和远洋抵达东非海岸留下的文献和其他历史遗迹。从坦桑回来后，时时思念那片留有太多中国历史文化痕迹的东非海岸的人与事、自然与历史，陆续写了一些文字，最后写成了《蔚蓝色的非洲——东非斯瓦希里文化研究》，书中收录了当年在坦桑留学考察时对坦赞铁路调研考察的一些文字。

后来我又多次去坦桑，有一年到坦桑承办中坦合作研讨会，时值坦赞铁路建成通车40周年，研讨会后，我在中土集团朋友的陪同下，前往达市港区附近的中国铁路大院，在里面看到当年中国援建大军留下的许多珍贵文物、工程器械、设计图纸，那棵移植过来的据说是当年坦赞铁路开工时在举行典礼仪式的大树，虽然已经枯萎，但所有这一切都静静地躺在热带非洲的异国他乡，而当年那热火朝天奋战海外的中国建筑工程师和筑路大军们的形象，依然流传在那片遥远土地的人们的心中、记忆中，让后来者听到都心生敬意。

这些年，我一直希望能够在国内建设一个坦赞铁路博物馆，这件事，也曾得到中土集团前董事长刘志明先生，我院客座研究员、原援建坦赞铁路斯语专家王晓明先生的大力支持，中国驻坦桑尼亚大使王克、中国驻坦桑尼亚使馆公使衔参赞苟皓东也很关心，给予过多方面的支持。虽然这一计划迄今尚没有实质性推进，但收集相关资料、采集历史文献、访谈当事人的工作，我们还是一直在努力推进，并取得部分成果。张勇博士主持的这个中非欧三方学者共同完成的纪录片《重走坦赞铁路》及文字版图书《中非之路：坦赞铁路沿线访谈录》，大体就是我们这方面努力的一部分。这两项工作能完成，关键是张勇博士及其团队本身的敬业精神和勤奋工作，这是一个民族奋斗精神在当代延续的一种努力。我们希望在现有的历史记述之外，通过特殊的努力，用更加精细的私人记忆，重现那宏大历史的更多细节。

二

记述和理解中国援建坦赞铁路的历史，离不开对百年中国历史的总体把握。

我们知道，通过百年努力，今天的中国正与外部世界形成一种全新的利益共享、前途共担的依存关系，秉持中国人千百年来"穷则独善其身，达则兼济天下"的古老遗训，今日之中国自当以自身取得的发展来努力带动他国他族之发展，又以他国他族的共同发展为自己的进一步发展创造更开阔的机会，从而与外部世界形成一种互为机遇、互为动力、自利与利他相平衡的新型国际关系结构和人类交往新法则，这是时代变化的需要，也是民族命运之使然。而自新中国成立后就开始的中国对外援助尤其是对亚非发展中国家的援助，正是中国在现代国际社会中与他国他族交往合作过程中形成的一种新的体现中华民族古老传统与现代复兴梦想的中国对外关系新形态。

作为世界史上最古老且绵延迄今的文明的创造者，中华民族为人类的进步与发展做出了巨大的贡献。一代又一代中华民族的仁人志士始终恪守"穷则独善其身，达则兼济天下"的处世原则，秉持"天下兴亡，匹夫有责"的家国信念与责任意识，来建构和处理中华民族内部各族群及中华民族与外部世界其他民族其他族群的关系，由此而在中国政治史、思想史、文化史、对外关系史上留下了极为丰富的、具有中华民族特色的思想智慧与知识传统。

作为现代世界体系中的国家，中国在进入20世纪尤其是1949年中华人民共和国成立后，在追求中华民族伟大复兴的过程中，从一开始就以自己的方式，站在新的时代起点与日见开阔的全球视野上，来思考中华民族在复兴自我并自立于世界民族之林的过程中，如何在自存与共存、援他与助我、利己与互惠之间寻求适当之平衡，努力承担起自己的现代意义上的国际主义与人道主义责任，对人类和平与发展做出中华民族的贡献。

早在20世纪初叶，孙中山在领导中国革命时曾说过："中国如果强盛起来，我们不但是要恢复民族的地位，还要对世界负一个大责任。"中华人民共和国成立后不久，毛泽东在一篇纪念孙中山先生的文章中谈到中国与外部世界的关系时明确表示："再过四五十年，就是2001年，进入到21世纪的时候，中国的面目更加要大变。中国将变成一个强大的社会主义工业国。……中国应当对于人类有较大的贡献。"他还说，中国人口已达到6亿多、国土面积达到960万平方千米，是世界大国，"这种贡献在过去一个长时期内太少了，这使我们感到惭愧"。援助亚非拉人民的独立与解放事业，为人类做出较大贡献，也因此成为新中国领导人的一种奋斗理想与长远目标。1963年8月，毛泽东在会见来访的非洲朋友时进一步表示："已经获得革命胜利的人民，应该支援正争取解放的人民的斗争，这是我们的国际主义的义务。"

中国对亚非拉国家的援助开始于中华人民共和国成立后不久，坦赞铁路是中国对非援助的第一大工程，也是中非关系史的丰碑。自坦赞铁路之后，中国对非援助迄今已持续半个世纪。长期以来，关于中国对外援助及其履行国际责任的问题，国际社会有种种议论。一些西方政客、学者和媒体对中国援助和国际责任的看法，常常是戏剧性、情绪化甚至自相矛盾的。有时他们指责中国对外援助太少，说中国自私自利，不负责任；有时又指责中国援助太多，将中国的对外援助规模夸大到令人吃惊的地步，由此来暗指中国野心太大。许多时候他们也指责中国的援助不按规矩行事，破坏了西方在亚非国家建立民主制度、推进人权事业和实施良政的努力。事实上，对西方来说，首要的问题并不是中国对外援助的规模大小和承担国际责任的多寡，而是中国是否按照西方的标准与要求去做，会不会成为与西方模式不一样的"另类"。

近年来，在国内关于中国对外援助的争议也时有发生。时常有人会问，中国还很穷，为什么要援助其他国家，有必要吗？对于一个利益与观念日益分化和多元的时代，我们必须对中国对外援助的战略意义做令人信服的阐释。目前，由于许多亚非拉国家要比中国更弱小更贫困，因而这种合作关系更多地表现为中国对这些国家的援助和支持，但中国的对外援助，也对中国自身的发展起到了至关重要的回馈推进作用。根据一般的国际援助惯例，发达国家每向发展中国家提供1美元的援助，那么最终会带动双方的经济技术合作增加6美元的规模。2000年以来，中国对非援助开始增多，特别是2006年中非合作论坛北京峰会以后，每年中国对非援助逐渐达到几十亿美元的水平。这些援助改善了当地的基础设施状况，提高了就业水平，为中国对非贸易和投资的扩大创造了很好的条件。如2000年中非贸易额仅100亿美元，到了2014年则超过了2200亿美元。这是既有利于非洲国家自身发展，同时也有利于双边合作的好事情。

尽管远非尽善尽美，但无论如何，中国的对外援助在当前的时代背景下具有必然性和必要性，有基于中国现代发展需要的战略诉求与实践方式，更有源自中国历史传统的文化支撑与理念基础，其得失也需要从现代中国追求民族复兴与推进世界和平发展的广阔背景上来理解把握。因为越来越明显的事实是，今天中国的国家利益已经广泛存在于全球层面，遍布于世界各个角落，它客观上要求中国社会的各个方面都能重新认知自我，重新认知中国与外部世界的关系。这其中也包括中国需要重新认知对外援助和履行国际责任的意义，需要认真思考通过什么样的体制机制创新与改进，让中国的对外援助更好地服务于中国自身和整个世界的共同发展与和谐发展。

三

近年来，中国提出要与国际社会一起努力建构人类命运共同体、建构新型国际关系的主张。从学术与思想、知识与观念的层面上说，要建构人类命运共同体，建构新型国际关系，就需要有能支撑、解释、服务这一命运共同体和新型国际关系的人类共建共通共享的知识体系、思想理念与行动智慧的创造与传播，这正是今天中国和非洲国家、"一带一路"沿线国家的知识界思想学术界应该努力的方向。

我们说，人类共建、共通、共享的知识体系不会凭空而降，也不能由某一区域、某一国家民族文化的知识来充当全球性的人类知识。我们需要通过全球范围的国别与区域研究的学科建设、智库建设与合作，在继承和开发各国、各区域、各民族的传统知识与现代智慧的基础上，通过平等对话和合作研究，把人类的知识、思想、文化都链接起来、汇通起来，并加以综合创新，这样我们才可以创造出真正具有全球性的人类共享、共通的知识与文化，也才能应对今日人类面临的各种挑战。近代以来，中非双方都经历了曲折艰难的复兴进程，为最终完成中非双方的国家民族复兴，21世纪的中非双方都需要以更加自尊、自信、自立的精神，去继承和发扬各自的文化传统与精神遗产，同时也要以更加开放的胸襟去拥抱世界各国、各民族的文化，共同推进人类各文明，以更为均衡、多元、平等的方式对话与合作，从而共同建构新型国际关系，建构更加紧密的中非命运共同体。

当下，人类面临的挑战与机遇已是如此复杂，没有任何一个单一的国家、民族、区域、文化与知识可以解决人类面临的所有问题。世界必须携起手来，同心协力，同舟共济。今天的世界正处于发展变革的关键时期，正迎来前所未有的巨大变局。从中国的角度来看，今天的中国，在经历了百年来的奋斗后，正取得历史性的发展与提升，即从过去的主要追求中华民族伟大复兴的中国自身发展，转向倡导人类命运共同体的世界共同发展；从主要通过改革、开放、跟随、学习的追赶型发展，转变为更多通过交流、互鉴、合作、共赢的结伴型发展；从主要依赖于资源、技术、人力、资金的旧发展，转变为更多立足于知识、思想、制度、文化的新发展。在此大背景下，中国需要知识与思想的自主性成长与战略引领，需要系统回顾总结中华学术传统，以中华文明演进的5000年智慧、国家治理的3000年思想、现代复兴的200年经验、改革开放的40年探索实践为基础，返本开新，继往开来，着眼于未来百年中华民族与世界发展的相互关系的高度，重新理解和确认中国在世界的位置，以及在新时代的身份、角色和抱负，进而为推进全球治理与发展贡献中国智慧。

四

过去70年尤其是中国改革开放40年和中非合作论坛成立18年以来，日益丰富生动的中非发展合作实践，正对今日国际范围的全球国际合作机制的变更与创新产生了多方面的积极引领与示范影响，这其中也包含着丰富的中非当代知识与思想的探索、积累、创造与传播。

第一，通过中非双方的共同努力，"中非合作论坛"这一机制化的合作平台，正将中非合作的双边、多边的合作领域与行为推向规范化、系统化、常态化、精细化的层面。每届中非合作论坛都将宏观战略规划与具体项目相结合，前后之间既有承接性，又有变革性，凸显了中非合作的稳定性、连续性与务实性。

第二，每三年一届的中非合作论坛模式，实际上将过去70年中国国内建设发展的重视整体战略规划、重视政策的连续性、重视政府与民间力量结合的种种经验和做法，逐渐推广到了中非国际合作的实践中去，从而形成了国际合作的新模式。

第三，中国发展经验正广泛影响到中非合作进程。非洲的知识界和思想界日益重视中国独立自主发展的经验，开始认真思考适合于非洲发展的新模式，更加独立自主地探索非洲的发展道路。

第四，中非合作论坛充分发挥了中非双方的积极性，将中央政府与地方政府、国企与私企、非政府组织（NGO）等的积极性都调动出来，形成了不同层面的合作模式，让中非许多普通人受益。

第五，中非合作提高了非洲在全球的地位，影响了非洲与其他国家交往的方式，优化了非洲国际合作的环境，推动了新型国际合作模式的发展。当代中非合作不仅仅只是经济、贸易、投资和设施建设，不仅仅只是物质方面的交流与合作共赢，实际上还伴随着日益紧密的国家发展与治理能力建设方面的交流与合作，伴随着中非双方在国家制度和社会管理方面的日益紧密的相互认知、沟通与合作。

今天，中国已经成为世界上对非洲发展贡献最大的国家。各种研究数据表明，过去10多年，中非合作对非洲经济增长的贡献率达到25%以上。在有些非洲国家，中国的贡献率更高。比如，与中国经济合作成效显著的东非国家埃塞俄比亚（后简称埃塞），已经保持了10多年约10%的年GDP增长速度。中国与埃塞合作修建了这个国家的第一条城市轻轨（也是非洲大陆上的第一条城市轻轨）、第一条高速公路、第一条现代化铁路、第一个风能发电站、第一个现代工业园区，并在这里援建了现代化的"非洲联盟国际会议中心"，以支持非盟能力建设，从而提升了埃塞在非洲发展中的地位。这一切，使过去贫穷落后的埃塞日益成为非洲大陆最富发展活力的国家，被称为"非洲发展之星"。而中国与埃塞合作的成功经验，作为实践中的一个成功案例，正可以通过中国倡导的"一带一路"全球发展平台，获得更广阔的推进空间与创新机会。

国家治理能力与经济发展能力的提升，离不开思想自立与知识创新能力的提升，中非政治经济合作的基础，同样也是建立在日益紧密的思想与知识合作的基础上的。今天，中国正在为"两个一百年"的民族复兴目标而奋斗，非洲也制订了面向未来的"非盟2063议程"宏伟规划。在此宏观背景下，双方要建构发展合作的命运共同体和机遇共同体，必须建立可以交流、理解、借鉴的"知识与思想共享平台"，必须建立相互尊重的、平等互惠的"知识共享和思想交流的伙伴关系"，努力在人类发展进程、全球治理、国际体系改革等重大问题上发出中非双方共同的声音。

五

从这个意义上说，张勇博士主编的《中非之路：坦赞铁路沿线访谈录》，是重新认知中国的对外援助和中国与外部世界的关系的一项难能可贵的尝试。这本著作立足于影视人热衷的讲述普通人故事的视角，改变以往主流媒体俯视非洲的姿态，深入民间，足迹遍布坦赞铁路数十个车站，重点采访了沿线40余位不同层面、不同地区、不同年龄的人物，为坦赞铁路研究和中非关系研究提供了鲜活的第一手资料。出于他作为媒体研究和纪录片人的职业敏感，书中大量口述采访内容对于西方国家在坦赞铁路建设和运营时期的恶意谣言、反华宣传、干扰破坏，如"能修铁路的中国工程师还没有出生""坦赞铁路是竹子建的""中国派出的铁路工人都是劳改犯""中国人修完铁路就都留下来殖民非洲"等，进行了披露和反驳。同时，作者以新时期"重走坦赞铁路"的姿态，完成了对坦赞铁路建设历史、南部非洲民族解放运动、冷战时期西方反华宣传等的口述采访，从2016年起连续三年三次奔赴坦赞铁路沿线调研，用自己的双脚丈量非洲大地，完成了行走的学问，具有非洲人类学意义，从生活上讲中非，从情怀上谈学问，所谓"非洲研究"在这里便不再仅仅是一份稻粱谋的职业，而是与个人的生命和情感，甚至使命感紧密相连，也是一个新生代独有的非洲情怀和坦赞情怀的集中体现。

非洲研究是一个综合性、交叉性学科，其研究涉及非洲数十个国家和地区的历史、政治、经济、文化、科技、教育、影视、美术、音乐等众多领域。从研究工作所需要的资料平台来看，我们无论从何种专业或领域切入，从事非洲研究的一个普遍困难都是资料相对匮乏，尤其是历史文献与书面材料。作为克服这一缺陷的重要努力，非洲研究者们大多比较重视借助人类学、社会学、语言学的工具，通过收集整理口头传说、民间故事、部族谚语，以形成口述史料来补充书面文字材料之不足。坦赞铁路史的研究虽然有比较丰富的书面文献材料可用，但流传在民间、散布于非洲的当事人经历、见闻、感受，更是一部生动的历史连续剧，需要以专业的方法进行及时的整理。张勇博士团队在拍摄《我从非洲来》纪录片时已注意积累相关口述资料，在拍摄《重走坦赞铁路》纪录片时，更加有意识地重视对口述材料文字化的消化整理，因而得以在完成纪录片制作后不久，就形成了纪录片转换成书的过程。这本基于对沿线国家历史见证者和当事人的采访而成的著作，由采访拍摄转换为口述文字、书面文字的做法，正是从事非洲研究的重要路径，为研究当代中非关系史提供了宝贵素材。其中的许多文字记录，形象生动，内容感人，为人们理解当年中非人民的共同奋斗精神及今日倡导的建构人类命运共同体有积极的意义。

今天的中国，正走在从站起来到富起来到强起来到美起来的道路上。因此，作为学术机构，首先要解决自身的基础性短板问题，不仅仅在一个小圈子里自娱自乐，而是要扩大国际传播力与影响力。中非合作涉及方方面面，铁路、公路、医疗、农业、学校等，中非合作好不好，中国是在帮助非洲实现发展还是在搞新殖民主义，不能由西方人来说，应该由非洲人自己说，坦赞铁路亦如此；没有谁比非洲人更懂得非洲，在非洲研究和非洲实践方面，非洲人是我们的老师，是我们的先生；我们必须扎根非洲大地做学问，到非洲去虚心聆听、拜访、学习，才能取得"真经"。

六

从这些年的工作实践来看，讲好中国故事，除了我们自己要把故事说好，做好对外宣传，还需更多地借助外部力量，如请非洲朋友结合自身经历向国际社会传递观点和声音，这有助于增强认同感，也更容易被受众所接受，更能产生文化共鸣，传播的效果也会更佳。今天，中国正快速走向世界，中国的学术界、媒体界、智库界也必须跟上时代的步伐，创新发展思路，拓展发展空间，提升对外交往合作的有效性，真正从变化中的世界来思考和把握中国与外部世界的关系，用学术和思想、知识与理论为中非合作做出自己的贡献。而这一切，都离不开我们与非洲国家学者们的真正意义上的平等合作与相互支持。

过去10多年来，在创办浙江师范大学非洲研究院的过程中，我们努力推进研究院各项工作的国际化、非洲化进程，让中国的非洲研究更接地气，更接近非洲大陆的实际和中非合作的现实需要。自2010年至今，我院通过各类渠道积极推进非洲籍专业人才的引进工作，现已陆续聘请长期（或短期）非洲籍专家、学者10人。其中多数非洲学者长期在华生活、学习，了解中国历史、文化，对中国怀有深厚感情。在承担非洲研究院安排的教学和科研任务之余，在非洲研究院的支持和鼓励下，他们还深入中国城市、乡村，调研、考察中国发展模式，学习中国发展经验，撰写心得体会，在国内外媒体宣传、推介中国文化，畅谈自己对中非关系、中非发展的想法和建议，为增进中非友谊和民心相通做出积极贡献。

比如与张勇博士一起联合拍摄制作纪录片《我从非洲来》的索马里学者和丹（Hodan Osman Abdi）博士，就是一个非洲人眼里的"中国通"，她目前在中国许多地方和非洲许多国家都小有名气，甚至被一家埃及的智库媒体评为目前"非洲大陆最有影响力的十个非洲女性"之一。她在浙江师范大学读完本科、硕士课程，在浙江大学读完博士课程，然后又入职我院做专职科研人员。久居中国12年，她不仅会说一口流利的中文，还会用英、法、阿拉伯等三种语言进行沟通和交流。由于在语言上的独特优势，每当有非洲国家代表团来访，研究院都会安排她和毛里塔尼亚籍学者亚黑亚（Mohamed Mahmoud Yahya）博士、马里籍学者约罗（Diallo Yoro）高级研究员一同参加外事接待，为来访非洲友人提供讲解、翻译服务，介绍中国的非洲研究事业，协助我们共同做好研究院的国际合作与对外交往工作。2016年9月，亚黑亚博士荣获浙江省人民政府颁发的"西湖友谊奖"。2017年10月，和丹博士受聘担任索马里总统顾问，为索政府就索马里国家发展、中国与索马里两国相关领域合作方面提供政策咨询服务和信息参考。

这些年，在我们非洲研究院，形成了一个很好的中非学者合作开展科研与国际交流的工作局面，比如张勇博士与和丹博士、罗德里格（Taling Tene Rodrigue）博士的非洲影视研究中心团队；迈克（Michael M. O. Ehizuelen）博士与王严博士合作的尼日利亚研究中心团队；雷雯博士与罗德里格博士合作的中非武术文化研究团队；李雪冬博士、黄金宽博士与和丹博士合作的东非区域研究中心团队；牛长松博士、欧玉芳博士与李坤（Osidipe Adekunle）博士的中非教育合作研究中心团队；约罗高级研究员与汪琳博士、罗德里格博士的非洲法语国家研究中心团队；刘贵今大使、舒展大使、我与格罗布勒大使（Gert Johannes Grobler）的中非关系研究团队等，这种中国和非洲各国学者在非洲研究院内紧密合作的过程本身，就是一个中非文化交流与思想共同创造的过程，而张勇博士主持完成的"重走坦赞铁路"的项目，还是中国学者、非洲学者、欧洲学者三方合作的成果。所有这一切，从一个侧面说明，中国倡导的"建构人类命运共同体"这一理念本身，就已经在非洲研究院的中非学术合作探索实践过程中获得体现。这些实践活动本身，这些探索过程本身，从学术与理论研究的层面上看，都是十分值得观察和期待的。所以我说，非洲研究是一门"行走的学问""行动的学问"，只有在行走、行动的过程中，我们才能形成原创性的理论、思想、话语和知识。

坦赞铁路
修建亲历者

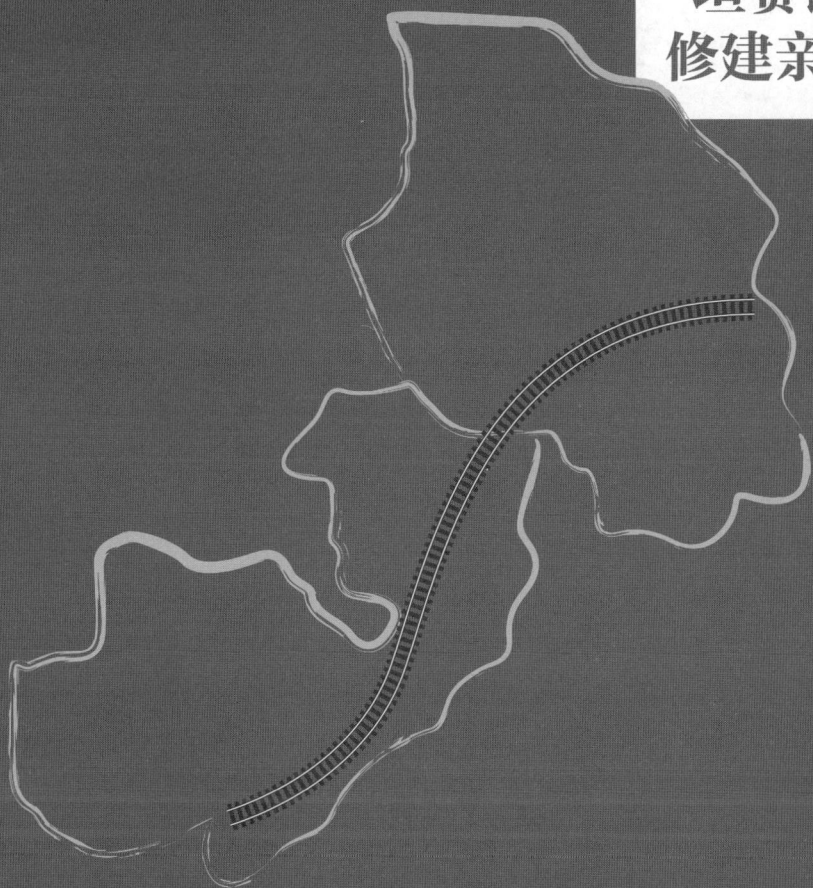

PART ONE

WITNESSES OF THE CONSTRUCTION OF
THE TAZARA

访坦桑尼亚首任总统尼雷尔的夫人玛丽亚女士

问：您好！

答：你好！你怎么样？

问：我很好！新年好！

答：谢谢！也祝你新年好！

问：非常感谢！见到您很高兴！

答：谢谢！

问：我听说您曾经去过中国。

答：是的，我去过两次。第一次是官方的，第二次也是官方的，是友好访问。

问：第一次是哪年去的？

答：我们去的时候很早了，那个时候他们已经开始建设新中国了。那时候两个国家的互动关系很好，我们说向他们学习，而他们也说向我们学习。我们第一次去的时候，两个国家的差别没有那么大，但是我们现在离得太远了。

问：您喜欢中国吗？

答：我们是冬天去的，那时候很冷。我们去了北京、上海和其他一些地方。我打开窗户看到所有的树都成了白色的，全都是雪，我感到很惊讶。

问：您是同尼雷尔总统一同去的吗？

答：是的，第一次去中国的代表团很大，后来我们又去了一次，但只是经过了一下。第一次去中国的时候，我们学习到了很多，感觉中国很好，中国人都愿意建设他们的国家，之后我们和中国人民继续做好朋友，直到现在仍然在向他们学习。但是，我们第一次去的时候，还没有坦赞铁路，后来才有的坦赞铁路，好像过了8年左右才有的坦赞铁路。

问：您坐过坦赞铁路吗？

答：坦赞铁路？我还没有坐过，但是我经常去铁路的起始点，但是他们可能考虑到我的身体健康所以不让我坐，哈哈！我特别希望能坐一次坦赞铁路，但是他们不让我坐。

问：我听说，坦赞铁路曾经帮助过很多人。

答：是的，帮了很多人，很多人乘坐坦赞铁路去其他地方，坦赞铁路是很好的。

问：我们这次来打算拍摄有关坦赞铁路的片子。

答：嗯，这就是你们现在做的，我会帮你们的，我会尽量回忆。我还记得两三年前有人来过这里，他们写了坦赞铁路的历史，录了像。

问：您认为现在还有很多人了解坦赞铁路的历史吗？

答：我在电视上看到过，可能是在坦桑尼亚国家电视台看到的。但是尽管如此，（转向她的孙子们）你们学过坦赞铁路吗？

孙子1：没有。

答：没有人教过你们吗？

孙子1：我只知道坦赞铁路的起始点。

答：就这些？

孙子1：就这些。

答：它的好处和其他方面你们在学校没有学习吗？

孙子2：我们学了一些，我们知道坦赞铁路是坦桑尼亚和赞比亚之间的铁路。

答：然后就这些？它的好处呢？

孙子2：这条铁路帮助两个国家发展经济。

答：你看，他们知道的，他们自己就曾经坐过很多次。赞比亚人来坦桑尼亚做生意，坦桑尼亚人也去赞比亚做生意，他们获得了很多经济利益。除了这两个国家，纳米比亚、南非、莫桑比克等国的人民也获益了。所以，学校里是教坦赞铁路历史的。

问：（问孙子）你是她的孙子？你也是？

孙子：是的。

问：您有几个后人？

答：你问的是孩子还是孙子？

问：孩子和孙子。

答：我的孩子和孙子一共有将近40个。班图人不喜欢数自己家的人数，你提醒我了，我们要向你们学习，哈哈！

问：坦赞铁路为什么也叫"自由铁路"呢？

答：人们需要为自由而战，而坦赞铁路恰恰帮助了这些人。坦赞铁路帮助了纳米比亚、安哥拉等国的人。我要强调的是，坦赞铁路帮助的是普通的民众，他们获得了经济上的利益，甚至女人也开始通过坦赞铁路做生意了。

问： 现在的人很少知道坦赞铁路的历史，都在看电影，不怎么读书，所以我们想拍纪录片。

答： 人们没有时间看书。

问： 我想现在很多年轻人都不知道坦赞铁路的历史。他们知道一点儿，但是不多。他们不了解尼雷尔总统、毛泽东主席，以及卡翁达总统之间的友谊。

答： 学校教了一些相关的历史，但我认为有很多年轻人不知道坦赞铁路的历史。学生们在学校学习了一些，考完试之后就不再学习了，所以很多年轻人还是不太清楚。

问： 除了教育，您觉得还有哪些原因导致年轻人不太了解坦赞铁路的情况？

答： 我们这儿还是不太一样，人们只会说，国家还很年轻。为了教育学生们，最好从各个党的历史开始，比如坦噶尼喀非洲民族联盟、坦桑尼亚革命党，革命党通过坦赞铁路来发展经济。当我们教坦赞铁路历史的时候，我们就可以更加了解它，就可以通过它促进生产。他们写下来这些历史，然后大家去学习，然后考试。如果我们现在考试的话，学生还能记住这些历史。我们就能说出来我是谁、我来自哪里。但是，我们国家现在还很年轻，我们有很多事情需要去做。

坦桑尼亚非洲联盟（Tanzania African Association）做了一些非洲政府的工作，他们在殖民时期为了取得自由而做准备。7年之后到了坦桑尼亚革命党时期，我们国家有了更多朋友，我们进入了东非联盟，我们跟更多国家建立了友好关系，我们有了坦赞铁路。坦桑尼亚是非洲最先获得独立的六个国家之一。但是现在我们这些人的身体健康情况不是很好，我没能把坦赞铁路的历史记在头脑中，有些历史我也是不知道的，只了解皮毛。如果你能够教别人，你自己也可以更加清楚这些独立的历史。

问： 所以更加需要记录这段历史的真实情况。

答： 是的，你们做完片子后，给我们拷贝一份看看。

问： 好的，谢谢您！

答： 不客气！

访坦桑尼亚前总理萨利姆博士

问： 阁下您曾在20世纪60年代末担任过坦桑尼亚驻中国的大使，请您描述一下那时候坦桑尼亚和中国的关系。

答： 我曾于1969年4月到12月担任坦桑尼亚驻中国的大使，但由于坦桑尼亚驻联合国的大使不幸去世，我们的总统派我去纽约履职，我不得不离开中国。当时中坦两国之间的关系正逐步走向牢固，尼雷尔总统访问了中国，与毛泽东主席进行了很好的会晤，周恩来总理也和我们的领导人进行了会谈，当时给我们的感觉是中国人在努力地去理解非洲人民的需要，并且站在我们人民的视角来观察问题，这是非常好的。

虽然我们来自不同的国度，但中国人理解和支持我们。我们的西方朋友，我不知道他们是否尝试着去理解我们，但可以肯定的是，一些西方朋友确信他们自己对非洲的情感不会发生变化。当时为自由而斗争的势头早已开始，非洲人民对于斗争有义不容辞的义务，这个义务是所有非洲人民的。某种程度上，非洲的地位改变了，非洲国家团结在一起了。我们从中国获得了支持，而欧洲国家对我们的支持就没那么多。

问： 这让我想到泛非主义、反殖民主义和反新殖民主义的斗争，这在20世纪60年代的非洲发展得非常快。请您描述一下在20世纪60年代坦桑尼亚的泛非主义精神以及恩格鲁玛所带来的影响。

答： 泛非主义确实激发了非洲人民的强烈愿望，当时的人们支持恩格鲁玛的著名言论：如果非洲没有自由，加纳不可能获得自由。恩格鲁玛是一个很有才能的人，他确实做到了这一点。因为葡萄牙统治的时代是一种殖民统治，所有的国家都受到了威胁，非洲人民对于泛非主义的信奉比现在要强烈得多。在我看来，每个非洲国家都意识到非洲需要形成一个强有力的联盟，这对于以前的非洲来说很困难，但现在已经容易多了。在那个时候，最基本的问题是进行自由斗争，现在已经不需要在这方面进行努力了。

问： 如果我们回头看1965年的加纳，那时恩格鲁玛发表了"新殖民主义"的论断，美国对这篇文章反应非常强烈。第二年，恩格鲁玛就下台了，加纳的解放运动没有成功。请问这是如何发生的？

答： 对于我们来说，加纳不仅象征着非洲人民和非洲国家的自由，而且反映了非洲人民对反抗殖民主义的坚定目标绝不妥协的决心。在20世纪70年代，我在纽约任坦桑尼亚驻联合国代表，当时非洲的力量比较强大，有一个在联合国的非洲团体，这个非洲团体是当时非洲地位的真实反映。通过这个团体，我们都想看到一个更好的非洲，都想看到殖民统治的结束，以及不公正和没有尊严的生活的终结。因此，在我看来，这段特殊的时期是我们引以为荣的一段时期。

问： 坦桑尼亚成为非洲民族解放运动的中心，许多解放运动组织在达累斯萨拉姆设有总部，那么，坦赞铁路在这些解放斗争中起到了什么样的作用？

答： 坦桑尼亚成为解放斗争的总部，这个决定是由非洲国家于1963年提出的，是当时非洲国家首脑们做出的最重要的决定之一。那一年人们在非洲发现了石油，其中一个决定是建立一个石油解放委员会，这标志着非洲国家的团结，开始共同思考如何推动终止殖民主义、种族主义和帝国主义。我记得当时的阿尔及利亚总统艾哈迈德·本·贝拉讲过："我们必须做好死亡的准备。"他用到了"我们"，这意味着非洲国家必须为了非洲解放这一目标做好牺牲的准备。因此，这是一种精神。综观非洲的历史，反殖民主义的斗争得到了非洲国家强有力的支持，而且也得到了中国的强力支持。中国政府和中国人民不仅在言语上，更是在行动上给非洲人民支持，这是一件极不平凡的大事。周恩来总理曾来到非洲，他在索马里摩加迪沙发表了一篇著名的演讲，他说："非洲拥有开启革命的钥匙，一些国家可以抓住这把钥匙。"尼雷尔总统非常坚定地说："非洲迎来了革命。"这是显而易见的，我们正处于殖民统治之下，我们必须终结殖民统治，我们可以用和平手段或者武装斗争终结殖民统治。但是，武装斗争需要其他国家的支持，而中国就是我们的重要伙伴之一。

问： 在这段关系中，中国是如何处理关于坦赞铁路建设的问题的？为什么坦赞铁路如此重要？

答： 让我回到前一个问题：坦赞铁路的角色是什么？总的来说，赞比亚一直都是反抗殖民主义、种族主义以及基因决定论斗争中的重要国家。但是，赞比亚陷入了困境，在某种程度上，赞比亚不得不依赖南部非洲地区，它的处境非常艰难。因此，赞比亚参与到坦赞铁路的建设当中是睿智的，这是件举世瞩目、不同凡响的事情。一些听从于西方的朋友认为这并不会长久，他们没有认真对待非洲国家自由和解放的进程。

坦赞铁路给这个解放进程带来了巨大的动力，但是，从根本上说，这条铁路的建设受到部分人反对，也受到了许多国家的反对，他们认为建设坦赞铁路是浪费时间和资源。但事实证明，就促进非洲自由解放斗争和促进非洲国家之间的关系而言，坦赞铁路是极其重要的。同时，在经济上、政治上和战略上，坦赞铁路也都是至关重要的，最终有一天没有人会质疑这一点。

问： 那么，具体来说，坦赞铁路是如何支持解放斗争的？

答： 坦赞铁路对于交流、交通和运输货物都是很重要的。那个时候我们正处于解放斗争和武装斗争中，坦赞铁路成了解放运动的重要助力。这意味着没有坦赞铁路就很难在南部非洲进行武装斗争。坦赞铁路为赞比亚、坦桑尼亚和其他的国家提供了和中国朋友合作的机会，事实上也提供了为自由斗争的机会。

问： 在非洲民族解放运动中西方扮演什么样的角色？他们把很多解放运动看作"恐怖组织"？

答： 恐怖主义者和自由斗争者是有差别的，把自由解放运动看成"恐怖主义"是许多西方国家为了确保自身地位而说的，并不是他们不了解恐怖主义者和自由斗争者的区别。那个时候美国、英国等西方朋友看到我们遇到困难，并没有支持我们，他们认为这是浪费时间和资源，认为坦赞铁路这件事并不重要。

比起其他国家的支持，获得中国的支持要简单得多。如果没有中国的支持，我们会付出更大的代价，同时还不一定意味着斗争的结束。自由斗争是我们的人民对结束殖民统治、种族歧视和牢狱之灾的一种内心反映和承诺。最好的例子是，南部非洲的人们不会去考虑黑人和白人的对抗，因为想要改变南部非洲的情形对于任何人来说都很困难，看一看黑人抗争白人，你就会知道，南部非洲的情形证明了不管你是黑种人、白种人或黄种人，是津巴布韦人抑或南非人，都不得不和那些殖民帝国的人展开斗争。

问： 您是否认为坦赞铁路是一个双赢的局面，即中国支持非洲的革命，也同非洲建立盟友关系，非洲在国际上支持中国？

答： 这确实是一个双赢的局面，一切都处于一个循环的机制当中。我们支持中国，并且欢迎中国来支持我们的民族解放运动。坦赞铁路是坦桑尼亚、赞比亚、中国以及那些支持革命斗争的非洲国家之间承诺的反映。这场革命斗争在非洲是大范围的，大多数非洲国家会说"支持"。我们必须建设这样一条路，必须有合法的路径来支持非洲国家的变革，从某种意义上来看我们是幸运的。而中国在联合国安理会的表现让我们看到一个新的点，那就是改变全球格局。当然，世界关注中国，这显然是美国不愿看到的，他们也不希望看到中国和坦桑尼亚建立联系并支持非洲革命运动。

问： 我注意到，当时国际上有一个关于中国的谣言，说中国要去"殖民"坦桑尼亚，外派了将近五十万的中国人去坦桑尼亚修铁路，并且他们不会再离开。那个时候，你们是如何面对这些谣言的？

答： 坦白来讲，我们直接忽视了这些谣言，因为我们知道有多少中国人要来我们的国家，我们只是静静等待谣言消散。

从某种意义上说，虽然西方国家的思考合乎逻辑，但他们的观点是错误的。非洲在当时是不可能允许殖民的，我们热爱我们的祖国。

问： 坦赞铁路的修建对坦桑尼亚的人口数或别的国家有没有某种程度的影响？

答： 我不清楚坦桑尼亚以外的，但是对坦桑尼亚没有任何影响，我想大部分非洲国家也没有被影响。但是，仍然会有一些国家、一些人相信这种无稽之谈，不仅仅是在非洲，在欧洲、美洲也有。因为媒体的影响力很大，尤其是那些不支持非洲解放运动的西方媒体，可能会传播一些类似的谣言，但是人们基本上不会为这些谣言买单，不会相信这些无意义的东西。说因为修建坦赞铁路非洲会被殖民，这一类看法全都是毫无根据的，我们非常清楚，我们的领导人承担起了重任，向人民解释国家正在做什么。

当时美国一些人有不同的看法，有人问我："为什么中国要派人去坦桑尼亚，谁做了这个决定，到底发生了什么？"我只是回答："欢迎阁下来坦桑尼亚看看，您就明白了，但我有义务告诉您，中国同非洲交往的时间远早于你们国家，因为他们认真且严肃地看待非洲事务。您如今这样问我，我很抱歉您没有理解。我们是一个国家，我们相信人民，依赖我们的人民，团结我们的人民，尊重我们的人民。如果您不触碰这一点，那我们就是朋友，但是，如果您干涉并且嘲笑这件事情，那我们之间就会有问题了。"

问： 总理，那个时候国际上的谣言和我们现在听到的谣言，即"中国要去非洲开拓殖民地"是否有一些相似之处？

答： 当然有相似之处。不同的是，当你听到这个项目，你会听到什么挖掘地下矿产等无稽之谈。为什么？因为中国已经来这里很多年了，为坦桑尼亚建设一些项目，从20世纪60年代起两国就建立了亲密的外交关系，至今已经超过50年，我们没有发现中国在这些项目中向其他方面扩展。

但是，总会存在一些不和谐的声音反对中国，这些声音认为中国产品质量差、非正品，中国将次等货出口到坦桑尼亚，或其他非洲国家……但是荒谬的是他们依然在用中国的产品，所以，这些谣言的相似之处就是夸大其词。

我认为所有人都喜欢促进友谊，我们珍视和中国的友谊，也珍视和美国、英国、法国以及其他所有国家的友谊，但我们希望这友谊是相互尊重、相互理解的。我们每个人和国家，都渴望与他国促进友好合作关系，这有利于国家发展，对民族间的和平与安全也至关重要。

问： 坦赞铁路早已建成，您觉得今天我们该如何描述中国和坦桑尼亚的关系？

答： 我们的关系非常好。就我个人而言，我认为可以更好，应该更好。中国拥有强大的领导力量，我们的关系很好，但这并不意味着中国的一切我们都同意，或者说我们所做的一切，中国都同意。最重要的事情是我们相互尊重、彼此认同，我们对两国的关系感到满意。

问： 您是怎么看待中国和非洲国家的关系变得越来越普遍化的？

答： 我们认为需要深刻理解并促进与中国的关系。我们欢迎我们的朋友来坦桑尼亚，我们也把我们的人民送到中国。我们认为民族之间能够相互理解是最好的，这种相互理解也会扩散至非洲和亚洲别的国家。

问： 根据您将近50年的经验，您怎么看待坦赞铁路今天的情形？怎么样去看待坦赞铁路的未来？

答： 坦赞铁路今日的情形不像我们当初希望的那样。我们犯过一些错误，也确实存在一些困难。坦赞铁路的存在并不完全为了政治目标，更是为了经济目标。目前，经济动力促进了坦桑尼亚、赞比亚、津巴布韦和其他地区的关系，也促进了国内外的运输和交流，这对民族的国际化是非常重要。坦赞铁路的未来会朝着正确的方向前进。

问： 据说有一个叫《媳妇的美好时代》的中国电视剧在坦桑尼亚很受欢迎，您认为文化交流在坦桑尼亚和中国的关系中扮演了怎么样的角色？

答： 我们需要有更多的文化交流。中国是一个拥有伟大文明的国家，坦桑尼亚虽然是一个相对较小的国家，但我们对我们国家的文化也非常自豪，所以，不把这两种文化利用起来是没有理由的。我正好是坦桑尼亚与中国友好协会的主席，我们一直在讨论一件事，我们要做的工作是确保坦桑尼亚和中国进行更多的文化交流，这样我们可以更有效地促进中国人民和坦桑尼亚人民之间的友谊。因为有时可能有一些无意义的舆论，比如有人胡说有一百万中国人滞留在坦桑尼亚。

问： 您是否有一些具体的建议来推动国家关系的工作？

答： 需要有更多的交流互动，需要有中国文化团体、中国学者访问坦桑尼亚，我认为这是必须去做的，因为坦桑尼亚和中国的关系总的来说非常友好，我们的关系在殖民时代就很好，但在文化方面还有些欠缺，我们同中国文化的交流工作仍然面临着挑战。

访坦桑尼亚前交通部长乔布·卢新德

问： 很高兴您能够接受我们的采访，您参与了坦赞铁路的整个建设过程，希望您能和我们分享一些坦赞铁路的幕后故事。首先，我想请您回想一下建造坦赞铁路遇到的最大挑战是什么。

答： 非常感谢你们邀请我来讲坦赞铁路。坦赞铁路建设完工至今有40年了，有些事情我已经记不起来了，但我会尽量去回忆。我从坦桑尼亚和赞比亚国家领导人关于坦赞铁路的请求和中国的支持说起，是这些带来了如今贯穿坦桑尼亚和赞比亚的这一重大项目。

所有人都知道我们的领导人尼雷尔和卡翁达。当时我们在对抗殖民主义的阵线上，运输是主要的事。赞比亚是一个内陆国家，当时的经济发展依靠黄铜，他们将黄铜运输至大海码头，但是当时赞比亚的出口运输依赖罗德西亚，通过罗德西亚去莫桑比克及其他地方。赞比亚在支持非洲决议、抵制西方势力掌控的罗德西亚之后，意味着赞比亚必须要有一条可替代的路线，能够将所有货物运输至港口。

问： 那为什么是修一条铁路而不是公路呢？

答： 我们的领导人都明白，所有的西方国家对非洲经济发展都说"不"。虽然苏联支持革命运动，但他们也说"不"。所以最后我们领导人到了中国，毛主席、周恩来理解我们，也明白我们的请求，这就是后来坦桑尼亚和赞比亚的经济得到发展的原因。

要知道那个时代的中国并不富裕，但他们依旧慷慨地提供帮助。毛主席向尼雷尔问道："坦赞铁路会帮助解放运动，帮助非洲的革命吗？"尼雷尔回答："是的！"毛主席说："那就让我们一起建造吧。"

得到这么大的援助对我们人民和领导人来说都是幸运的，现在我们依然对这件事情充满感激。中国人来这里，帮助我们，甚至为我们牺牲了自己的经济发展。

认可和赞同是一个良好的开始，接下来就是实地建设。建设坦赞铁路这一路上，有些挑战和困难我们可以看到，有些虽然中国没有告诉我们，但我们都很清楚。在勘探过程中，大约距离达雷斯萨拉姆150千米的地方，从姆林巴到马坎巴科这一段路非常艰险，是一个巨大的挑战，但是中国人居然能够顺利通过这些危险的山丘。他们说，"我们必须建隧道，不用担心，这对我们来说不是什么新挑战了。"中国人确实做到了，过去我们在这一带吃过很多苦，现在只要通过隧道就可以过去。

当然，中国人在建造坦赞铁路的时候还需要面对很多挑战，比如有些设计的路线需要转弯。对中国人来说，最大的挑战莫过于生存环境，因为坦桑尼亚人从未了解过中国人，也从没有见过中国人，他们认为中国人是欧洲人，并称中国人为"意大利人"，但是随后他们发现这些中国人的行为和欧洲人不一样，这些人非常安静有礼貌，社交生活保守，性格比较内敛，这令他们刮目相看。

到一个陌生环境，任何人都会有不适应的地方，中国朋友如此，非洲人也如此。不管在非洲哪里，中国人不仅会在灌木丛中扎营，在施工营地范围活动，还会四处购买一些食物，会散养猪、鸡等牲畜，在营地做饭，他们能适应下来并不容易，这是好事。与此同时，我们自己的修路工人也遇到了些问题，他们不喜欢自给自足，不喜欢中国朋友住在这里。

中国人生活的方式很简约，可能只需要一两个当地人帮忙，这与很多西方人来这里要大肆吃喝、好好伺候不同；中国的劳动力也便宜，其他国家的就相对较高，我们为何不去尊敬这样的工程师？有人批评说"这些中国人是献殷勤的奉献者"。我只想说，工作方式不同，他们并不是献殷勤，他们只是把开支缩减了，后来你会发现我们当地的人也被影响了。

另一个挑战是中国工人和坦桑尼亚工人之间的语言交流问题。出乎我意料的是，他们克服了这个问题。也许是一个简单的单词，但能表达整个句子的意思。他们可能说不出某些东西的名字，但是他们能够猜测和描绘，这种交流方式逐渐流行起来，甚至直到今天也还在用。

除了这些，还有另一个挑战。西方人不相信中国人能修铁路，一直在旁观，"他们技术不如我们，能修成功吗？"然而，坦赞铁路的建设确实一步一步迈向了成功。

记得好几次，我们不得不去解决中国人和美国人之间的矛盾纠纷，因为当时赞比亚需要多条路线将黄铜运输至港口，而美国人、加拿大人、意大利人正在修建大北公路。有时候公路和铁路需要通过同一个地方，那些骄傲的美国人却说，"不行，中国人不能这么做，他们不能通过这里"。这时候，就会引发一些纠纷，那些美国人认为，中国人仅仅是小男生。相比美国人，加拿大人更能理解中国人，并赞扬中国在做的事情，他们认为中国人是无私分享的，所以中国人和加拿大人能够交流，和意大利人也是。

问： 当时你们的态度是怎么样的？

答： 我们相信中国人，因此我们给予中国人武装力量，让他们保护自己不被野生动物袭击。你可能永远不会明白，生命对中国人的意义。非洲有许许多多的水牛和其他野生动物，我们关心中国人的生命安危，这就是给予中国人武装力量的原因，在他们遇到野生动物袭击时可以保护自己。但是，他们从不滥用，只在非常危险、动物即将袭击的时候才使用武器。我记得，他们只使用过一次。这个人了解水牛的行为，他把水牛射倒了，但是，动物的同伴出现并且包围了那个持枪的人，他需要穿过灌木丛，这是非常危险的。不过，感谢上帝，他活下来了，并且回到了中国。我不记得那个中国人的名字了，但我很希望他能够再来坦赞铁路，乘坐一次坦赞火车。

另一件事情我必须提，就是坦赞铁路的管理。我们应该让那些有功绩、有资格的人来管理坦赞铁路，但由于政治动机和政府结构，我们并没有做好。我记得有一天，总指挥将军来到了坦赞铁路的始发站，他说："可以让人民来统治国家，但是管理坦赞铁路是一种技能。"

当时大多数货物来自赞比亚，那个时候如果把管理权放在赞比亚，就能确保货物准确地运至港口，并为坦赞铁路带来经济利润。铁路修到赞比亚路段，我们就在赞比亚张贴广告招人，让赞比亚人申请，然后从这些人里挑选最适合这个岗位的人。如果用一些没有管理能力或经验的人，铁路运营会面临很多的问题。但是赞比亚人却说，适合这个岗位的人并不总是合理挑选出来的。我们用这种管理框架持续了很长一段时间，直到有些实质性的问题发生了变化。

我认为这是主要的问题。当时正处在非洲革命时期，我们需要坦赞铁路，那就必须有一个从技术上和经济上来保障赞比亚货物运输的管理机制。如果直接将一些赞比亚人，或者坦桑尼亚人派遣过去，他们没有管理能力、商业头脑，坦赞铁路会面临很多的问题。因此，坦赞铁路必须是我们认可的人来管理和维护。

问： 作为对西方力量的一种抗衡，坦赞铁路在非洲民族解放斗争中起到什么样的作用？

答： 对，我会谈到革命这一块。当时有一种说法，"坦桑尼亚独立后，下一个独立的国家会是南边的赞比亚"。所以，我们两个国家都会面临一些重大挑战。

坦桑尼亚独立之前我们有一个国际视野，那就是：我们独立以后，应该让人民多接触外界，甚至给出一个地图指明哪里有光。尼雷尔相信，坦桑尼亚能凭借自己的能力完成独立解放，但是必须有共同阵线的盟友，那样就会获得更多的自由。

我们独立了，我们成功了，我们能够平等地面对其他国家，尽管我们并不富裕，但是我们开始寻找并援助一些国家，我们认为支持这些国家是有意义的。我们还寻找一些朋友来支持革命，第一个找到的是中国，我们请求毛主席支持铁路的建设和非洲的革命，他同意了，所以中国人来了，帮助我们建立安保设施，这使我们变得更加强大。不过我们这么做，有些西方人不开心了。英国人认为，"这些中国人会制造麻烦，我们会有麻烦"。所以，他们不喜欢中国人。

我们必须保证我们有足够的能力来保护铁路，这需要我们人民的支持，并由他们来运行铁路。你会发现在那个时期，我们在坦赞铁路沿线建造了很多村庄。因为我们派遣工人去保护坦赞铁路，所以就有了那些村子，他们如今仍旧在那儿。为什么他们还在那儿呢？很容易理解，因为他们的货物通过坦赞铁路运输，因此要保护坦赞铁路。当然，我们还有警察和其他的保安，但是我们相信对铁路的保护需要那些对坦赞铁路有感情的人。

葡萄牙人来到坦桑尼亚，看到坦赞铁路。尼雷尔说："看看吧，朋友们，我们曾经请求过你们，但是你们没有提供帮助，而中国人支持了我。"这是尼雷尔认为的社会主义的样子，离不开中国人对我们的影响。

问： 坦赞铁路修建之初，西方有很多流言蜚语，声称中国要去非洲殖民了，他们说建造坦赞铁路会带来五千万的中国人……您还记得那时候的谣言吗？

答： 那时候，有很多来自西方的谣言。这些谣言想引起我们党内支持中国人的成员的注意，当时党内部分领导人并不支持中国人来建坦赞铁路，因为我们的经济情况一直依赖西方国家。

我记得有一位部长说"这条铁路要建的话除非越过我的尸体"。他死都不赞成修建，这些人仅仅思考是谁在修这条铁路。当时并不是所有人都欢迎中国人到我们国家进行建设，有些谣言说"如果我们不小心，中国人就会来殖民我们"，但这些谣言没有起作用，因为都是空泛无力的谣言，并没有给出合理解释。所以，我们不会拒绝中国人。

问： 那这些谣言从哪里来？

答： 这些谣言可能来自西方国家，以及那些相信殖民主义的国家，他们想让我们的人民和政府相信中国人是来殖民的。

问： 所以，这些谣言的传播，会影响你们的人民和政府吗？

答： 没有，受到影响的只是政府和党内的一部分人。但是，我担心谣言也在影响中国人，让中国专家在坦桑尼亚待不久。谣言说"你看在这条铁路上以后不会再见到中国人了，他们都走了，但英国人回来了"。我认为中国人不会那么快回去，因为他们用自己的实际行动对谣言进行了回应。

问： 在坦赞铁路完成以后，阁下您成为坦桑尼亚驻中国大使，您担任了多少年？

答： 9年。

问： 您如何描述坦赞铁路建成后中国和坦桑尼亚的关系，是变得越来越好了吗？

答： 在建成坦赞铁路后，尼雷尔总统和周恩来总理便签署了中坦友好条约。此后，我们和中国的关系越来越牢固，事实上，达到了前所未有的高度。我们采取领导人对领导人、政府对政府、人民对人民这样的交流方式。这就是为什么坦桑尼亚人民和中国人民之间有着很多的交流和贸易，我称之为"人民情谊"。今天，我们之间联系的力量变得更强大，加深我们关系的机会越来越多。

从另一方面来说，中国技术的性价比确实比西方国家要高。虽然那个时代，飞机产自欧洲，但我们不需要飞机，我们需要钱去建造我们的铁路。当时欧洲人就说："看，中国的科技这么落后，为什么中国人还要盯着这条铁路呢？显而易见，中国人要去非洲殖民。"

中国承接坦赞铁路这个大项目是非常严肃的事情，直到今天，依然有很多反对中国的谣言，认为中国的商品都是假货。现如今，我们两国人民之间进行着很多的贸易，但是带来了大量不达标的商品，人们称之为"假货"。所以，又有许多不好的宣传，如"当心！中国货不是好货！"但这并不是真相，真相反而是我们国家的人去中国购买一些便宜货，这些货物并不是出口商品，却被带回非洲以高价卖出从而获取高额利润。因此，把次品带进来的人往往不是中国人，有责任的恰恰是我们当地人。这些谣言会损害两国人民之间的友好关系。

问： 您还记得有关于中国铁路工人的谣言吗？

答： 当时有很多谣言说中国派来修铁路的都是监狱里的劳改犯，又脏又乱。我们的人民开始相信这些谣言，但是我们领导者知道，那些组成修路工人队伍的大部分是铁道兵，他们来完成任务后就会回去，事实确实如此。建设坦赞铁路以来，这些谣言一直都在，但是感谢上帝，我们的关系没有被动摇。

问： 最后一个问题，作为一个老交通部长，您如何看待坦赞铁路的未来？它依旧会很重要吗？坦赞铁路会如何影响这个地区未来的发展？

答： 我能预见坦赞铁路的重要性：第一，它会永远存在，使用率会继续增加，沿线的坦桑尼亚人口、赞比亚人口会增加，坦赞铁路的使用会是永久性的；第二，坦赞铁路必须依靠有经济头脑和商业意识的人来管理，因为它不再是一条政治化的铁路，而是一条商业化路线，它需要去面对市场竞争，我认为坦赞铁路能成为一条有竞争力的铁路，现在存在的问题是，我们该如何管理它。

访坦赞铁路首位女司机伊芙琳·姆万萨

问： 您能介绍一下自己吗？包括您是什么时候成为坦赞铁路的员工的。

答： 我叫伊芙琳·姆万萨（Evelyn Mwansa），1950年4月18日出生于赞比亚北部的卢阿普拉省。我是在1975年成为坦赞铁路的员工的，那时我刚从赞比亚的东北部省份服完兵役回来。

问： 您是最早的那批火车司机中的一员，您一开始就接受火车司机的培训，还是之前从事过其他工作？

答： 我被分配到坦赞铁路工作后，起先接受的是播报员训练，我从未想过要成为一名火车司机，我是被中国人选中的。有一天我去上班的时候遇见了几个中国人，他们对我进行了面试，挺赞赏我的，就打算将我培训成为一名火车司机。既然他们选择了我，我就不想让他们失望。我是被中国人选中的第一名女火车司机。

问： 他们为什么会选中您？

答： 我也不是很清楚。我在那之前从未受过相关的训练，也从来没接触过任何中国人，我认为这是上帝的恩赐。这是我的中国老师，这张照片拍于1990年，我当时在火车控制室进行相关操作。你能看出来，我是控制室里唯一的女性。

问： 在那个时候，几乎没有女性从事驾驶火车相关的工作，而您作为一名女性，面对这样一份工作，是如何应对的？

答： 我其实是受我父亲鼓舞的，我父亲也是一位司机。父亲对我说："我的女儿，你尽管去吧，上帝会保佑你的。"正是这份勇气、这份热情激励着我去驾驶火车。

问： 当时您的男同事们是怎么看待您从事火车司机这件事的？

答： 他们会鼓励我，他们说："不要怕。有我们呢！"他们为我创造历史感到骄傲，我可以从他们的笑容中感受到。

问： 您是什么时候开始独自驾驶火车的？

答： 我第一次驾驶火车是在1977年。

问： 也就是在通车之后第二年。

答： 是的。

问： 在1979年，有一件很特殊的事情发生，谦比西河大桥（Chambeshi River Bridge）被炸毁了，正是在您驾驶火车过桥之后不久，是吗？

答： 是的，就像我刚才提到的"上帝与我同在"，我前一天睡觉时做梦梦到自己开着火车冲进了河里。那天我去上班，两个白人进了火车站，他们开着一辆白色的汽车，打听这打听那，我就问领班为什么他们要问火车到站的精确时间以及相关的问题，告诉他们这些信息岂不是会将我们置于危险之中吗？那两个人当时看了我一眼，然后就走了。火车到了之后，我们驶往姆皮卡。从卡萨马到姆皮卡的火车行驶路线几乎和公路平行，我看到那两个白人几乎用和我们相同的速度驾驶着。那时候我就跟同事说："你现在明白我之前告诉你的了吧，这些人这是要干什么？"中国人之前在培训的时候告诉过我们，当驾驶火车穿过一座桥的时候，要高速过桥。我当时联想起前一晚做过的那个噩梦，于是就加速通过了谦比西河大桥。在我们到达姆皮卡火车站之后，有人告知我们警卫被杀害了，我想肯定是那些白人所为。一个小时之后，我们又被告知谦比西河大桥被炸了。这就是整件事情的经过。

问： 您觉得他们是计划在炸毁桥的同时炸毁桥上行驶的火车吗？

答： 我认为是，他们肯定设置了定时炸弹。

问： 所以您全程都是以很快的速度行驶的，这样也使得火车更早地通过了那座桥。

答： 是的，也正是因为这一点，我救了很多人的命。

问： 这是一辆客运火车吧？

答： 是的，是一辆从卡萨马来的火车。

问： 当时火车上有多少乘客？

答： 我不知道，我的职责是保护乘客的旅途安全，我关心的是火车是否运行安全，是否以正常时速行驶，所以我不清楚乘客的人数。

问： 所以就像您梦到的一样，他们真的想对火车搞破坏，剥夺所有乘客的生命。

答： 我觉得是这样，但是我不清楚他们的具体计划是什么，我对他们的用意也不是十分清楚。

问： 当您回想这件事情，您觉得这些人在想些什么？

答： 他们是坏人，也许是赞比亚或是坦赞铁路的叛徒。

问： 这件事对您的职业生涯有什么影响？

答： 我因为这件事被授予了荣誉勋章。曾经有不止一个中国人采访过我，他们甚至给我的房子拍了照，你应该是最后一个了吧？

问： 我希望我不会是最后一个，我觉得还会有更多的人为您的事迹所感动。

答： 我很高兴能参与坦赞铁路的工作。

问： 您是从什么时候开始退休，不再从事坦赞铁路这份工作的？

答： 我于2005年退休，之后在一所小学教书，当我看到坦赞铁路工人们来接他们的孩子放学的时候，我感到很欣慰。

问： 您真是一位美丽而伟大的女性。

访坦桑尼亚首位汉语翻译约瑟夫·卡赞贝

问： 您曾给尼雷尔总统当过翻译，一开始您就干这个工作吗？

答： 不是，我生于松巴万加，在尼格茨高级中学完成学业后，我进入政府部门，我在政府部门的第一份工作是出纳。

问： 在哪个部门？

答： 第二副总统办公室，当时有两位副总统——卡鲁姆在桑给巴尔、卡瓦瓦在达累斯萨拉姆。

问： 那是哪一年？

答： 1968年。

问： 坦赞铁路还没开工建设。

答： 是的，但早些时候谈判就已经开始了。因为我记得尼雷尔总统访问了一些西方国家，请他们帮忙建造铁路，但他们都拒绝了——英国人拒绝了，美国人也拒绝了。所以尼雷尔转而向中国求助。他去了中国，中国政府同意帮忙修建铁路。尼雷尔曾说，这条铁路线除了有助于非洲民族解放运动，还能解决我们的经济困难，能开通从达累斯萨拉姆到赞比亚的客运线，为坦桑尼亚和赞比亚拉动经济。这就是修建坦赞铁路的两个根本原因。最有意义的是：当时南部非洲的解放运动已经展开，莫桑比克民众正与葡萄牙人战斗，南非正与种族隔离做斗争，津巴布韦还未独立。因此，这条铁路线至关重要，它能将解放运动急需的人员和物资运送到这些地区。

问： 您认为西方国家就是因为这一点不愿意援建坦赞铁路吗？

答： 绝对是这样，因为西方国家支持种族隔离，他们对建造这条铁路完全不感兴趣。

问： 您是何时加入坦赞铁路建设的？加入之后，您的第一份工作是什么？

答： 我不是坦赞铁路项目的正式员工，我只是一名口译员。有时中方人员来参观铁路线，我用汉语为他们翻译。我在项目总部以及从达累斯萨拉姆到卡皮里姆波希的一些站点做口译，铁路建设以及竣工后，都由我来做口译。

问： 您是怎么样学的中文呢？

答： 当时政府迫切需要口译员，1971年政府派我和另外三个人去中国学习。当年是我第一次从达累斯萨拉姆前往中国，是乘船去的，在海上飘荡了大概两个星期。到了后，当时在中国的黑人不多，所以中国朋友感到很奇怪。有小孩说："妈妈，有鬼，有鬼。"小孩妈妈说："他们不是鬼，这是坦桑尼亚的拉菲克（朋友），不要怕。"

问： 毕业回来后您承担了哪些翻译工作？

答： 毕业后我从事中文翻译工作，我当过尼雷尔总统任职期间国防部长索科内尔的翻译。我还在位于阿鲁沙的军事学院做过翻译，当时有中国专家在那里工作，因此我经常去那儿，并在那里做了三年的翻译。此外，在坦桑尼亚有多个中国援建项目，坦桑尼亚几乎所有的行政区都有中国医疗队，每个区都有，包括姆特瓦拉区、达累斯萨拉姆区、莫罗戈罗区、穆索马区、塔波拉区以及其他地区，我在其中的一些地区为中国医疗队做过斯瓦希里语口译。林业资源部门也有中国人，我也在那里做过口译。农业方面，在姆巴拉利有一个中国农场，根据资料记载，姆巴拉利农场的水稻产量一英亩（约等于4047平方米）地收获62袋大米，当时是世界第一。我做过坦桑尼亚政府军事、外交和政治方面的很多专业翻译工作，所以我称呼自己是"中坦两国人民友谊的一座桥梁"，因为我是坦桑尼亚的第一位汉语口译员。

问： 作为一名翻译，您见证了尼雷尔与周恩来以及其他人之间的谈话，对吗？

答： 是的，我被告知要承担翻译工作，与我一起工作的还有我的同事——我的中国朋友们。这些中国同事都是英语译员，也加入了翻译工作。坦赞铁路开工以后，我跟着尼雷尔总统，经常去看看中国朋友修铁路有什么困难，1974年尼雷尔总统访问中国时跟周总理谈到，一个是感谢中国朋友支持我们修这个铁路，还有破除西方人散布的谬论——"能修铁路的中国工程师还没有出生"。尼雷尔反对这个，他说这是散布污蔑中国的谬论。

问： 我曾经读到尼雷尔的一句话，他说："在南部非洲的解放运动中，坦赞铁路起到的作用将不亚于核弹。"您认为他这句话要表达什么？

答： 他要表达的意思是，英国人仍然在抹黑坦赞铁路，坦赞铁路让他们感受到了压力，他们并不希望建这条铁路。这就是为什么尼雷尔说坦赞铁路的作用不亚于核弹。因为对我们而言，坦赞铁路在经济、政治和军事领域为南部非洲的解放运动提供了大量的帮助。

问：坦赞铁路是怎样具体支持解放运动的呢？

答：具体来说，非洲的民族解放运动依靠坦赞铁路来运送供给品，将物资和人员运输到南部非洲。在铁路建成前，我们靠卡车运送人员和后勤物资去南方。坦赞铁路通车后，就解决了货物运输的问题。

问：当时的运输存在哪些主要问题？

答：当时所有的道路都是泥路，一到雨季，大多数车子都在路上抛锚，以这种方式为解放运动运输物资非常耗时。

问：那么美国建造的那条从赞比亚到达累斯萨拉姆的大北公路呢？如果那是条柏油路，能不能做此用途？当时这条公路是不是跟铁路差不多时间修的？

答：是差不多时间，是20世纪70年代。但是美国人很有策略，他们想通过建造这条马路，让我们从美国订购货车、汽车以及轮胎和零部件。这是他们的目的，所以这条公路解决不了援助解放运动的问题。而且，他们总是避免为我们提供任何一种支援解放运动的有力工具，怕我们解放南部非洲地区，他们对此非常敏感。因此美国人造的这条从达累斯萨拉姆到赞比亚的马路只是为了美国的利益而修建，不是为了我们。

问：您认为他们想获得什么利益呢？

答：他们想增加他们自己的贸易量，而不是为了帮助我们。但是，建造这条铁路纯粹是为了支援解放运动、发展坦桑尼亚西部，以及在赞比亚与坦桑尼亚间建立更为紧密的联系。有一些火车从南部非洲出发，走坦赞铁路线，直通达累斯萨拉姆，此外还有许多游客通过这条铁路来旅行。因此，打造这条铁路的根本目的就是支援解放运动、发展区域经济。

问：你们当时找过美国修坦赞铁路，但是他们不修，然后中国同意修了对吧，但是中国修了之后呢，他们是不是又想扳回一局？

答：就是，就是。当时赞比亚卡翁达总统去中国申请修建坦赞铁路之前，首先去了英国，后来去了美国，美国和英国都拒绝帮助修建铁路。中国同意了，帮助我们修建这条铁路。

问：中国开始修建铁路之后美国人当时的反应是什么？

答：中国修铁路以后，英国还有其他西方国家反过来污蔑建这条铁路的目的，污蔑坦桑尼亚的目的和中国。他们反对中国，他们说这条铁路不是一条很好的铁路，它的质量不好。实际上，坦赞铁路比西方国家建的那些铁路要好。

问：然后呢，美国建的这条公路怎么样？

答：这条公路不能跟坦赞铁路比，铁路当时是效率最高、运量最大的运输方式，因为铁路拉货比较多，可以用铁路将货物送到刚果（金）、赞比亚、津巴布韦，还有其他非洲南部国家。

问：速度方面呢？

答：铁路比公路方便，因为拉货多，速度也快。那一条路卡车又多，汽车堵，堵得很厉害，所以速度慢。

问：您能不能讲一下，当时中国修铁路的时候，美国修的这条大的公路。

答：当时美国修这条公路，同时中国朋友修坦赞铁路，他们彼此之间经常发生纠纷。

问：当年坦桑尼亚政府是否意识到美国想以公路来控制运输？

答：政府当然意识到了。通过建造从达累斯萨拉姆到赞比亚的公路，美国人计划阻碍我们的民族解放运动。他们还想插手坦赞铁路的运营，坦桑尼亚政府察觉到了美国人的奇怪举动，开始意识到他们的阴谋，还提醒了我们。

问：赞比亚政府意识到美国的这一策略了吗？

答：是的，赞比亚政府很清楚这一点，于是拒绝了美国的要求。因为政府知道美国人并没有部署行动配合解放运动。所以政府对这条公路的建设持怀疑态度。

问：坦赞铁路修完后你们获得了全部的运营管理权？

答：是的，我们得到了从达累斯萨拉姆到赞比亚全段铁路的自由控制权，这也正是坦赞铁路变得如此重要的原因，就是要确保完全独立的运营权。

问：美国是否还提出为你们提供火车头或其他类似的设施？这样坦桑尼亚就不得不依赖美方提供零备件和其他设备？

答：不，他们当时没有说提供火车头。他们感兴趣的是销售汽车和轮胎，这些物品是美国淘汰的，被扔到非洲出售。

问：您还记得1979年有一段铁路桥被人为炸毁了吗？

答：是的，我记得。我说过，英国与西方势力对建造这条铁路线很不喜欢，因此这条铁路引起了很多敌人的注意，所以当你沿着铁路前行，几乎能在每一个站点发现一些碉堡，那里有安保人员守卫。

问：那么整条铁路，从达累斯萨拉姆到卡皮里姆波希，都安排了安保人员？

答: 是的,你说得对,我们安排了安保人员。

问: 当时您知道谁是嫌疑人吗?后来知道是谁炸毁了谦比西河大桥吗?

答: 我们怀疑是南方的殖民势力,因为他们清楚这条铁路的作用是支援解放运动。因此受我们打击的敌人也对这条铁路非常敏感。在回答这个问题之前,让我带你重温历史。1969年2月,莫桑比克解放阵线党(FRELIMO)的首任主席——爱德华多·蒙德拉纳,在达累斯萨拉姆死于邮件炸弹。爱德华多在办公室里收到了一封信件,随后包裹中的炸弹炸死了他。知道他为何遭到暗杀吗?因为当时莫桑比克解放阵线正在为解放莫桑比克而战,而发起者正是主席爱德华多。这一事件与谦比西河桥的爆炸相关。因为当时我们正把军需物资运往津巴布韦,再跨过南罗德西亚到达南非,与种族隔离的支持者展开较量。那里的陆战队非常强大,敌人千方百计阻碍他们。因此这些破坏者千方百计地阻断我们为南方提供的物流支援。

问: 那么他们炸毁了桥梁?

答: 是的,你去过谦比西河(Chambeshi)吗?

问: 我还没去过那里。

答: 我去了那儿不只三次,我知道在那儿发生了什么。

问: 它是坦赞铁路线上最大的桥梁吗?

答: 是的,当时,这座桥就建在南北罗德西亚的边境线上。北罗德西亚是今天的赞比亚,而南罗德西亚是津巴布韦。

问: 今天,我看到了一些谣言,西方媒体说中国将在非洲进行殖民统治,我发现此类谣言与20世纪六七十年代建造坦赞铁路时的谣言类似。当时关于中国将来非洲进行殖民统治的谣言,您还能回忆起一些吗?

答: 你知道西方人很嫉妒,他们不希望我们与中国建立外交关系。1965年,尼雷尔第一次访问中国时,伦敦的所有英国报纸都说现在尼雷尔成了一个中国人,他们称呼他为中国人。因此我也见怪不怪,综观历史,他们一直都在诋毁我们与中国的关系。所以,当他们说中国人要来殖民非洲时,我们都乐了,因为这就是个笑话。

问: 您能否回忆一下当时西方还制造了哪些诽谤和谣言?

答: 没错,我记得那时他们说中国将向坦桑尼亚输出两万名中国女性,这样坦桑尼亚就成为中国的殖民地了。西方国家对于中坦关系的诽谤,有许多这样的笑料。

问： 据说你们跟坦赞铁路的中国工人打交道多了，都会唱中文歌，您能否唱一个？

答： 东风吹，战鼓擂

现在世界上究竟谁怕谁

不是人民怕美帝

而是美帝怕人民

得道多助失道寡助

访坦赞铁路乌有里站原站长老穆

问： 很高兴在这个中国汽车修理厂遇见您，请问您是什么时候开始在坦赞铁路工作的？

答： 1970年，一共工作32年了。从1970年到1975年我参与了坦赞铁路的修建工作，后来从1975年到2002年，我去铁路站点上工作了，姆贝亚、姆林巴、姆洛沃等，然后2002年我退休了。

问： 修铁路期间您具体做什么工作？

答： 我原来做会计，我记性好，做会计没问题，这份工作让我学到了很多。

问： 您的中文是从哪里学的？是在修建坦赞铁路的时候跟中国工人一起学的吗？

答： 我没有去过中国专门学习中文，我就是在修建铁路的时候学的。那时候中国工人在这里，有翻译，我就跟着听一点，后来能听明白，我自己也开始当翻译。

问： 建坦赞铁路的时候有多少中国人？

答： 修铁路时候有很多中国人，现在回国了。

问： 当时修坦赞铁路，跟中国人一起有没有什么难忘的经历？中国人与你们当地人关系如何？

答： 在坦桑尼亚的中国人，是我们很好的朋友，我们到现在都很喜欢你们国家，你们帮助坦桑尼亚做了很多事情，到现在这里依然有很多中国朋友，别的国家没有那么多人来坦桑尼亚。中国人当时是最好的朋友，到现在还是最好的朋友。

问： 我能冒昧问一下，修坦赞铁路时您多大吗？

答： 那个时候20多岁，现在我69岁。

问： 您什么时候开始在这里工作？

答： 退休后我在家里待着，中国人见到我说，你会说中国话？我说是的，他说我希望你来我们汽车修理厂帮忙，我们不会说斯瓦希里语，你可以来当咱们的翻译吗？我说可以啊，从1970年开始，中国人是我最好的朋友，（所以从）

2014年到现在我一直在这里当翻译。

问： 坦赞铁路工作期间学到的中文让您得到了这份工作。

答： 是的。因为我和中国人工作了很长一段时间，而且我懂中文，所以我在这里做翻译，从中文翻译到斯瓦希里语再翻译到英语。

问： 有多少人在这家汽车修理厂工作？

答： 30多个。

问： 那30多个人里有多少个中国人，多少个坦桑尼亚人呢？

答： 30个坦桑尼亚人，5个中国人。

问： 这个老板雇用的当地人更多。

答： 是的，我们这里主要是修车，因为车祸比较多，我们修好后车就可以再次运行了。

问： 我们一路过来的时候，看到很多事故，有货车翻车了，还有的从公路上掉下来，是一直以来都有这么多事故吗？还是我们碰巧看到了而已。

答： 不是巧合，的确有很多事故。因为有些车辆在夜间驾驶，如果迎面开来一辆开着大灯的车，司机就容易失控。这些大货车夜间在路上高速行驶会造成很多交通事故，因为路面有些崎岖不平。

问： 但是为什么人们喜欢用卡车而不是用坦赞铁路来运送货物呢？

答： 坦赞铁路还在运行，但是运送货物的司机说服人们把货物放到他们的车上，当你做生意的时候，这就是竞争。

问： 但是，他们怎么在经济上竞争呢？用坦赞铁路来运输货物不是更便宜吗？

答： 事实上，他们知道坦赞铁路是以很低的价格运输，但是因为有的人在谋取他们的利益、迷惑他们的顾客，把他们的货物放在他们的汽车上。

问： 但是，如果我是一个顾客，我需要把一些东西从赞比亚转到达累斯萨拉姆，如果使用卡车让我们花费了双倍的价格，我会选择坦赞铁路，然后把它送到达累斯萨拉姆，这样更快，而且没有那么多交通事故。

答： 是的，但他们会混淆视听，我知道不是坦赞铁路耽误了运输，这是个政治问题，事实就是这样。

问： 您能带我们去下你们附近的车站吗？

答： 好的，那个是小站，叫乌有里车站，距离这里4千米还有个大站，就是姆贝亚车站。

问：根据您的了解，当时这种小站大概修了多少个？

答：80多个吧，除了达累斯萨拉姆车站、伊法卡拉车站、姆林巴车站、姆贝亚车站等几个大站，其他都是小站。

问：能给我们介绍下这个站吗？

答：原来这个是站长办公室，那个是放货物的，这个如果下雨了，乘客会坐在里面。

问：这个小站现在还在用吗？

答：用还是用，但现在没有人值班了，这就是小站看上去这么破的原因。但是如果它被重新改造的话，会看起来很好。

问：是不是大部分人还是从姆贝亚车站上车，这里只是一两个村子里的人从这里上车？

答：是的，在这里停的时间很短，两三分钟，最多5分钟，车又会开走。在姆贝亚车站每辆车要经停半小时，那里有很多人。

问：您觉得坦赞铁路像这样已经很旧了，为什么这么多年还是这样子，没有变化，为什么？

答：就是没有钱修理，原来我们这有很多工人，现在有的工人被开除了，没人管，这是我们国家的问题，不是中国人的问题，中国人不喜欢这样。

问：为什么不管，他们为什么不管坦赞铁路？

答：这个是政府的事，我不会说为什么。原来我们上班的时候，我是站长，有很多乘客，有很多货物，从赞比亚运到达累斯萨拉姆，现在货物少了，乘客也少了，站也封闭了。

问：以前的运行情况是怎么样的呢？

答：以前每天有一个客车，每天还有很多货车拉货物，现在客车一周从赞比亚卡皮里姆波希到达累斯萨拉姆（开）两班，从达累斯萨拉姆到赞比亚也有两班，现在我没法说，政府的问题，我不会说。

问：作为一个亲历一切的老站长，您希不希望重新激活坦赞铁路？

答：我希望是这样的，如果你们中国关心这个铁路，我们应该很高兴，别的国家不会关心这个铁路，是你们自己修的这个嘛。我们还是希望中国人能回来修这个铁路，我们还是会很高兴，我天天说中国人为什么还不回来修好。中国人是老朋友嘛，原来毛主席、尼雷尔是好朋友嘛，我们现在应该还是好朋友。

问： 假设有一天中国回来修了，您愿意做什么？

答： 什么活我都可以干，我想他们回来，回来吧。如果中国人来了，我想我会是第一个帮助他们的人，和他们一起工作，互帮互助，因为我了解中国人，我能给他们帮忙，我会成为第一个。

坦赞铁路
工作人员

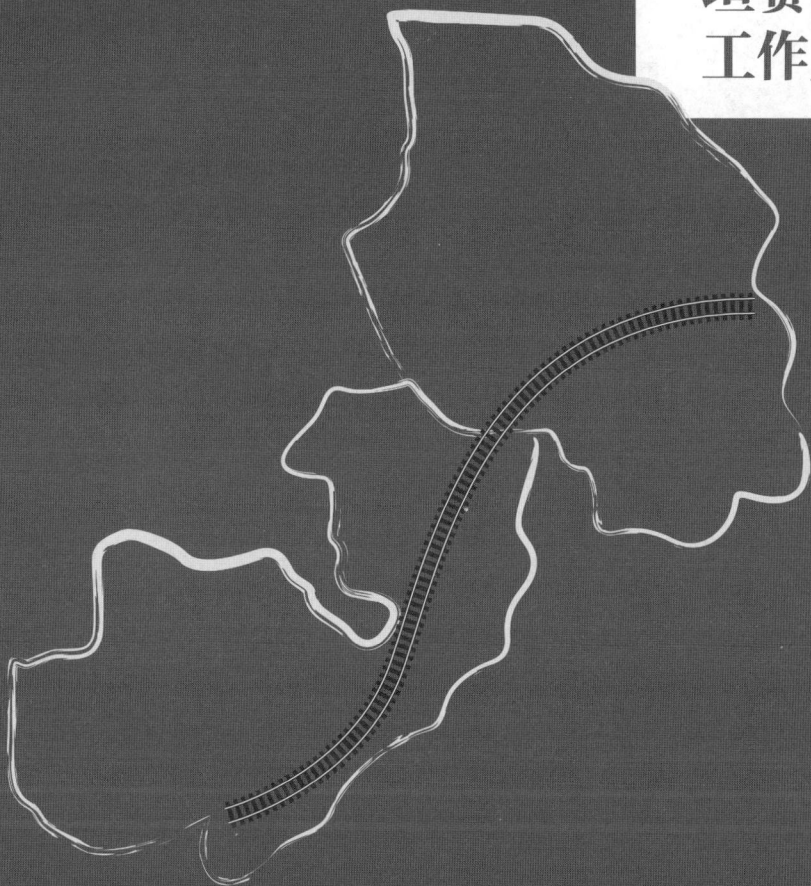

PART TWO

CURRENT STAFF OF THE TAZARA

访坦赞铁路列车司机丹尼斯·伽玛

问： 你的名字是？

答： 我的名字叫丹尼斯·伽玛（Dennis Gama）。

问： 请问你在坦赞铁路的工作是什么？

答： 我是一名火车司机。

问： 你开火车有多久了？

答： 那是一段长达35年的经历了。1980年的7月，我开始了训练，那时我才19岁。1982年我完成了培训，开始成为一名火车司机助理。之后，在我师父的带领下，我逐渐成为一个真正的火车司机。

问： 看来你非常有经验，那么你是在哪里接受培训的呢？

答： 赞比亚的坦赞铁路培训中心，位于赞比亚卢萨卡。

问： 你在学校里学习了多久呢？

答： 在培训学校待了两年的时间。在培训学校通过考试之后，会被聘为助理司机。然后要去考试，你若是再通过了就出师了，意味着从助理升级为一名正式司机了。

问： 请问是什么促使你投身于坦赞铁路，成为一名火车司机的？

答： 说实话，我最初的梦想并不是成为一名火车司机，但是当机会来临，我没有理由不接受它，因为我一直对机械技术感兴趣。当成为火车司机的机会来临时，我知道课程大纲包含了很多技术学习资料，这令我很感兴趣，所以我接受了它。

问： 了解坦赞铁路历史的人都知道它对非洲的自由解放有着重要的意义，你会为自己对坦赞铁路有所贡献而感到自豪吗？

答： 这正是激发我对这项事业的热情的原因之一。到1980年，坦赞铁路当时已经运营了4年了，但它仍然是一条年轻的铁路，全世界的人们都对它议论纷纷，但是我始终认为加入坦赞铁路是正确的选择。建造坦赞铁路的目的就是为了解放像赞比亚一样仍然在为自由做斗争的国家，因为他们需要精打细算自己的装备，需要依赖南非、莫桑比克的援助，实现这些目标的最简单有效的方法就是修建自己的铁路。所以当我加入坦赞铁路的时候，我就知道我也成为这项伟大事业的一部分了。

问： 作为自由运动的一分子，你在驾驶火车的时候是什么感受？

答： 与全人类同舟共济的感觉非常好。事实上，当你在做一些对全人类都有好处的事情的时候，你肯定会身心愉悦。

问： 如今的坦赞铁路怎么样？你认为它还像在20世纪七八十年代时那么举足轻重吗？

答： 坦赞铁路的重要地位永远不可取代。首先是它对自由解放运动的意义。当时非洲大多数国家还没有解放。坦赞铁路在经济上的意义同样不可忽视。过去，赞比亚曾经遭到封锁，但因为坦赞铁路的运输，赞比亚再也不会面临这样的难题。坦赞铁路不仅把赞比亚的商品运输到国外，也从国外进口商品。铁路沿线有很多居民，他们开展大量的经济活动。人民需要坦赞铁路，国家也需要坦赞铁路，这永远也不会变，坦赞铁路在国家的发展中依然发挥着中流砥柱的作用。有些地方公路难以到达，坦赞铁路在这方面也有着不可替代的作用，所以说坦赞铁路在经济和社会事务上都有非凡的意义。

问： 你有将参加自由解放运动的朋友送往赞比亚吗？

答： 我倒是有几个南非的朋友，他们是乘坐这条线去往赞比亚的。他们有帐篷，我以前管他们叫难民，但是事实上他们是南非的自由斗士。他们是我的朋友，他们坚持不懈为自由而斗争。我觉得很开心能够帮助他们，因为我知道他们的为人和理念。我帮他们预留了位置，他们才可以去往他们的目的地。

问： 那一定是一段精彩的时光。

答： 是的，非常精彩。我们已经快到塞卢斯站了，你在沿线可以看到很多动物，像大象、斑马、长颈鹿等。

问： 你开车时有撞到过动物吗？

答： 嗯，我有过，那是个意外。之前，我们曾经撞到过很多动物，但是近些年来，数量和次数减少了一些。尽管有关动物的事故还是会发生，但是我们尽量保护它们。不过，当一个动物横跨铁路的时候，我们也阻止不了。

问： 冒昧问一下，你在驾驶载人列车的时候有发生过人员伤亡的事故吗？

答： 在我的职业生涯里，仅有一些轻微的事故，或许有人受伤，但从来没有严重的事故，没有人死于火车交通，我们的文化就是要规避风险。

问： 所以，搭乘坦赞铁路真的是一种十分安全的出行方式？

答：当然啊。我们为什么不在选择开车时多考虑考虑呢？火车很安全！对我而言，自从在坦赞铁路工作起，我就没有目击过任何一起严重的火车事故，这意味着坦赞铁路火车仍然是最安全的交通工具。在安全方面，相较于旧的交通工具，坦赞铁路火车简直可以说是首屈一指。

问：你听说过马路上发生过什么事故吗？

答：在马路上，我们见过许许多多的事故，比在坦赞铁路上的多得多。坦赞铁路火车依然是最安全的一种交通工具。我之所以能这么自信地说，是因为我知道，就是这样，这就是事实。

问：所以现在每周是有四趟载客的火车。

答：嗯，你说的对。

问：你认为现在可以满足乘客的需求吗？

答：我们现在有来回各两趟车，但是仍供不应求，满足不了全部人的需求，还有太多乘客没法买到票。因此，我们需要增设更多的列车，我们需要为乘客准备至少4辆列车。我敢肯定如果能有更多的班车，每星期至少多两班，就会有更多的人到这里来，交通事业也会欣欣向荣。也许在一开始，在被大家知晓之前，我们需要广而告之。他们来过几次后，就会满足。因为在以前，我们每一天都在这条路开着火车，火车满载着乘客来来往往，只有周六我们才会休息，这条铁路完全能够承受。后来的问题是我们没有足够的车厢，这就是我们只跑来回各两趟车的原因。

问：火车的质量怎么样？

答：火车就是为高质量而生的，至今还非常稳固。火车抵挡住了很多气象灾害的威胁，也从未因为气候原因而停运，真是高质量的铁路。

问：我听说在坦赞铁路建造之初，美国对此并不是很高兴。因为坦赞铁路对于推动非洲的解放有很大的作用，所以美国曾有过阻挠的行为，是这样吗？

答：任何反对非洲解放的人都不会对坦赞铁路拍手称好。在20世纪70年代到80年代初确实有很多对桥梁的破坏性行为，比如谦比西河大桥曾被炸毁而倒塌了，坦赞铁路也停运了一段时间。因为有些人不希望建设坦赞铁路，所以他们采取了破坏性的行为。我不知道当时具体发生了什么，只知道他们运送炸药，炸毁了大桥，那是一座很雄伟的大桥啊。后来出于对破坏性活动的担忧，我们经过大桥时必须有人引导。

问： 那么坦赞铁路因为爆炸事件停运了多久呢？

答： 因为那是一座工程量很大的桥，所以花了挺长时间的。幸运的是，在大桥维修的同时，中国人还在，他们为火车开辟了临时的路线，我们有另外一座陆路的大桥，所以就出现了火车、公交车、卡车、小汽车都可以通行的路，它们都有自己的通行时间，互不干扰。

问： 这是一段令人伤心的往事。

答： 那时候我还是个年轻小伙子，但是我知道解放运动是一场历时漫长、艰苦卓绝的斗争。人们做了很多的努力，很多人因此失去了生命。

问： 人们多么勇敢啊，他们坚持斗争。

答： 是的，绝不退缩，绝不坐视不管。

问： 这些历史很少有人知道，有一些人知道一点，但是更多的人不知道具体的过程。

答： 是的，必须这样，你必须克服那种恐惧。如果你恐惧，你就什么也不做了吗？你必须克服那种恐惧。

问： 无论如何，你们找到了一个通往新世界的桥梁，你们找到了自己的发展道路，可以继续建设和发展自己的国家。

答： 每天都在努力。

问： 非常感谢你回答了这么多问题。

答： 不客气，我非常荣幸。我很开心你们在拍摄一部这样的纪录片，这至少会对坦赞铁路有积极的影响。你们在做一件有意义的事情，我真的很欣赏。请坚持下去！

访坦赞铁路列车司机穆卡玛福温帕·菲索

问： 请问你的名字是？

答： 我的全名是穆卡玛福温帕·菲索（Mukamfuwempa Feso）。

问： 你在坦赞铁路工作多久了？

答： 已经有25年了。

问： 你在铁路系统的第一份工作是什么？

答： 第一份工作是火车司机助理，大概工作了10年之后才转正。我在培训学校接受了两年培训，通过了考试，期间我还学了电力、机械相关的知识，最后顺利加入铁路系统。加入铁路系统之后我也在坚持学习，用高标准要求自己，不断提升自己。因为火车一旦出现问题，火车司机首当其冲。

问： 那么你成为真正的司机是多少岁？

答： 大约27岁吧。

问： 你是如何成为火车司机的呢？我想竞争肯定很激烈。

答： 我那会儿在卢萨卡，培训学校在报纸上登广告，于是我写了一封信给报社，又写了一封信给培训学校，因为是他们在报纸上登的广告。然后我就被选中了，之后我就去培训学校面试，面试通过之后，我就在培训学校接受了两年的培训。之后，我开始做火车司机助理，过了三四年，我又去考试了，最后才成为一个全职的火车司机。

问： 你在培训学校遇到过很多中国人吗？

答： 是的，有中国的火车司机，他们对铁路做了很多贡献。

问： 你是哪一年开始接受训练的？

答： 1992年，那会儿很多中国人都回国了。

问： 那么你知道很多关于坦赞铁路的历史吧。

答： 是的，我知道很多。

问： 为什么坦赞铁路也叫自由之路？

答： 我不确定，可能是因为自由解放运动吧。我们都在为独立和自由奋斗，赞比亚曾经被殖民统治过，赞比亚在取得独立后也帮助其他国家。曾经，对于赞比亚来说，出口铜矿是个大难题，所以我们的总统和坦桑尼亚总统同中国的毛主席商谈向欧洲出口铜矿的方法。可以说，我们的总统在坦赞铁路的建设中发挥了重要的作用。

问：我听说，西方媒体把坦赞铁路比作是南非自由解放运动的原子弹，你认为他们为什么把坦赞铁路比作是原子弹呢？这可是一个非常有力量的表达。

答：原子爆炸。这片土地曾经被殖民统治过，坦赞铁路在民族解放运动中发挥了重要的作用。殖民者自然对此很不开心，因为坦赞铁路已经脱离他们的控制了。他们曾经为了物资在我们的国家来来回回，现在我们借助坦赞铁路自己进口和出口物资，也难怪殖民者对此不高兴。

问：他们做了什么，或者说他们的反应是什么呢？

答：他们炸了这座大桥，引发了骚乱。

问：我听说了关于这座大桥的一些事情，你听说过的故事是怎么样的呢？

答：我在南非的时候听说这座大桥曾经被炸毁，幸亏当时没有很多人在那辆火车上，否则伤亡会非常严重。这座大桥距离附近的村庄不过两三千米远，所以附近的村庄也受到了波及。当时有一些直升机来帮忙，但是我们也不知道直升机到底在做什么。大桥被炸毁了，为了铁路能够正常运行下去，我们又建造了临时的桥。

问：所以说殖民者知道那是一列载客的火车？

答：是的，那就是一列载客的火车。

问：人民是无辜的。

答：我不知道他们在想什么，平民是无辜的。赞比亚是一个友好的国家，希望和周边的国家合作发展。殖民者要想获取火车的消息并不困难，他们就是想要打击我们。他们曾经来到赞比亚，获得了赞比亚的土地，他们不愿意赞比亚发展，也不愿意看到赞比亚帮助周边的国家一起独立。他们想要打击我们自强不息的精神，削弱我们和周边国家一起强大的热情。

问：如果他们继续针对铁路和火车，会有什么可怕的事情发生呢？

答：可能他们觉得我们会被打败，从而停止帮助周边国家争取独立，但是我们不会屈服，直到实现彻底的独立。

问：如果大桥爆炸的时候火车刚好驶过的话，没有人可以幸存，那么赞比亚谋求独立的积极性就会被削弱？

答：是的，那正是他们想要达到的效果。

问：那是恐怖袭击。

答：沿途有很多车站，这些车站过后，我们就要到那座大桥了。在车站里，我们有很多安全检查措施，我们曾经受过伤，我们要有所进步。我们还会继续帮助我们的周边国家，他们都会成功的。

问：坦赞铁路花费那么多资金，你认为这是错误的决定吗？

答：不，这是正确的，很多国家现在已经取得了自由和独立。

问：如果赞比亚没有独立，现在会是怎么样呢？

答：那赞比亚就是一件物资，没有主权。争取国家独立是一个艰巨的任务，这条铁路在赞比亚争取国家独立的过程中发挥着中流砥柱的作用。人们使用这条铁路，但铁路也在日益损坏，政府需要斥资维修以确保正常运行，因为很多人依赖铁路，铁路在人们生活中很重要。

问：为什么很多人还是选择卡车运输而不是铁路运输呢？

答：很多情况下，卡车比较快，而铁路有的时候耗时更长。很多商家都希望商品能够尽快地运输，他们才能做生意，尤其是一些女性，他们对速度的期待更高。

问：那么你认为增加更多的铁路线路，就会改善吗？

答：是的，那当然啦。

问：你认为货车司机会怎么看待这个事情呢？

答：不会很积极吧。

问：他们会喜闻乐见吗？

答：不会的，他们当然不会。我们需要和警察协商好以维持秩序，因为很多卡车司机投入了很多钱，当铁路取代公路的时候，只有少数的公路交通会被保留下来，势必会造成一定的骚乱。

问：我们马上就到下一站了。

答：是的，下一站快到了，越来越近了。

问：所以这一站不停吗？

答：不，只是短暂地为乘客停一下。

问：如果这一站不停，会发生什么呢？对你会有什么影响吗？

答：无论是乘客还是我们，都会造成困难，火车是一种重要的交通方式。

问： 我看到铁路沿线住着很多人，他们大多都不太富裕，生活条件不太好。

答： 是的，你可以看到很多贫苦的人，当一些严重紧急事情发生的时候，铁路对他们来说非常重要。这个地区很偏远，他们依赖农业生活，有些人会把东西带到边境线去售卖，也有些乘客会卖一些基本的生活用品给他们，铁路为他们运来了食物和物资。

访坦赞铁路信号旗手贾弗瑞·哈桑·库德内瓦

问： 你好，咱们这趟列车行驶多少千米了？

答： 大概有150千米了。

问： 能问你的名字叫什么吗？

答： 我叫贾弗瑞·哈桑·库德内瓦（Japhary Hassan Kudnewa）。

问： 你来自达累斯萨拉姆吗？

答： 是的。

问： 你做什么工作呢？

答： 我是火车的旗手。

问： 旗手是什么意思呢？具体做什么？

答： 当火车经过车站的时候，我们需要确保火车安全地行驶。

问： 你用这些旗子指挥吗？

答： 是的，这是信号，我们有一个绿色的和一个红色的，绿色的是用来（指示）
启动的，红色的是用来（指示）停止的。

问： 你们有时候会有安全问题吗？

答： 会的，但我们会调整火车的行驶速度，从而避免事故。

问： 你知道坦赞铁路有多少隧道吗？

答： 超过22个隧道。

答： 是的。

问： 那有多少座桥呢？

答： 这就很多了。

问： 你在坦赞铁路工作多久了？

答： 已经有15年了。

问： 15年了吗？

答： 是的。

问： 你喜欢这份工作吗？

答： 是的，我喜欢，我非常喜欢铁路。

问: 你知道为什么要建造坦赞铁路吗?

答: (知道得)不是很多,但是我知道(它可以)帮助坦桑尼亚、赞比亚附近的国家,尤其是非洲南部的那些国家,如纳米比亚、津巴布韦、莫桑比克等。

问: 自由铁路?

答: 是的,为了自由。

问: 知道是中国人援建的吗?

答: 我喜欢中国人,我喜欢。

问: 所以中国和坦桑尼亚的关系是什么样的呢?

答: 是的,我们有很牢固的友谊,我们仍然在接受中国的捐赠,如果没有他们,我觉得我们不会发展得这么好。

问: 火车下一站停在哪儿?

答: 塞卢斯。

问: 我们在那儿下车,谢谢你。

答: 愿你一路顺风。

访阳波站站长森吉拉

问：您能不能带我参观一下这个火车站？

答：我尽量。

问：这些货从哪里运来的？

答：有些是从达累斯萨拉姆过来的，有些是其他国家运来的。

问：这些火车看起来很新。

答：这个是新的。

问：这个有多老了？它这个在这边多久了？

答：大概6年了。

问：这些载的是什么？

答：化肥。

问：这些化肥运到哪里去？

答：运到赞比亚纳孔德、卡萨马等不同的地方。

问：这些化肥是哪来的？

答：很多国家，阿拉伯国家、巴西，还有中国、埃及等。

问：那边那些火车呢？

答：那些是空的，这些是运汽油的。

问：这些还在使用吗？

答：还在使用当中，等待客人购买付款，然后我们再将汽油运到赞比亚、马拉维等。

问：所以这些火车还在等待，一旦有客人预订汽油，你们就启程了？

答：是的，你看火车油箱上写着"FT"，代表汽油，106号。

问：您知道这里有多少个油箱吗？

答：不少于150个。

问：所以油箱上面的数字从0到150左右，就代表了油箱数量。这些汽油一般是哪里的？

答：来自很多地方，比如尼日利亚的燃料公司，独立燃料分销公司彪马能源

（Puma Energy）……

问： 那个车厢是什么？我们能进去看看吗？

答： 当然。

问： 这些还在用吗？

答： 不，这些要维修。

问： 这个是载客的吗？

答： 这节车厢是可以给火车司机指示安全信号的。

问： 我们能进去看看吗？

答： 这是个老火车厢了，很老了。

问： 还可以正常工作吗？

答： 你坐在这里，火车朝这个方向开，你可以看400米远的距离，当你发现前方有状况时，你可以伸出旗子，司机看到这个信号就会刹车。如果司机没有反应，你就拉下这个，火车就会停止前进。

问： 所以如果您坐在这里突然看到前方有大象，您就伸出旗子，司机看到就刹车。

答： 是的，坦赞铁路火车有两种不同刹车系统。

问： 所以它有双系统。这个在坦赞铁路修建的时候就有吗？

答： 是的，1976年通车到现在，大概有40多年历史了。

问： 在那个时候应该很先进了。

答： 安全第一。

问： 所以如果有些货比较高的，可以换到这个火车上，就可以轻松通过隧道，虽然差别不大，但意义重大。

问： 您一直在这里工作吗？

答： 不是，但我来这工作有10年了。

问： 您知道很多关于坦赞铁路的历史吗？

答： 当然知道，这火车在当时载过坦克，运到赞比亚、津巴布韦。

问： 好的，那这个之前也载过坦克吗？

答： 是的，它可以载75吨重的坦克，那个可以载50吨。

问： 那个也载过坦克吗？

答： 如果坦克重量低于50吨，就很容易放上去，集装箱也可以。

问： 您觉得这火车在1976年的时候也载过坦克吗？

答： 是的，那个也载过，这个地方是真实的历史场景。

问： 是啊，你知道坦克是哪里来的吗？

答： 这个我不清楚。

问： 您想这节火车上可以载2辆坦克？

答： 嗯，可以的，他们可以冲到第一线，为自由而战，"乌呼鲁"（Uhuru）。

问： 乌呼鲁？

答： 这节火车你看它毛重是46吨，它一共可以承载90吨的货物。

访马坎巴科车站通信工萨伊德

问： 你在哪里工作？

答： 我在信号通信部门上班。

问： 是在坦赞铁路信号通信部门吗？

答： 是的。

问： 你每天工作的内容是什么？

答： 我们负责铁路通信，以及通信设备的维护和管理。

问： 这些设备是自动化的吗？

答： 不是自动化，不过是电子的，我带你到车间里面看看。

问： 你现在要去里面工作了吗？

答： 没有，我工作的部门在那边，我们先来看下这个设备。这里是轨道，轨道1号、轨道2号、轨道3号、轨道4号。我们的工作就是保证每条轨道上的火车都能顺利安全通行。我们做这个工作之前在中国接受过培训。

问： 在中国的培训课程，是教你如何维护这个系统吗？

答： 是的。

问： 当火车来了想要变换轨道，你们要怎么做？

答： 当火车过来的时候，只要把这个引擎放下来就行。

问： 如果是来接乘客的火车，它是不是就得靠站台这条轨道停下？

答： 是的，因为站台在这边。

问： 我不明白的是很多乘客早早过来等明天的火车，他们晚上在车站过夜吗？

答： 他们提早一天来过夜，因为很多乘客住的地方离火车站很远，如果不提早一天，他们就得起很早，走很远的路，这样的话太辛苦了。

问： 我听说很多人喜欢坐火车是因为火车比较便宜？

答： 不仅仅是便宜，火车也比较安全，火车远比公交车安全得多。

问： 我发现设备上的文字都是中文的，那你在工作中会不会有理解上的困难？

答： 并不会，我们每个设备都有英文版的对照手册。

问： 你会读一些汉字吗？

答: 我只会一点点,我在中国待过几个月,学会了几个汉字。

问: 你在中国哪里培训?

答: 我在天津铁道职业技术学院接受培训。

问: 你能说出几个汉字吗?

答: "你好""米饭""雪碧""馒头",我还知道"不客气"。

问: 这些都是老设备吗?

答: 是的,这些设备都是有线系统,我们希望有一天可以更新成无线通信设备。

问: 这个设备多老了,20世纪六七十年代的吗?

答: 2001,这些现在已经没有用了,因为技术更新了。

问: 你们与其他站点之间是通过无线电广播进行交流的吗?

答: 是的。

问: 如果要和火车司机对话,你们用什么设备?

答: 我们用移动电话沟通,我们也希望中国能为我们提供无线信号交流的设备,因为这是保障火车安全最重要的一方面。

问: 你在坦赞铁路工作多长时间了?

答: 11年了。

问: 你几岁的时候开始在坦赞铁路上班?

答: 22岁的时候。

问: 当时是干什么?

答: 就是这个。

问: 你一直在这里工作,没有离开过?

答: 是的,一直在这工作。

问: 你的家乡在哪里?

答: 我的家乡在坦桑尼亚乞力马扎罗,那是我成长和学习的地方。

问: 你在中国学习的时候会遇到生活上的困难吗?

答: 中国朋友非常照顾我们,我们每个人都有一张卡片,表明你的身份,卡片背面还有公交线路图,这样我们就能找到回学校的路。我们第一次去中国的时候,中国朋友对待我们坦桑尼亚人不仅仅是朋友,更像是兄弟一样,非常亲近,我在中国的6个月深有感触。

问： 中国在赞比亚也建立了培训学校，你了解吗？

答： 是的，叫作姆皮卡培训学校。

问： 你去过那个学校吗？

答： 不，我没有。

问： 你是在哪里接受培训的？

答： 技术层面的知识我们从中国的老技术员那里学习，理论的知识我们会去一些部门上课。

问： 一开始是谁教你这些技术的？

答： 我有好几个老师，其中一个最年长的老技术员还在办公室，他就是从中国技术员那里学的技术然后来教我们。

问： 你最喜欢你工作的哪一块内容？

答： 只要工作中没遇到什么麻烦我就很开心了。我们尽最大努力把工作做好，但人无完人，有时候也会有做得不好的地方。

问： 你的工作其实也与安全相关？

答： 是的。

问： 我能理解车票费用是乘客们关心的主要问题，那安全问题也是乘客们考虑的吗？

答： 是的，大部分乘客选择坐火车是因为火车比较安全，火车很少出事故。

问： 我看到路上有些货车装着集装箱，他们为什么不选择铁路运输呢？

答： 市场是自由的，我们也在努力把自己的工作做好，从而与其他交通工具相互竞争。

问： 你认为坦赞铁路最大的挑战是什么？

答： 说不上有什么挑战，因为有大量的货物必须靠铁路运输，而且铁路运输更加安全。

问： 在雨季的时候，公路运输是不是会遇到困难？我发现公路很多地方被水淹没了。

答： 是的，特别是在下大雨的时候，公路就会很麻烦。

问： 你们这门前的公路是谁修的？

答： 美国人，我们坦桑尼亚和美国也很亲近，但是在我看来，中国方面做得更好些，中国为我们修建了铁路。

问：公路和铁路之间存在竞争关系吗？

答：并不完全是竞争关系，因为铁路对我们来说是稳定的，而公路存在很多不可控因素。

问：你认为那些卡车司机会希望看到坦赞铁路运作得不好吗？

答：是的，他们祈祷坦赞铁路做得不好，因为他们之间存在一种竞争关系。

问：你怎么看？

答：我在铁路工作，当然要为铁路发声。

问：在中国你体验过中国的高铁吗？你觉得坦桑尼亚什么时候能通高铁？

答：没有什么不可能的，10年，20年，都有可能。坦桑尼亚一定会有通高铁的一天。

问：你确信吗？

答：当然，你看中国的铁路这么发达，在世界上都是领先的。我相信我们有了中国的技术支持，有一天也能完成通高铁的心愿。

（第二天去萨伊德家里采访）

问：你好，谢谢你的邀请。

答：欢迎你的到来，请坐。

问：你们一家几口人？

答：我妻子、儿子，还有女儿。

问：所以是四个人？

答：是的，一家四口。

问：你们在这里生活多久了？

答：在这个房子差不多有两年了。

问：两年吗？

答：是的。

问：搬到这里之前你们住哪里？

答：在那边。

问：你们在这里生活得开心吗？

答：当然，这个房子对我们一家来说很舒适。

问：电视机里面放的是什么？

答：功夫电影，成龙，我们都很喜欢。

问：铁路离你家这么近，就在房子门口前面。

答：因为我在铁路工作，所以最好离得近一点，每天能观察铁路周围发生了什么。

问：你喜欢这份工作吗？

答：这是我的工作，这是我的生活，我希望能一直工作下去。

访姆贝亚机车修理厂电气监督辛卡拉

问：你叫什么名字？

答：辛卡拉（Sinkala）。

问：你在哪个岗位？

答：我在火车机械维修部门负责电气监督，我们的主要工作是修理火车。

问：你们有多少辆火车在这个车间里？

答：如果只是修理的话，我们可以每天修理6辆火车机车，但是整个车间可以容纳10辆机车。

问：你知道坦赞铁路总共有几辆机车吗？

答：我们有很多机车，现在这条主要的路线上，每天大概有16辆会来我们这里。

问：是16辆机车吗？

答：其他的地方我不知道，我只知道我们工作的地方。如果我们有足够的零件，我们的机车数可以达到20，甚至说30。

问：你们可以在一天修理30辆火车吗？

答：不是在一天，这不可能，一天我们最多可以修理6辆机车。

问：有多少人在你的车间工作？

答：大约90人在这个车间。

问：他们在哪里接受培训啊？

答：这里有一个在姆皮卡的培训学校，是坦赞铁路的培训中心。所以，无论在什么时候雇用员工，都要让员工接受技术培训，我们也会教他们如何操控这些火车。

问：他们中有很多人去中国接受培训吗？

答：这个车间里的人很少会去中国接受培训，有时会有一些中国专家过来给我们培训，通常是一批新的机车到来的时候。比如，在2012年到2016年，我们这里来了一些中国专家，他们当时给了我们一批新的机车，这些专家和机车一起来的。在这里做了两年培训之后，他们合同到期了，就必须回去了。

问：两年培训之后，你们可以自己运转下去吗？

答：是的。

问：你可以带我们到处走走吗？解释一下这里发生了什么，我看见这里有很多列车部件，有的看起来很旧，有的看起来还很新。

答：好的，我们从这里开始吧，这个机车运行了8年，现在在大范围检修，以便对这个机车进行从头到尾的维护。

问：看上去是做一个彻底的检查。

答：是的。他们正在这里做校准。这里有一台鼓风机、交流发电机和轴，我们要确保这个轴是直的，它不会下降和离开这条直线。

问：这个部分是引擎。

答：是的，这个是引擎，因为是柴油电力机车，所以它使用引擎和交流发电机，这是一个容量为12千瓦的柴油发电机。

问：动力很足。

答：我们必须拆除所有的引擎，然后清理干净，再重新装配。

问：为什么你们要拆除它？

答：因为根据通用电气的标准，在引擎运作了8年后必须进行维修，必须拆除这个引擎，把新的组件、新的活塞、新的轴承放入引擎中，因为我们要确保它还能再运转8年。

问：做这项工作有很高的技术要求。

答：为了确保能够运转，你需要很好地理解引擎，这背后有很多的学问。这边是用于干燥的轴，它与压缩机、排气机、风机齿轮箱连接以便冷却。

问：那个就是用于冷却的。

答：是的，就是风扇。

问：这很大。

答：是的。

问：这个很容易转动？

答：是的，很容易。因为它使用电气和电气机械，所以当你引入电气时，就不能在这里发展磁力。

问：看起来很沉重。

答：它会保持直到系统中的电力（稳定），与此同时，它让引擎加快。从这里操作，让我展示给你看，然后，你可以来这里，看着它以这种方式移动，它能够去到南边。

问：有意思。

答：这是一个电阻，你知道我们正在使用动态间断，所以在这期间，火车会有两个运行系统。在动态间断期间，牵引电动机，不是作为电动机工作，而是作为发电机，我们正在使用它，我们只是把它带到电阻器，使发电产生的电能转换成电能和热能，而在发电过程中，电阻器的电流就会消失。

问：那个变得太热了，所以它融化了。

答：这里有冷却电阻器的发动机，还有很多东西引导，因为这个要弯曲。这是一个电机，它已被重新修好，然后你把它们放进了烤炉，在那里像发动机那样加热东西，如果电阻没问题，那么它将被重新组装回系统。这些东西放在这里，不是说所有都是有问题的，只是需要维修。

问：这位女士在做什么？

答：她是一个电工实习工，她还在上学，所以来这里实习。

问：难吗？

答：不难。

问：你们这儿的机车来自哪里？

答：我们拥有的机车是美国通用电气的，所以我们从美国购买备件。

问：你们这里有中国的火车吗？

答：有，在那里，我们使用了美国和中国的零部件。

问：所以你们从世界不同的地方采购零件吗？

答：是的。这个就是德国的，零件差不多是一样的。

问：如果仅仅使用一个国家的一个品牌，建造不同的机车是否更有优势，会不会更简单？

答：尽管有不同的机车，但它们有些零部件是相同的。就像牵引电机一样，我们这些机车都使用相同的牵引电机，可以适用于任何其他机车。这些是中国机车，但发动机来自美国，零部件来自中国，所以这些机车是美国和中国的结合物。

问：这是很国际化的。

答：是的，很好的。

访纳孔德车站调度员蒙巴·包提法

（**蒙巴·包提法在打电话**）："纳孔德0745，两下一上。非常感谢瓦迪蒂先生。哥们，你好吗？你是指K11列车吗？好的，保持联系。"

问: 这里是您来负责？

答: 是的，我们随时准备好操控这里。

问: 我能不能采访下您，谈谈您在这的工作？

答: 好的，我叫蒙巴·包提法（Mumba Potipher），我是在站台值班的领班，我们车站有3个领班。因此，我刚才在工作，这是我们用来联系的设备，刚才从达累斯萨拉姆传来了信息。我在这儿所做的就是接收从姆皮卡车站控制室发出的信号，从每天的18:00开始持续到次日的18:00，所以这是一项历时24小时的操作。而且，他们会在早上6:00的时候提醒我们在接下来的12小时内需要干些什么。

问: 因此，有3个领班，所以您每天工作8个小时是吗？

答: 是的，确实是8个小时。从早上8点到下午4点，或者是从下午4点到夜里12点，或者是从夜里12点到第二天早上8点。

问: 通过这个，您就掌握了下一班火车抵达这里的时间。

答: 是的，当他们给我们下达任务时，我们就能掌握下一班火车到站的时间。我们刚才就接到了第一班车，是一列从坦桑尼亚开来的载客车。明天下午我们这儿会有另一班从坦桑尼亚开往赞比亚的货车，在15:00到达，还有一班车是从赞比亚开往坦桑尼亚方向，它于明天早上6:00到，所以我们是知道列车的动向的。

问: 会经常晚点吗？

答: 是的，下一班车会有移民官员前来列车办理乘客的签证或者护照，这就是为何延迟了20～25分钟的原因。

问: 您对现在的工作感到满意吗？在我看来，您的工作很重要。

答: 是的，我在这里的工作非常重要，因为我们纳孔德车站处在边境上，连接着坦桑尼亚和赞比亚，所以我们是交通枢纽，我们要确保从坦桑尼亚来的火车顺利进入赞比亚或者是赞比亚来的车进入坦桑尼亚。我们这里还有两个重要的机构和办事处，检查从赞比亚运出的货物，同样要检查坦桑尼亚出口的货物。所以，这是一个非常重要的地方，实际上也是一个非常繁忙的地方。

问：好的，谢谢。您能给我们解读下这是什么设备吗？

答：是的，这个是中国产的。但是现在它不能工作了，因为线路坏了，所以它不能再正常工作，所以我们现在改用对讲机交流了，这样就能知道火车是否正在轨道上正常运行。

问：坦赞铁路的历史您了解吗？

答：是的，我知道一点，但不详细。我知道这是我们赞比亚的第一任总统卡翁达和坦桑尼亚的第一任总统尼雷尔发起的，因为当时津巴布韦还没独立，南非实施种族隔离制度，我们不能从那里进出口，特别是铜矿不能从赞比亚出口至欧洲国家、中东地区甚至远东地区，因此必须建这条铁路，于是中国人来了，帮助我们建起了这条铁路，所以我们现在有了这条坦赞铁路。如果没有中国，就没有这条铁路，因为地理环境很复杂，特别是坦桑尼亚那边山很多。有人说建这条铁路要花很多年，但中国用不到10年就建起来了。这就是我们现在所拥有的坦赞铁路，这是最让人觉得勇敢的事。

问：你们赞比亚人有没有从坦赞铁路受益？

答：是的，坦赞铁路不仅让坦桑尼亚和赞比亚从中受益，也让其他的国家比如津巴布韦和刚果（金）从进口货物中获益匪浅，它连接了东非、中非和南部非洲，这就是这条线路重要的原因。

问：好的，非常感谢您的分享。

答：不客气。

访坦赞铁路中国专家组电气工程师田国华

问： 田师傅，请问您当时是在什么样的情况下来坦赞铁路工作的？

答： 我父亲是国家干部，我母亲是国企职工。我大学毕业以后，先到吉林轨枕厂工作，这个轨枕厂是属于铁路局的。那时候正好赶上坦赞铁路需要重建轨枕厂，因为坦赞铁路是20世纪70年代建的，所以经过40多年，很多轨枕需要更换，但当时坦桑尼亚没有轨枕厂，所以就得建一个轨枕厂。当时在电气、仪表和计算机控制方面缺一个人，而我正好是学这些的，所以我们厂就让我先参加这个项目的投标，中标以后就代表国家来坦桑尼亚参加建设。

问： 田师傅，你们来这边工作是通过全国招标程序过来的？

答： 是的。我们都经历了做标、招标、中标、筹备设备、购置材料的过程，最后才到这边来教坦桑尼亚人怎么安装设备。后来我们到这儿来，每一台设备技术都是用水准仪测量的。他们说就用水平仪量一下就行了，但是我们不这样做，我们会认真做好，并尽力做到最好。这些设备到现在已经用了十七八年了，什么毛病也没有，也没有一个要返工的。

问： 厂房就是旁边那个院子吗？

答： 对，那边是生产的厂房，这边是我们的营地和生活区。生活区当时是按照篱舍建的，所以比较简陋，但是那边的厂子我们是认真建的。后来我们回国上班一年多，外事处又找到我们，让我们必须立刻回坦桑尼亚，一方面是培训，另一方面是监管。监管这个任务是我们自己额外做的，因为如果不监管的话，他们有时把机器上的零件拆下来，就装不回去了。另外，他们还可能会弄坏或者弄丢零件，我们不可能把所有的设备都再备一套，因为订配件要考虑国内，我们国家挣钱也不容易，所以我们要在省钱的前提下，把工程运作下来，而且不出现一点儿毛病，不给中国丢脸，这是党和国家交给我们的任务，是我们应该做的。这个厂子虽然不大，但是实验设备和机械设备都一应俱全，标准设备和非标设备也非常全。这样的厂子在坦桑尼亚不多，所以说坦桑尼亚人现在越来越意识到这个厂子的重要性。

问： 你们制作这些轨枕的原料从哪里来呢？

答： 这里附近就是个采石场，是修建坦赞铁路之前中国人帮助援建的一个比较简易的采石场，叫作康格勒采石场。虽然现在来说比较简易，但是在当时也算是很先进的了。我们把这个轨枕厂建在这儿的原因就是因为这儿离采石场近，原料就在旁边。所以，虽然咱们这个厂叫轨枕厂，但它实际上是两个厂子，既是采石场，也是轨枕厂，属于两个大车间。后来，在20世纪80年代末，坦桑尼亚又请求欧共体帮助他们建造了一个比较现代化的采石场，也就是咱们现在看到的这个。这套设备是欧共体给坦桑尼亚提供的，到现在还很先进，但是用了这么多年，设备也坏了很多。

问： 厂房用水怎么解决？

答： 如果厂子需要用水，可以用那边那个蓄水池，用水泵把水从蓄水池抽到水塔上，再由水塔分配到各个车间，提供给各个厂房车间生产用水。因为这个水没有经过处理，所以不能当作生活用水，但是因为当地没有净化的水，所以工人们认为这些水用来喝也没问题。

问： 坦赞铁路的轨枕都是这个厂子生产的吗？

答： 1976年坦赞铁路建成之后所更换的轨枕都是由这个厂子生产的。我们生产出来的轨枕一般都会被拉到成品场地，这些是抽出来做检验的，主要是看看这批轨枕合不合格。这上面都是编号，并不是胡乱画的。

这台设备叫轨枕静载试验机，也叫试验机，是专用设备，也是标准设备。这套设备是咱们中国的，这种专门用来做轨枕静载的设备在坦桑尼亚就只有这一套。检验的时候，把轨枕放到这个设备上，观测压力施加到多大时轨枕能裂。在轨枕裂开的瞬间，记录下那个压力值。我们一般会做轨下试验和轨中试验，然后根据得到的数据判断轨枕是否合格。所以，虽然从表面上看，轨枕就只是个水泥制品，但其实它的技术含量也很高，得看静载时的压力值符不符合要求。

从轨枕灌注车间灌注出来的成品检验合格以后，就可以拉到成品场地。如果坦赞铁路上的轨枕要坏了，或者是需要更换了，这个成品吊柱车就会把轨枕的成品吊到旁边那条铁路专用线的火车上，然后再由火车把轨枕运到那里。一开始我们只负责灌注轨枕，后来他们为了运输方便和保证质量，通过上级把螺栓锚固这个工作安排给了我们。这倒也没什么，主要就是增加了一点我们的工作量。

问： 我看到坦赞铁路沿线的轨枕上都刻有"中华人民共和国制"这几个字，但是这里的为什么没刻呢？

答： 那是最早建设时期刻的，后来更换的轨枕就不刻了。现在生产的轨枕都是在两端刻上标牌，一是型号，二是年份。如果是为了做标牌区分哪一期，可以在两端打字，但是在轨中打字是不允许的，因为轨中强度低，所以做标牌只能在两端做，不能在中间做。

问： 这里生产的轨枕质量如何？

答： 无论是外观，还是质量，我们生产的轨枕都是相当不错的，而且使用效果非常好。有些已经用了七八年，甚至十几年了，始终都没有发现龟裂的情况，所以咱们中国设备可以说是非常棒的。这套设备虽然是非标的，但是是沈阳桥梁厂做的，是中国制造。那个机械设备是和冯工共同完成的，这套设备是我2001年亲手安装的，现在已经十七八年了。这个厂子里所有的电气设备都是我亲手安装的，所以说我感觉这厂子特别亲切，每个布线我都相当熟悉。因为当初还没有厂房，就只是刚有个基础，房子是我来之后新建的，所以说对这边的感情很深。

问： 这套设备烧柴油？

答： 咱们中国送给坦桑尼亚两台蒸汽养生机，是烧柴油的。但是因为坦桑尼亚的柴油非常匮乏，所以这两台机器转交给他们后就没有用过。一是因为他们产量低，用不着蒸汽养生，二是因为柴油贵，所以就始终没有用。

问： 你们的日常工作是什么？每天都来吗？

答： 无论是中国的节假日，还是坦桑尼亚的节假日，我们几乎天天都会到这里来，几乎天天都到厂里转好几圈，一是对这里有感情，二是看看这些设备哪里需要检修的。因为我们这里有好多设备，检查之后，有一点小毛病及时处理了，就不会出现大毛病，要是小毛病不及时处理，就会慢慢变成大麻烦。比如说这台搅拌机，水泥和板之间有轻微的摩擦，所以经常会出现水泥堵塞的情况，把它清理一下就好了，如果水泥越积越多，整个板就会裂开，这样一来，整个漏斗就会塌掉，那时候工作量就会增加很多倍，所以我们时不时会让工人清理一下。我们只要发现一些小毛病，就会马上告诉工人，让他们马上处理。在某些方面，他们离开了咱们中国人真不行。有时候我们要是到外面开会或者出差，一些设备出了问题，他们真的解决不了。

问: 您是什么时候过来的？

答: 我第一次来这里是在2001年，到现在已经有十七八年了。虽然中途回国过几次，但是我已经在这里工作这么长时间了，现在对坦桑尼亚人民和这个工厂的感情是非常深的，我已经把这里当成我的家。现在正好是坦桑尼亚最好的季节，我非常愿意到厂里来，因为我们这个厂里有一些我们刚建厂时栽种的树和花，在雨季，这里的绿化特别好，所以我把工厂叫作"花园"，我绝对不是"王婆卖瓜，自卖自夸"，因为这么漂亮的地方在坦桑尼亚还真不太好找。因为除了我们这个工厂和营地是绿色的，在外边一瞅，草都是焦黄的，有时候刮大风，就真的有一种非常凄凉的感觉。而且，非洲的天非常蓝，所以我就说"天蓝蓝，地黄黄，风吹草低真凄凉"。但是，只要进了我们的营地或者工厂，心情就大不一样。

尽管我当初是听从党的召唤、服从组织分配到这里来搞援助、援建，但我还是从内心很喜欢这个地方的，就是有时候家里发生一些大事会顾不上，比如说我父亲去世，我都没有赶上，所以我当时也挺痛苦的。一说到家人，我真的是惭愧，在2006年底到2009年这个工期内，医院给我爱人发了病危通知书，那个时候我不能回去，就只能干着急。现在我母亲已经88岁了，前年还得了直肠癌，万幸的是，我弟弟是大夫。一般的医生是不会给80多岁的老人做手术的，只能做保守疗法，但是我弟弟坚持要让母亲做手术，所以她又多活了两年多，虽然现在卧床不起，但毕竟人还是活着的。按理说，我应该回去照顾母亲，但是我也只能坚持，因为这个工期还没结束。所以，我觉得我挺对不起家人的，不过为了工作，只能是舍小家，顾大家。

问: 那您在这边想家的时候怎么办？

答: 有时候吃完饭，我就到距离我们营地300米的坦赞铁路附近散散步，在那个铁道上看看。因为我对坦赞铁路特别有感情，所以我一般每天都会来看一看、瞧一瞧，一是为了散步，二是往铁道这个方向走，网络信号比较好，能给家里打个电话，问问家里最近的情况。

访坦赞铁路中国专家组机械工程师冯玉华

问： 您是怎样和坦赞铁路结缘的呢？

答： 我父亲是吉林铁路分局的工程师，他专门负责桥梁和线路，所以他也希望我学习这些。当时我学习还行，数学在班级里始终是第一名，别人答不上的加分题，我基本都能做出来，老师们对我也很器重。我当时的梦想就是考个好大学，但是后来被"文化大革命"给耽误了。下乡的时候，我父亲说："你得坚持学呀，将来还能有用。"于是我就坚持学习。但是下乡之后干活时间是不能学习的，于是我就趁别人不注意的时候去树林里学习。我把书揣到衣服里，然后眼睛盯着口袋里。后来恢复了高考，第一年我没考上，因为我毕竟初中高中都没上过，自学只是学了数学，物理和化学都很差，我们班已经有好多初中、高中的学生了，他们的底子都比我厚，所以那时我就主攻化学、物理。后来我考上了我们吉林原先的职工大学，当时正好招专业对口的学生，我是学机械设计与制造的，所以就报考了，没想到还真考上了。考完去看成绩单的时候，我就从中间往下看，一看没有，我就说："坏了，这次又没考上。"有人说："你往上看呐！"我说我考不了那么多，因为那些高中生的底子比我厚很多。结果后来一看竟然是第一名。我回家跟我父亲一说，我父亲乐坏了，他说："你看，没白学。"我很感谢父亲的教诲。

问： 这个轨枕厂是什么时候建的？

答： 这个厂叫中国援建坦桑尼亚铁路轨枕厂，是2000年开始施工的，我们是2001年的年初过来安装设备的。2001年年末，厂子建成并验收合格之后，还被评为了"优质工程"。整个工厂交工一年半之后，我们又过来培训生产，直到现在。其实原先我是在机修车间的，后来轨枕车间觉得我机械学得比较好，就让我去维修。之后，厂子就把我调去了轨枕车间，专门搞设备更新改造。

问： 刚才在门口遇见的那两个坦桑尼亚小孩，是这个厂里职工的孩子吗？

答： 是门卫的孩子，我们跟他们很熟。我们跟厂里职工、干部的关系也都很好，几乎像亲人一样，因为我们用行动让他们知道中国是真心实意地帮助他们。尽管我们对技术要求很严，但他们也都理解这是为他们好。不管是节假日还是双休日，我跟田工程师每天都必到厂里察看一遍，发现什么问题就及时告诉坦桑尼亚方的领导，然后再告诉操作工如何解决。在他们处理的时候，我们还得到现场看着，如果不看着，他们可能会做错。

问：你们的工作好像没有人监督，工作做到什么程度全凭责任感？

答：我们自己感觉自己责任挺重的，既然不远万里来到这里，就没有理由不好好工作，不能混日子。我们必须努力把工作做好，圆满完成任务，我们也感觉这厂子就像是自己的家一样。

问：工厂的当地职工反应如何？

答：他们知道我们是真心实意地帮助他们。他们原先都是普通的农民，这些设备他们根本看都没看见过。有了咱们的技术培训与指导，才让他们对这些设备有了更好的了解。现在他们在村子里都比较有名，生活经济来源和家庭条件都是出类拔萃的。刚才那个职工还在村子里开了个小酒店呢！这才是真正地从根本上帮助他们，所以他们现在对我们很感激。

问：相当于参加职业培训了，掌握技能才能真正解决他们的就业问题。

答：我觉得既然我们来到了坦桑尼亚，就有义务真心实意地和坦桑人民合作交流。在实际工作过程中，我带领他们安装设备，没有出现过一次事故。为了让他们的安全能够得到保障，每次安装设备的时候，我都告诉他们："首先，咱们得注意安全，得互相照顾，在安全措施做好的前提下，再把工作做好。"所以之前在梁顶上干活的时候，我也跟着上去了；虽然上去的时候也会害怕，但是我觉得我必须跟着他们一起干，这样他们就会觉得中国人跟他们是同心同德地去干这事。

问：麻烦您给我们介绍下这些设备。

答：这边的钢筋是主筋。这个虽然多，但是它用量大，每个轨枕就得用4.7公斤。这个钢筋是20多年前国际上比较先进的钢筋，现在的混凝土轨枕已经不用这个了。它有啥弱点呢？有的长有的短，稍微有点差距就会被拉折，所以断丝很多，浪费很严重。后来采用国际上先进的钢筋，就解决了这个问题。现在拉的钢筋很少出现断裂，而且强度也比原先提高了很多，混凝土的质量、轨枕的寿命都比以前提高了很多。

　　这套设备就是混凝土搅拌站，这个是水泥储罐，用水泥库的斗式提升机将水泥提到罐顶，然后装入水泥罐，再利用螺旋绞刀把水泥输送到搅拌机上面，计量、配料之后再进行搅拌，搅拌出混凝土后，再用混凝土运输车把混凝土运到轨枕车间进行生产。

混凝土轨枕生产出来之后先运到成品场地，之后再运到螺栓锚固场地。原先螺栓锚固是公路段负责的，后来为了运输方便和保证质量，就把这个工作加到咱们厂了。虽然这是咱们额外的工作，但是只要对坦赞铁路有好处，咱们就会做。螺栓锚固完之后，就从这条火车专用线运到需要的路段，直接投入使用。从这个厂17年前投入生产使用开始，坦赞铁路所需要的混凝土轨枕都是咱们中国援建坦赞铁路轨枕厂生产的。这么多年，要是没有这个轨枕厂，坦赞铁路肯定是没法运行的。能为坦赞铁路做出一点贡献，我们感觉很高兴。

问： 这些生产设备是中国提供的吗？

答： 是的，像这台设备是由中国沈阳桥梁工厂制作的，从设备安装开始到现在一直能够正常使用，我们能看出当时确实是认真地去做了，质量达标了，所以咱们能一直使用到现在，效果很好。

问： 轨枕生产出来之后，通过什么样的方式运到各个地方，还是通过坦赞铁路吗？

答： 现在主要还是通过坦赞铁路，因为混凝土轨枕就用在坦赞铁路上。咱们脚下这条铁路是轨枕厂的专用线，再往前300米左右就是坦赞铁路的主干线。通过这条主干线，混凝土轨枕就能被拉到现场投入使用。坦赞铁路的哪个地段需要轨枕，轨枕就会被运到哪里。在坦赞铁路车辆间歇的时间，公路段会采取相应的办法，按照合理的工艺去把它更换好，之后再按照标准验收，然后投入使用。

现在我们工厂生产的混凝土轨枕陆续全部投入使用，使用效果很好，没有发现什么质量问题。最初建造时使用的那一批混凝土轨枕现在基本都已经淘汰了，而且一些使用年头较长的轨枕出现了开裂的情况，所以说我们现在的工作主要就是更换线路上出现裂纹的，或者是出现质量问题的轨枕。混凝土轨枕生产出来之后，一旦检验合格，就马上往外运送，所以现在供应的速度还是比较快的。

问： 那生产出来的轨枕一般都是坦桑尼亚的铁道部门来定货吗？

答： 对，这个轨枕厂是专门为坦赞铁路服务的。混凝土轨枕属于内部调配，有需要的公路段先提出申请，申请批下来之后，轨枕就会被送到那里。因为现在我们的生产速度有限，而且在整个东非地区就咱们一家生产混凝土轨枕的工厂，所以常常会出现供不应求的情况。虽然南非也有混凝土轨枕生产厂家，但是现在整个非洲都在进行铁路扩建，所以轨枕供不应求。坦赞铁路铁路局跟坦桑尼亚轨枕厂的领导都准备扩建，做第二产业，扩大效益，所以我认为未来混凝土轨枕厂应该是有发展空间的。到了那个时候，我们就可以建更现代化的工厂，采用更高效的流水线生产法，以满足非洲各个国家的订货需要。而且，未来咱们坦赞铁路还要进行大批改造，需要大量的混凝土轨枕，那个时候就必须扩建了，目前我们这个厂子只能小批量生产。

问： 现在一天大概能生产多少轨枕？

答： 因为现在混凝土轨枕有养生的周期，所以就限制了频率。一般每天可以运作两条线，一条线是120根，两条线是240根，这四条线是循环生产的，每隔两天换一次。

问： 一个轨枕的成本是多少钱，方便透露吗？

答： 像这些设备原料等东西，都是由坦桑尼亚铁路局掌握的，所以这个准价我也不太清楚。

问： 这个厂是中方和坦方共同管理的吗？

答： 我们这个专家组主要是做技术培训和技术指导，还有订购配件。比如，他们的生产方式或者一些做得不对的地方，我们提出一些合理化的建议。但是，具体生产实际是坦桑尼亚政府安排他们做的，我们没有管理权，只有建议权。

问： 很难想象，很多人都觉得坦赞铁路已经处于半废弃状态了，已经不用了，都不知道还有这么一个厂、这么一群人一直在这里扎根，还在支持着坦赞铁路，让它一直运行。

答： 对。虽然它现在效益不太好，但那不是咱们中国的原因，问题出在坦桑尼亚的管理方式，他们的管理方式和中国的相差太远了。咱们中国改革开放以后讲究经济效益，把经济效益和职工的工资相挂钩，我认为这样很好，能调动职工的积极性。我认为如果类似改革开放的政策能在坦桑尼亚落实，坦赞铁路将会有大的转变。

问： 您觉得坦赞铁路还有机会重新恢复到以前的状况吗？

答： 应该是能的，但是必须在管理上下很大工夫，不能按照现在的这种管理体制去运作。可以把中国的先进理念运用到坦赞铁路上，然后由中国来主要负责运营，引进中国改革开放的很多先进经验、管理方法和规章制度。制定好这些政策后，跟坦桑政府和工作人员讲清楚，咱们确实是为他们好。虽然工作会比以前紧张，但是不能松懈，要讲究效益。效益提升了，才能给国家和人民带来益处，否则就还是松松垮垮的。

问： 请您谈一谈修建坦赞铁路对这儿的影响？

答： 修建坦赞铁路对这儿有很大的影响，不然他们根本不认识中国人。我17年前来这里的时候，见过以前参加过坦赞铁路建设的坦桑尼亚朋友，他们对我们的感情是发自肺腑的。当时我和他们拥抱的时候，他们的眼泪都出来了。他们是真心地感谢中国人，他们的家属对我们也都特别友好。我们休息的时候，就会到他们家做做客、唠唠嗑。我感觉相比其他的外国人，坦桑尼亚人对咱们中国人最友好，所以说坦赞铁路对这里还是有相当大的影响的。

（去姆穗穗村）

问： 他们都跟您打招呼，拉菲克，拉菲克，您跟这一片的人是不是都很熟？

答： 我们不全认识他们，但是他们都认识我们仨，因为我们在这里很多年了，而且很多年轻人都希望能到我们厂里工作，因为在我们厂工作的那些人确实得到了很大的益处。我们原先的学徒现在都提为调度主任了，原先跟我们一起的工程师也已经飞黄腾达，现在他们的收入都很高。像我们的学徒，现在的工资都是50万到60万先令，在当地来讲，这样的收入是属于比较高的了；厂长的工资有150万到160万先令，这在当地来讲是很富有的。这些年，我们轨枕厂带动了这里的经济，因为有了轨枕厂之后，当地人就有钱消费了。而且这里是农村，他们都还有地，所以说工资就属于零花钱了。那些有工资的人，平常可以种地，晚上可以上酒吧，因为他们每个月都有正常的收入。5年前，这里摩托还没多少，但是现在这里的摩托特别多，而且多数都是中国制造，所以说这些年我们轨枕厂大大地推动了这里的经济发展。

问： 你们是不是一直看着这个村子成长？

答： 对，我跟田工程师是2001年过来的，之后一直在这儿工作。虽然中途回去过几次，但是待的时间不算太长，这么多年了，我们一直在这里。

问： 你们刚开始来的时候有这些集市吗？

答： 当时集市是有，但是没有现在那么繁荣，因为当时这里的经济状况比较差，
这里的人大多都是农民，虽然不愁吃喝，但是手中的钱不多。轨枕厂建成
后，带动了这一块地区的经济，因为轨枕厂给工人们定期开工资，而且工资
基本上都相对比较高。一开始的集市都是卖二手货的，但是现在新东西占的
比例最低也有50%，这说明现在这里的经济条件变好了，消费水平提高了。
这里什么都在进步，早先这里没有这么高的一幢楼，那个高音喇叭也是这两
个月新装的，所以这个市场在不断地进步，不断地变繁荣。

问： 您每天都会来这个村子里转转吗？

答： 我们平常不过来的，平常在营地。因为这个集市是各个村庄每周轮流的，今
天周五轮到这个村庄，明天周六就到另外一个村庄了，所以这里只有每周五
才会这么热闹。因此，只要是周五，我们就会到这个小市场来看看，买点
日用品，这里有很多中国制造的小商品，而且这里距我们住的地方不到500
米，非常方便。

问： 我发现您一直在给小孩糖什么的。

答： 有的时候会带点，因为这边紫外线强，我看到小孩在外边晒得很热，觉得挺
可怜的，而且这些父母在外面卖东西还带着孩子，也挺不容易的，所以我就
想逗逗小孩，让小孩乐呵乐呵，这样一来，他们的父母也会高兴的。我们从
国内回来的时候会带很多糖果和小用品，因为他们觉得中国的东西很好。

问： 你们一般多久回家探一次亲？在这里想家吗？

答： 我们一般都是一年半探一次亲。每天工作完，吃完晚饭后，我们就会沿着
这条路遛弯。这条路经常走，我闭着眼睛都能走完。现在这个季节属于雨
季，一瞅一片绿，看着挺好的，但是这里的旱季比较长，有7个月。到那个
时候，这些草都会变黄，然后在阳光照射下枯萎、风干、变成碎片。遛弯的
时候，如果想家了，就唱唱歌、消消愁、解解闷，对身体也挺好的。尤其
咱们国内有一些歌，对我们有挺好的激励作用。因为我感觉既然祖国信任我
们，我们就应该把这工作做好，不管家庭有多大的困难，都要克服。像我的
女儿，她上高中的时候我就出国了，一直到现在，我始终不能在她身边照顾
她。但我女儿挺争气的，她自己考上了大学，在北京林业大学读了本科。对
女儿，我很感激，是她给了我力量，所以说我更应该把工作做好。现在女儿
在北京一家装潢公司做总经理，比我做得好，我得向女儿学习。我跟女儿互

相鼓励，她让我在这边放心，同时，她也努力做好她自己的工作，让我踏踏实实地在这儿工作。这么多年下来，我对坦桑尼亚也挺有感情的，所以说，为了增强中坦两国的友谊，对祖国尽到自己的责任，我必须把这里的工作做好。

问： 能否唱几句您最喜欢的歌？

答： 我和你　心连心　共住地球村

为梦想　千里行　相会在北京

来吧　朋友　伸出你的手

我和你　心连心　永远一家人

You and me

From one world

We are family

Travel dream

A thousand miles

Meeting in Beijing

Come together

Share the joy of life

You and me

From one world

We are family

坦赞铁路
沿线地区民众

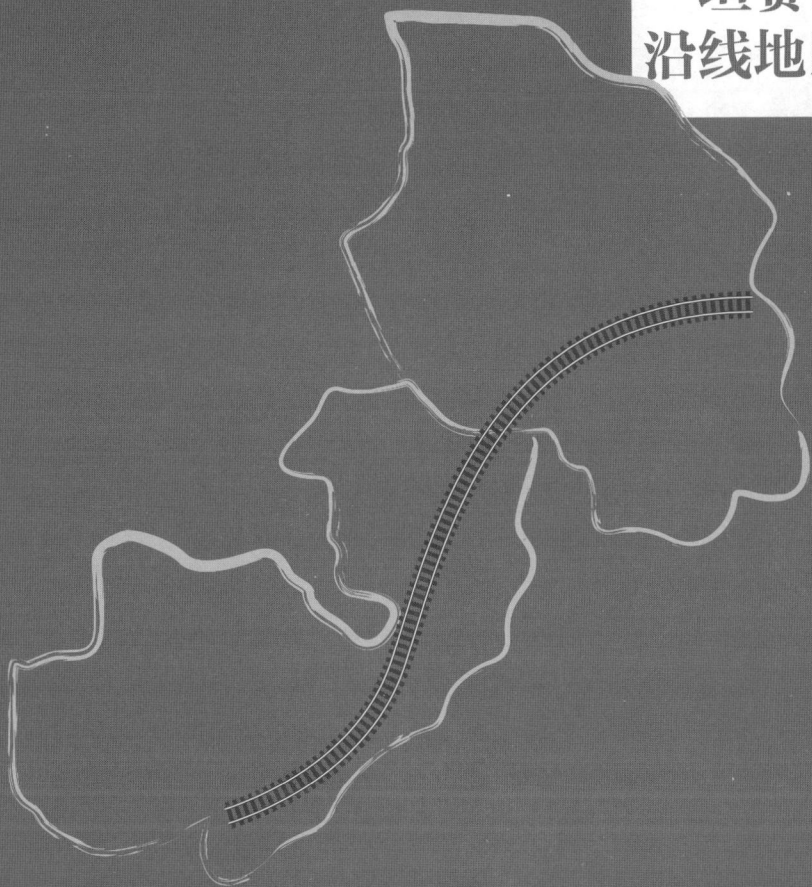

PART THREE

RESIDENTS ALONG THE TAZARA

访坦赞铁路货运者马男

问: 很高兴认识你,我们能从你的名字聊起吗?

答: 我的名字叫马男(Emmy Marion),我来自卢旺达,是一个农业产品质检员。

问: 质检员?是什么意思呢?

答: 我主要检查玉米和大豆的质量,这些玉米和大豆主要运输到东非,达到卢旺达的标准就可以在特定的市场销售。

问: 那你在马坎巴科车站这里做什么?

答: 嗯,我在这,因为这些车厢里运输的玉米是从赞比亚卢萨卡过来的,我们在那边装载了这些玉米,检测了玉米的质量,我要在这边再次确认我检测的玉米是否与之前是同等质量的。因为玉米在运输过程中可能会产生变化,在温度高的环境中容易发生变化。

问: 好的,这些都是玉米吗?

答: 是的,已经贴上了封条,上面印有坦桑尼亚税务局字样,现在我们不会去打开。我们在这个车站附近有一个仓库,我们用货车把仓库里的玉米运去卢旺达。

问: 你们什么时候把玉米运到仓库的?

答: 三天前,我们把来自赞比亚的玉米装起来,明天早上我们把玉米运去基加利。

问: 它们将被运输到哪里去?

答: 它们将要被运去卢旺达,在那里我们生产加工超级谷物,我们以大豆、玉米、维生素为原材料生产一些有营养的产品去帮助那些婴儿、孕妇以及在哺乳期的妈妈。我们还援助周边一些地区,如索马里和苏丹南部一些地区因为战争冲突无家可归的人们,我们提供一部分给难民。

问: 你为什么用坦赞铁路运输而不是卡车?

答: 4个月以前,我们用卡车把玉米从卢萨卡运到基加利,花了两周多的时间。一辆货车只能运输30吨玉米,这对我们来说不太好,比如说,如果有1200吨玉米,那我们需要多少卡车?40辆。但是,现在,我们用火车可以一次性运完所有的货物。而且，用卡车有安全问题，会出现有人调换包裹、有人把卡车开走等情况，用火车就比较简单，所有问题都能解决了。

所以我们就开始用铁路运输从卢萨卡到马坎巴科这一段，然后用货车直达卢旺达，很方便。但是，如果完全用货车，从卢萨卡出发，我们必须穿过很多地方，这会花很长时间。所以，用铁路运输，是非常便捷的运输食品的方法。因为我们需要帮助别人，就像我说过的有一些正在挨饿的人，所以我们要确保更快、更有效率地去运输，这样才能帮助到人们。

问：相比卡车，你通过坦赞铁路运输商品能够节约多长时间？

答：从卢萨卡到这边，只需要2～3天，然后再用货车从这里运到卢旺达首都基加利，只要两天，所以大概是5天，和两个星期相比简直省太多时间了。

问：所以，卡车需要两星期，火车只需要5天。

答：对的，真的相差很远。

问：你什么时候开始用坦赞铁路这个火车的？

答：4个月以前，以前没有人用坦赞铁路运玉米，现在我们迎来了历史性的一刻，我们是第一个用坦赞铁路运玉米的。

问：你是从什么时候开始了解坦赞铁路的，在中国留学的时候吗？

答：不是。在赞比亚的时候，我们想要找到一种便捷的方式去运输东西，然后我们的人就想到了这个点子，所以我们开始使用坦赞铁路。我不是一个人，我们是一群人，一群努力工作的人。我去过中国江苏无锡的江南大学留学，我学的专业是食品科学。

问：你是自己创业还是在公司工作？

答：我有一个公司，是做非洲食品加工的，我们为难民加工食品。

问：你什么时候到的中国学习，什么时候开始这项工作的？

答：我在2011年到2013年去过中国。回来之后开始工作，刚开始我和一些工程师一起做水处理，以保证人们有干净的水喝。因为在非洲，有些水不是很干净，很多地方有饮水问题，所以，我们的工作是为周边区域做净水处理，这样人们就能喝到干净的水。

问：所以说，你的工作和你的专业是有一些联系的。

答：对的，有很大关系。

问：你多大了？

答： 1987年的，31岁，我老了。

问： 你对坦赞铁路的印象是什么？你知道是中国人帮忙建造了坦赞铁路吗？

答： 我了解到历史上是中国人建造了这个（坦赞铁路），有一天我读到了这段历史，但我不是很清楚这其中的一些细节，我不确定是什么时候和怎么样的，但我知道他们做的工作很好，给我们非洲人民带来了很多益处。

问： 人们对坦赞铁路的印象如何？

答： 坦桑尼亚这边的村民们很高兴能够利用坦赞铁路。你知道的，坦桑尼亚人在这边的生活有很多的不便，坦赞铁路很大程度上帮他们解决了这个问题。现在，他们可以很方便地出行。马上到我们的仓库了，我们用火车把玉米运到这里，然后用货车运去基加利。

问： 为什么把你的仓库设在这里？

答： 因为这里离卢旺达很近。

问： 这里是坦赞铁路离卢旺达基加利最近的站吗？

答： 是的。你看这个是TRA，坦桑尼亚税务局，因为有这个TRA，我们不会开，TRA有人会来开，这是安全程序。你看，这里有个盖章。

访米库米附近居民大卫·姆乐瓦

问：您好，我们在调研坦赞铁路，路过这里，发现这里有另外一条铁路线，您住在这里吗？

答：是的，就在附近。

问：那您了解这条铁路吗？

答：了解一些，这是坦桑尼亚中央线铁路。

问：这条路也通向坦赞铁路吗？

答：不是，但这条铁路与坦赞铁路的某一个点交会。

问：是的，我们刚从坦赞铁路过来，距离不远。那边那个建筑应该就是旧站台吧？

答：就是站台，那个是仓库，用来存放他们铁路运输的行李和货物的，比如运往达累斯萨拉姆、姆万扎（Mwanza）、多多马（Dodoma）和基洛萨的玉米、糖。

问：这条铁路是从哪到哪的？

答：这条铁路从达累斯萨拉姆，经过多多马，到达姆万扎。

问：谁修的？

答：一百多年前德国人给他们修建的中央铁路。

问：比坦赞铁路早？

答：要早，坦赞铁路是之后建成的，20世纪70年代。

问：德国人当时为什么要建这条铁路？

答：为了糖。从基约韦拉向达累斯萨拉姆、姆万扎和这个国家的其他地区运送糖，那边有糖厂，但是后来因为一些法律不允许从基约韦拉搬运糖和他们的货物就停运了。

问：您之前在糖厂工作过吗？

答：是的，从1979年起，我在基约韦拉糖业公司做过人事主管，2010年退休，担任过高级人力资源和行政主管。

问：人力资源与行政管理，那您了解得比较多。

答：哈哈哈，当然。

问: 看得出来这里当时是一个非常热闹的地方。

答: 是的,那时候很热闹,很热闹,是很多人唯一的收入来源,当他们在这个地区买卖东西的时候,就会挣到钱,这样生活就更好了。

问: 您自己乘过这条铁路旅行吗?

答: 有一次。

问: 您知道为什么中央线铁路不再运行了吗?

答: 我不太了解,但我想当时可能没有太多的货物要搬运,所以这条线路就被停止了。货车被用来运送货物,所以坦桑尼亚中央线铁路不再有生意可做。

问: 用很多卡车去搬运大量的货物,您觉得用这种方式来运输货物会更便宜吗?

答: 是的,这种方式比水运也便宜,人们更倾向于选择公路运输是因为更快。

问: 但是如果铁路更快的话,人们会更倾向于选择铁路吗?

答: 是的,因为铁路比公路运输便宜,然后它还更安全。

访塞卢斯野生动物保护区旅游指导尼科迪默斯

问： 很高兴认识您，能否给我们介绍一下塞卢斯？

答： 好，这里是我们的招待室，里面有很多帐篷酒店，从标准到豪华的都有。此外，我们也有最普通的帐篷区域，有些人会自己带上帐篷和食物，自己搭帐篷待上几个晚上，这是人们来塞卢斯游玩的方式之一。

问： 好的，我看这里是个很大的区域，你们会为工作人员提供住宿吗？

答： 是的，你看这里，这是行政区和员工房。

问： 那边的设备是什么？

答： 这些设备是用于开发新道路的，清理倒下的树干，类似这些设备会让这里看起来更加整洁。

问： 这里是入口吗？

答： 是的，塞卢斯大门。这里是非洲最大的自然保护区，我想可能是世界最大的。这里大概有5万平方千米，比有些欧洲国家还要大。塞卢斯被分成不同的区域，我们这里是塞卢斯的北部，是专业摄影旅游团队首要拍摄地，其余的部分是野生动物活动的地方。

问： 我们会看到大象吗？

答： 很有可能。

问： 这完全是野生动物区？

答： 这是非洲最大的动物保护区，也是世界最大的野生动物保护区之一。塞卢斯和其他动物保护区的不同之处在于这里水源非常丰富，动物们在这里可以轻松找到水源。

问： 所以这里会比其他动物保护区看起来更加绿一些？

答： 是的，除了一些高地和远离水源的地方，大部分区域都是绿油油一片，这里养活了成千上万的野生动物。

问： 那边是什么山？

答： 那些山是在塞卢斯野生动物保护区外面了，我不知道叫什么名字。

问： 那我们在这里可以看到大象、狮子这些动物？

答: 这个自然保护区里生活着不计其数的东非大象，大概70%的东非大象都在这里生活。所以很容易就能看到大象。

问: 这地方有多大？

答: 5万平方千米。

问: 那里也有山，我能爬那些山吗？

答: 是的，你可以，我想任何一座山都可以爬，你也可以创纪录成为第一个爬山的人。

问: 夜间的时候能外出走动吗？如果我们住在帐篷或者酒店里，我想晚上的时候应该只能待在里面。

答: 是的，晚上的时候你必须待在室内，因为外面有动物在活动，我们不希望我们的旅客遭受什么麻烦，我们希望他们来到这里都能安安全全的。

问: 你们这里能接待多少游客？

答: 这取决于什么季，如果是旺季的话最多每天有1200多人。

问: 这地方能容纳多少游客？

答: 我们有汽车旅游，政府人员可以在这里休息，其他游客可以住里面的一些酒店或者帐篷营地，这里大概有12家酒店。每个酒店大概可以住50人。这边是曼坦布维（Mamtambwe）区的西大门，这里你可以看到去不同地方的距离，另外一个门在东边，这里列着不同的酒店和帐篷营地的地理位置。

问: 我们现在在入口吗？

答: 是的，这里是塞卢斯入口。

问: 所以游客们来这里主要做什么？

答: 他们过来体验塞卢斯的原野风情。塞卢斯是纯自然原始的，没有受到人类的影响，它完全保留了最初的模样，所以人们会喜欢来这里体验；而且这里有很多其他保护区体验不到的项目，比如徒步探险、钓鱼、夜晚驾游，这些都是在别的动物保护区体验不到的。

问: 我们可以直接从达累斯萨拉姆坐火车到这个地方是吗？

答: 事实上，坦赞铁路对塞卢斯野生动物保护区贡献很大，很多人可以直接坐火车游览塞卢斯，这是比较特别的。我们可以接纳不同的旅行团，很多内陆游客很方便坐车来到这里，而且很便宜、很安全，不需要担心天气问题。

问: 这个大门可以通往达累斯萨拉姆吗？

答： 是的。

问： 这公园里面也有飞机跑道吗？

答： 是的，有好几条飞机跑道。

问： 所以可以从达市飞过来？

答： 可以从任何地方坐小飞机来这里，机长知道从哪条跑道降落离你们要去的地方最近。

问： 如果住里面的酒店应该非常贵吧？

答： 是的，没错。

问： 为了维护这个地方需要花很多钱吗？

答： 是的，所以我们也组织狩猎项目，因为我们8个区中有7个区是狩猎区，过来狩猎的大多数是美国人和欧洲人。

问： 那有没有中国的狩猎游客呢？

答： 我们也接待过不少。

问： 他们更喜欢拍照是吗？

答： 是的，我觉得他们更喜欢去拍照，这里的 8 个区只有 1 个区是允许拍照的，其他都是狩猎区。

问： 您如何看待中国的市场？

答： 未来中国是个很大的市场，坦赞铁路和塞卢斯有着密切的联系，给很多不同旅行团提供坐火车这种方式来到这里，这很特别，我相信未来中国是个很大的市场。中国人可以来体验这个他们曾经只是听说过的地方，他们会在塞卢斯度过美妙的时光。

访基萨基车站附近马赛人赛托蒂

问： 你好。

答： 欢迎来到基萨基的马赛村。

问： 非常感谢。能否给我们介绍一下你们这里的情况？

答： 好，我首先来解释一下这个墙，你看这里，这个垫子，是我们用土和水做出来的，然后我们把它覆盖在上面，然后它变得非常坚硬，干了以后就像水泥一样。这个房子有两三个隔间，这是一个客厅，这里是生火取暖的地方，右边房间是一个卧室，这就是我们马赛人住的地方。床垫是用高级牛皮做的，当天气干热的时候，可以睡在上面。

问： 我可以试试吗？

答： 可以，你可以试试。

问： 你们是睡在这儿吗？

答： 是的，这是我们睡觉的地方，因为我们过着游牧生活，所以这些东西搬起来很方便。

问： 它很舒适，那这个是什么？

答： 这是牛的尾巴做的刷子，用来清洁葫芦的内部，当我们装牛奶的时候，就会用这个刷子，我们不用冷藏器冷冻牛奶，我们用这种葫芦，当它干掉的时候，我们把里面的种子拿出来然后清洗干净，就可以用它当容器，然后把牛奶装进去。

问： 那能存放多久不变质呢？

答： 因为牛奶很容易变质，我们用这个容器来保鲜，可以保存两天。它会让牛奶变得更加有口感，孩子们可以在牛奶还新鲜的时候喝。这就是我们保鲜的方法，它非常天然。

问： 我看到这里有很多孩子，这个马赛村有多少户家庭？

答： 这里有很多不同的家庭，分散在村子各处，但是确切的村民数量不会超过100，大概是70左右。这个区域是政府特别给我们马赛人留的，因为随着人口的增长，这个国家的很多地方都出现了土地纷争，所以政府为马赛人专门规划这片区域，所以我们能够在这里十分和平地居住。我们和其他住在这附近的人们也相处得不错，比如农民。我们养牛，农民需要播种，所以我们可以为他们提供肉类或者把牛卖给他们，他们也把谷子卖给我们。

问：我们去看看牛群。

答：好的，我们正要去看呢。你看这些客厅很凉快，因为我们保留这些树，我们不去砍它们。

问：你们真的和大自然和谐相处。

答：对的，这些树会世世代代保存下去，我们想要生活得和我们的祖辈们一样，我们不想失去原本的生活方式，我们很喜欢这种方式。

问：你们有现代的生活方式吗？或者说你们有从现代生活中受益吗？

答：是的，你看这里有一些人用智能手机。

问：我看到了一些人用手机上网。

答：他们甚至在脸书上交流。

问：所以你们和现代生活有十分有趣的结合，但又保持着马赛部落的传统。

答：是的。

问：这里有很多牛。

答：你看那些牛，在它们耳朵上有一些标记，这是辨别牛的标记。每一个标记都很独特，是非常特别的记号。这些标记能够让我们很轻易地辨别牛，一旦它们丢失了，我们也能很轻易地找到丢失的那一头。

　　这是我们养的一种牛，这种牛很棒，它们能够在疾病中生存下来，我们一直养这种牛，这是我们用来维持生计的方法。我们向铁路的乘客售卖牛奶。很多人知道基萨基是可以买大量牛奶的地方，甚至一些坦赞铁路的员工一直跟这个村庄有牛奶订单，所以女人们会在列车到来时走过去然后卖给他们。

问：为什么是坦赞铁路而不是公路？

答：事实上，虽然有连接基萨基和莫罗戈罗城之间直达达累斯萨拉姆的公路，但坦赞铁路是离我们最近、最可靠的交通方式，这里很多人都清楚地知道它的班次。我们通过坦赞铁路进进出出，来回穿梭于各地。这个村庄的很多人乘坐坦赞铁路去曼谷拉，那里有一个很大的牛奶市场。有一些人专门做这个生意，他们根据季节从不同的家庭那儿收集牛奶，然后卖掉。

问： 公路离这里多远？

答： 因为这里是很偏僻的地方，从莫罗戈罗延伸过来的公路在这里截止了，如果你去南方，就没有公路可以走了，而坦赞铁路恰好穿过这个区域，人们就有了连接内外的通道。所以坦赞铁路在牛市场建立起来之前让我们有了通向外部的可能。没有坦赞铁路，一切就不可能实现。所以，我们经常告诉我们的孩子必须避免把牛带到铁路附近甚至穿过铁路，因为铁路真的很靠近这里，我们尽量让我们的奶牛不去破坏铁道线。

问： 除了经济意义，坦赞铁路对你们的发展还有什么影响？

答： 事实上，坦赞铁路为我们的发展做出了重大贡献，我们现在开始学校建设工程，你看那里正在建造的学校，我们的政府至今为止没有赞助过我们任何东西，这是我们自己筹建的，连这个项目的第一笔钱都是通过卖牛奶筹集起来的。我们决定将每个人所拥有的牛的数量都记录下来，知道我们到底有多少头牛，每头牛会贡献1000先令左右，筹集起来的钱用于学校建设。我们一直为这个村庄的每个孩子都能够轻松地接受教育而奋斗着，事实上我是这里第一个接受过教育的人，我遭受了许多挫折，所以为了方便我们的孩子，我们必须在这片区域建造起第一个马赛人自己的学校。现在我们有许多的合作，许多坦赞铁路游客来拜访游玩的时候，会捐赠一些东西给我们，让我们尽可能快地建造起学校，让我们的孩子可以尽快地上学。

问： 现在汽车可以走土路开过来，坦赞铁路对这个村庄来说仍旧会是重要的交通线吗？

答： 现在附近的牛奶市场足够多了，坦赞铁路可能在某种程度上不像之前那样子了，但是，它依旧是很重要的运输线，因为一到雨季或收获的季节，附近的公路就不太可靠了，汽车被困住后甚至可能到达不了这个村子，所以坦赞铁路依旧扮演着重要的运输角色。另外，我们这里还没有医院，当我们得了疟疾或者其他疾病，或者在灌木丛中迷路，或是被蛇咬了的时候，我们除了用传统的医疗方式，也会坐上坦赞铁路去很远的地方看病。实话说，坦赞铁路对我们依旧十分重要。

问： 这就是你们用自己的收入建造的学校吗？

答： 是的，就像我之前所说的那样。事实上，我们需要三四个房间，还需要一间教室，我们会说服老师来上课，我们十分渴望有一个老师，下个星期一，这个学校可能会开学，到时候会有许多孩子来这儿，甚至会有幼儿园的小朋友，这将是他们第一次上学，我们正在艰难地为我们的学校建设而努力。

问： 教育很重要，这里有没有我能够效劳的地方呢？

答： 如果你想要捐赠什么东西，那都是给学校建设用的；如果你能买纪念品，那就是在帮助妇女。

问： 好的。

答： 这里的多数东西都是手工做的，你可以选择你想要的，然后我会向你解释是什么东西，这些项链和手环很不错，你可以买。

问： 这是什么做的呢？骨头吗？

答： 这个是牛的角，就是装牛奶的容器，比之前给你看的更小。

问： 你们用这个装牛奶吗？还是只是纪念品？

答： 只是纪念品，专门为来这个村子的游客制作的。

访姆贝亚车站香蕉女贩弗劳拉

问： 很高兴采访您，你平时都把香蕉放哪？

答： 我们在姆贝亚车站那边有一个仓库，把香蕉和烤香蕉的工具放在那里。

问： 在马萨拉（Msasara）附近吗？

答： 就在坦赞铁路那儿。

问： 就在坦赞铁路？

答： 是的，我去车站卖香蕉的时候，就从那里背香蕉过去。

问： 背过去很远吧？

答： 不远，但是如果我不把香蕉放在那个仓库，而是放在我家这里的话，就要背很远。我们家到车站要经过一座小桥，有水，所以不方便，我把炉子等烤香蕉的工具都放仓库那边，当我要做生意的时候，就把这些工具拿到车站来。

问： 您一般什么时候做生意？

答： 有火车来的时候才做生意。每周三和周六有火车来，所以一周做两天生意，其他时间休息。

问： 有生意做的那天您什么时候出门？

答： 早上很早出门，晚上11点回家。

问： 您一周能赚多少钱？

答： 看情况，有时候生意好，有时候生意不好。我从很远的地方花1万坦桑尼亚先令买一筐香蕉，然后在这里烤好以3万或2.5万先令的价格卖出去，所以我的利润是2万或1.5万先令。这是在旱季的收入，一般是5月份到12月份，天气很好，生意就好。但是现在这种天气，下雨，生意就不好了。

问： 您做这个生意多久了？

答： 10年了。没有办法，因为我要挣钱。

问： 你们这个院子里住着多少人？都是一家人吗？

答： 我们是不同的家庭，一共15个人，大家都各自有各自的家。

问： 哦，15个家庭，你们不是亲戚吗？

答： 不是，都是不同的家庭，不是一大家子，很多人在这里租房子住。

问: 总共多少人呢?

答: 男人、女人和孩子一共有38人。

问: 您家有几个人?

答: 我们家一共6个人。

问: 你们家的开销情况怎么样?

答: 一家人吃饭一天要花1万先令。一个月房租费3万先令,电费3000先令,水费1500先令。

问: 所以在坦赞铁路车站挣的钱对你们家很重要。

答: 对的,帮助很大。

问: 如果坦赞铁路哪一天停运了,您怎么办?

答: 如果哪一天坦赞铁路没有了,我相信上帝会给我另一种生活。

访达累斯萨拉姆大学学生王晓乐

问： 很高兴采访到你，首先请你简单介绍一下自己。

答： 我叫阿尤布·特威尔（Ayubu Tewele），中文名字是王晓乐。我来自坦桑尼亚的伊林加，今年23岁，我现在在达累斯萨拉姆大学学习教育学，我还选修了中文课。

问： 我们路过了你的家乡，就在坦赞铁路边上，能否谈谈你对坦赞铁路的印象？

答： 事实上是坦赞铁路让我有了学习中文的初心。我的老家在伊林加的市中心和坦赞铁路的马坎巴科车站之间的一个村庄，我的父母亲是农民、木工，他们经常要买些农产品。伊林加的市中心可以买到所有东西，但是那里的东西很贵，所以我父亲以前总是去马坎巴科车站买东西，种子、农药、肥料、喷雾器等，比市中心要便宜好多。

问： 能便宜多少？能否举个例子？

答： 比如说，我们以前会买喷雾器，在市中心买一个是7.5万坦桑尼亚先令，在马坎巴科车站是5.4万坦桑尼亚先令。

问： 为什么在车站买会便宜这么多呢？

答： 因为车站的货物是通过坦赞铁路从达累斯萨拉姆运到马坎巴科车站的，而我家附近市中心的货物是从达累斯萨拉姆用汽车运过来的。同一个东西，通过坦赞铁路从达累斯萨拉姆运到马坎巴科车站差不多需要1.4万坦桑尼亚先令的运输费用，但是用汽车的话就要2.5万～3万坦桑尼亚先令，通过坦赞铁路运输便宜好多，所以火车站的东西卖得更便宜。

问： 所以会有很多人在马坎巴科车站那边做生意？

答： 对，那里有卖二手衣服的，大多数是从达累斯萨拉姆港口用火车运过来的。我们家乡的人把马坎巴科叫作"小达市"，因为那里东西很多，价钱便宜，所以比较繁华。

问： 坦赞铁路建设之前，马坎巴科经济怎么样？

答： 建这个铁路之前，马坎巴科很穷，但是后来，它发展得很快，很多人积累了一定的财富，有些人甚至从马坎巴科搬到达累斯萨拉姆，在那里开了很多店，拥有很多资产。

问：坦赞铁路是离你们家最近的铁路，对吗？

答：对，坦桑尼亚中央铁路很远，而我家到坦赞铁路马坎巴科车站不到50千米，我还有一些亲戚就住在马坎巴科车站那儿，他们来我们家的时候，也经常带一些从车站买的东西过来，坦赞铁路给我留下了深刻的印象。

问：为什么坦赞铁路给你留下了深刻的印象？

答：因为我家不富裕，需要买便宜的东西，而坦赞铁路带来了便宜的货物。

问：你小的时候买过中国的产品吗？

答：几乎所有东西都是中国制造的，哈哈。

问：中国产品质量怎么样？

答：现在可能有个别东西不太好，但是那时候，没有任何质量问题。

问：刚才你说到印象，你第一次看到列车经过是什么感觉？

答：我小时候会去铁路旁边看驶过的火车，当时有一种说不出来的感觉，有时候你会很想去摸它，想知道摸上去是怎么样的。我以前看到飞机、火车这些东西的照片的时候，就觉得这不是真的，这是不存在的；当你真的见到了的时候，你就会觉得，哇，太神奇了。不要说火车，我们从小在村子里长大，看到汽车的时候，很多小孩就会一起喊"喔——"，我们太开心了。汽车也不是我们经常能看到的东西，只有像天主教领袖那样的人可能买得起。我的一个朋友看到汽车后就跟他父亲说："爸爸，你看到吗？那个动物在动，那个动物在动！"还有人说那是奶牛，挺有意思的，哈哈哈。

问：我小时候，如果看到火车开来了，就会追着火车跑，我们追不上，但是这样一种经历让人觉得很有意思。

答：对，我也会去追火车，我也很向往火车，人都是这样，小时候我们骑自行车来回，后来我看到汽车，我就想乘汽车，我觉得汽车比自行车好；看到火车后，我就想下一次我要坐火车；坐过火车后，我又想坐飞机。

问：很多人说坦赞铁路太慢了，他们还是喜欢乘汽车，因为汽车快得多，你怎么看？

答：对，这是个问题，火车慢多了，但坦赞铁路已经算不错的了，我有个朋友乘坐中央铁路，在一个站上停留了两天，不可思议，也许是管理方面的问题。

问：你周围的人对坦赞铁路怎么评价？

答： 我小时候，我大多数同学、朋友都坐过火车，因为我们家都离坦赞铁路不
远，他们坐过之后都感觉很骄傲，他们会说自己去了哪里，旅途发生了什
么，让我印象很深，但我自己在上学之前从没坐过。

问： 离这么近为什么没坐过呢？

答： 因为我家那时就我一个儿子，我父亲不让我去任何地方，他希望我每天都在
他身边，他要保护我，怕我出意外，所以我哪也没去过。小时候我只看到过
坦赞铁路，去过车站，但没坐过。

问： 你父亲是不是觉得坐火车很危险才不让你坐？

答： 不是，因为我小时候，我是家里唯一的儿子，还有四个姐姐，现在有了一个
弟弟。我父亲当时允许我姐姐们乘火车，她们有时候去看亲戚什么的，他都
允许，但是他不想让我去任何地方。

问： 我们谈一下安全问题，你从小到大听说过坦赞铁路出事故吗？

答： 没有，我只听说过中央铁路的事故，在莫罗戈罗，好像是火车的消息传达错
误导致了火车相撞。

问： 除了你个人成长的经历，我想跟你聊一聊你们这一代坦桑尼亚人的教育问
题，因为我们在火车上问过一些和你年龄差不多的人，他们并不了解铁路的
这段历史。

答： 小时候我就知道坦赞铁路是中国人援建的，我父亲没有告诉我这些，他不知
道这些，但是我的小学老师教过我，课堂上我们学过西方人对非洲的殖民主
义及其带来的后果，还有中国人在这里建造坦赞铁路的原因。中央铁路是德
国人在1905年造的，他们当时是为了把我们拥有的资源带到欧洲去。坦赞
铁路不一样，中国人并没有带回去什么，所以说，两条铁路建造的目的不
同。建造中央铁路只是为了开采物资，是为了德国人自己的利益，但是建
造坦赞铁路是在帮我们，帮助沿线一些地区发展经济，还有帮助我们坦桑
尼亚和赞比亚这两个国家获得独立。因为我们国家是最早获得独立的几个
非洲国家之一，我们后来还帮助了很多非洲国家获得独立，包括南非，你
可以听一下南非国歌，看一下南非国旗，都跟我们的有点像。

问： 什么课堂讲的？讲些什么？

答： 历史课。从初中到高中，我们都学了历史，包括坦赞铁路的历史和中央铁路
历史，但是给我印象最深的是坦赞铁路，因为那时候我的目标就是走出国

门，而坦赞铁路就是走出国门的一种方式。

问： 是不是因为坦赞铁路你才在大学期间选修了中文？

答： 对，坦赞铁路是我对中国的第一印象，我知道是中国人给我们建造了这条重要的铁路。上大学之前，我对中文一无所知，但是我对中国印象深刻，想去中国。有一天，我一个同学跟我说，他选了一门中文选修课，问我能不能和他一起学，我就答应了。过了几天，他跟我说太难了，不想再学这门课了，但是我说我不会放弃，那些课对我了解中国很有帮助。

我学中文的时候，我意识到我在学的东西是非常重要的。对我来说，学习中文的同时我也应该学习中国文化，这样我就能把中文学得更好。

有些同学跟我说我学中文不会成功的。因为早上的时候我跟郭老师学武术、舞龙、舞狮，然后上午我就要上我的专业课，同时有很多中国人要我教他们第二外语，所以我做其他事情的时间很少。他们就跟我说："你太忙了。"我说："如果你觉得你做某件事情的时间很多，你就很难把它做好，因为你觉得你有时间，你现在不一定要做这件事，你可以明天再做。但是，如果你觉得你没多少时间，你就会在当天把事情做好，这是我从我中国老师那里学到的。"

问： 你在大学的中文课上有没有学到关于坦赞铁路的知识？

答： 我们只是学汉语和中国文化，关于坦赞铁路的没有，但2016年的时候组织了我们20个学生一起乘坐坦赞铁路，然后写关于坦赞铁路历史的文章。

问： 你当时写了什么？

答： 我在谷歌上查了很多相关资料，然后写了大概8页，关于坦赞铁路是怎么建造的，关于西方人怎么看待坦赞铁路。西方人觉得坦赞铁路是用竹子造的，他们觉得它并不可行。实际上，坦赞铁路是当时中国对非洲的最大一笔投资，那时候很多国家都不愿意拿出这么多钱来建这个铁路。

问： 从沿线追火车、车站买东西到大学学中文，你与坦赞铁路很有缘。

答： 对我来说，坦赞铁路给我打开了一个新的世界，改变了我的观念。我本来在一个封闭的世界里，小时候我父亲不允许我乘火车，但是我一直很向往坦赞铁路、向往中国，现在我看到了光芒。我以前一直很害怕，不知道大学毕业后我该做什么，我家人都指望着我，都要依靠我，但是现在我没那么害怕了，很多人都跟我说，等我学好中文会给我一个好工作。

最后我想说的是，中国给了我们很重要的东西，如果给我们钱，我们很快就用完了，但是如果给我们一些实在的东西，比如说建铁路、造马路，那是我们难以忘怀的，整个国家都会受益。坦赞铁路是中国为我们做得最好的事情，现在非洲与中国的关系越来越好，非洲的经济发展得很快，非洲70%的商品都来自中国。

问： 最后一个问题，谢谢你们孔子学院师生创作了我们纪录片的主题曲《坦赞铁路之歌》，在我看来这首歌写的就是你这样的沿线居民的故事。

答： 这首歌的很多部分和我的经历有关，表达了一些让我难以忘怀的事情。尽管这首歌写的是我的童年，已经过去了10来年了，但是我依然感觉仿佛就在昨天，因为，第一次看到铁路的记忆我一辈子都不会忘。

坦赞铁路
列车乘客

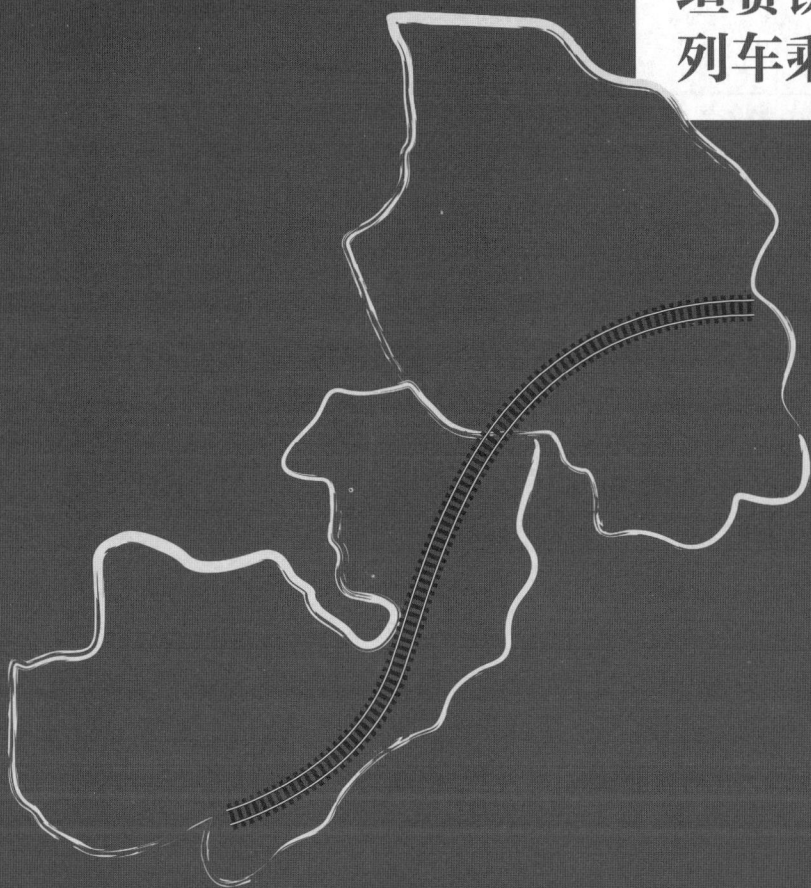

PART FOUR PASSENGERS OF THE TAZARA

访坦桑尼亚医学博士查格·达米安和伊曼纽尔·姆博亚

问： 很高兴在这趟列车的餐车碰到你们。

答： 我也很高兴认识你，我们俩是医生。

问： 原来是医生啊，你学习医学多久了？

答： 大概9年。

问： 你在哪里学习的？

答： 我们在这里有医学院，在有些大学里也可以学习。

问： 哦，你们现在在哪里工作？

答： 我在莫罗戈罗工作，但是事实上，我要乘火车去依法卡拉工作。

问： 这是你第一次乘坐坦赞铁路吗？

答： 事实上，这不是第一次了，20世纪90年代的时候我就乘坐过这趟长途列车。

问： 票好买吗？

答： 事实上，我们上周就想订票，但是没有成功，所以我们又订了这趟车的票。

问： 会有买不到票的情况出现吗？很多报道说坦赞铁路没什么人坐。

答： 一等座和二等座经常都是满员的，三等座比一等座和二等座都便宜，但是很多人都愿意买一等座和二等座。因为三等座太挤了，没有足够的空间，很多人挤在一起，所以很多人抱怨三等座没有新鲜的空气。所以，坦赞铁路公司可以增加一等座和二等座的车厢，因为现在很多像我们这样的工作人员都支付得起一等座和二等座，这样坦赞铁路公司可以多赢利一些。

问： 或许可以有更多的火车。

答： 是的，如果我们有更多的火车，他们可以开得比这个更快。

问： 你听说过要重修坦赞铁路吗？

答： 我回来的时候听到了这个，因为有时在丛林中遇到了故障，需要很多时间才能修好。

问： 不可以出去找另一个火车吗？

答： 很多地方都是在单行铁轨上，当你遇到故障时，另一辆火车没法过来这里救你。实际上坦赞铁路很幸运地穿过塞卢斯自然公园，这里有一大片绿色山脉和原始森林，有很多动物在里面，有超过一百年的大树，坐火车穿过公园让人感觉很好。

（开始用餐）

问：这里的食物不错，这个鱼看起来很好吃。

答：很好的，我喜欢吃鱼而不是肉，我们要去的地方也有很多鱼，那是很大的依法卡拉。

问：我也看见很多渔民。

答：事实上，如果有人在铁路沿线开展农业活动的话，一定会受益颇丰的。

问：现在有吗？

答：从莫罗戈罗往依法卡拉去的沿线，有非常适合农业发展的气候环境。

问：你觉得坦赞铁路跟公路相比怎么样？

答：在坦赞铁路的帮助下，我们能去很多汽车到达不了的地方，火车是带你去工作的唯一途径。特别是在雨季，雨下得很大很大，汽车难以到达很多地方，所以我们乘火车。当地人会说，哇，你们来了，因为以往在雨季的时候你们可不会常来。

问：坦赞铁路可以到达吗？

答：是的，坦赞铁路是唯一的选择。具体说来，雨季的时候，小汽车和公交车难以到达很多地方，所以坦赞铁路就是此时此刻唯一的替换选择。只有3～5个农村的小镇是坦赞铁路还没有通车的，而小汽车和公交车是完全不能通行的，所以人们通常选择坦赞铁路。

问：如果医生不能及时到达会发生什么？

答：得不到救治，病人就有可能会去世，因为他们拿不到救命药。所以说，坦赞铁路是很重要的，我们希望坦赞铁路可以尽可能多地运行，现在我们每次要等两天才能坐上车，最好每天都运行，这样我们可以在医治病人之后及时返回自己的办公室。有的时候，我们带着医疗用具去治病救人，完成之后却因为要等火车浪费两三天。如果坦赞铁路运行更多班次，那么在雨季的时候更多的医生可以去救助病人，将会有更多的人得到救助。有很多病人去世就是因为他们没有得到及时的医疗救助。坦赞铁路一旦停运，将会有很多人病死。

问： 所以坦赞铁路事实上因为将很多医生送到很多地区而救助了很多人是吗？

答： 是的，有些病人的情况很复杂，所以你需要把他们从偏远的地区转移到医院以得到医疗援助，如果交通崩溃，一切都免谈了。

问： 作为一个医生，通过坦赞铁路把病人运到医院？

答： 是的，确切地说，人们在雨季的时候只能指望坦赞铁路，除此之外，别无他法。

问： 那么你希望铁路每天都运行？

答： 是的，更切合实际需要。这对医生来说是很好的，我们将有更多机会去帮助更多的人。我们通过计划生育来帮助他们，现在人们往往没有计划生育的想法，很少有人会接受艾滋病和肺结核的检查，所以我们去一个地方往往会待三四天，诊治很多病人。如果没有坦赞铁路，很多人就没有机会得到医治，他们可能会得重病去世或者意外流产。这就是我对坦赞铁路期望这么高的原因。

问： 你怎么看待坦赞铁路的巨大贡献？

答： 非常多，一直以来都非常多。你看看这些活生生的例子，很多病人因为坦赞铁路才得到救治。在那些偏远地方的人们没有其他途径到达更加高级的医院、得到更好的医疗援助，坦赞铁路就是他们唯一的途径。在人民的健康方面坦赞铁路做出了重要贡献。

问： 那么你认为，在坦赞铁路的帮助下，这个地区人们的健康状况会朝着怎么样的方向发展呢？

答： 几年前，没有坦赞铁路的帮助，这个地区人们的健康状况比现在糟糕很多。我认为对于需要医疗服务的病人来说，坦赞铁路就是一切。所以坦赞铁路真的非常重要，而且急需重新改造，这样才能把医疗服务带到更多的地方，救助更多的人。

问： 你的意思是现在坦赞铁路还没有完全发挥全部作用，还需要升级、改善？

答： 确实是，它有很大的提升空间。

问： 好的，非常感谢你，非常有意思的观点。

访中国山西游客关晶晶

问: 嗨,很高兴在火车上认识你,谢谢你能接受我们的采访,首先想麻烦你介绍一下自己。

答: 我叫关晶晶,来自中国山西,我来坦桑尼亚主要是为了和爱人一起过年。

问: 这是你第一次来坦桑尼亚吗?

答: 第三次了。

问: 第一次来坦桑尼亚之前对坦桑尼亚的印象是怎么样的?

答: 来坦桑尼亚之前,我的同事和朋友知道我要来这边,他们就说:"那里很远,很危险,很贫穷,很落后。"我是带着这样的一种印象来这里的。没来过非洲之前对非洲的印象也确实是这样,有大草原,有动物,以为这里的人们生活都很原始。然后来到这里尤其是达累斯萨拉姆之后,完全颠覆了我之前的印象。这里的人们对中国人很友好。

问: 你如何评价中国人对非洲的认知?

答: 就是没有来过非洲的中国人对它的印象还是停留在这边非常不安全、不卫生,来之前很多朋友都劝我不要来,但是我来了之后我会把我在非洲看到的,通过微信、图片、视频跟他们分享,我想让他们改变对非洲的认知,这里是个非常美丽的地方。很多没有来过非洲的中国人,认为非洲是一片贫瘠的地方,大部分都是穷人,但是来了之后,就会发现这里有穷人也有富人,你看铁路沿线其实就有富的地方,也不都是棚户区。我觉得我来了非洲三次,真的改变了我周围朋友对非洲的认知,他们说有机会也想来,但就是飞机票太贵了,他们可能会去泰国等东南亚的一些地方,飞机票便宜很多。但是,这边能体验到的是不同的风土人情,非洲毕竟是人类的起源地,还是很不一样的。给我印象最深的是人与动物的和谐相处,我记得有一只猴子要过马路,一辆汽车过来了,然后汽车就停下来了,等猴子走过才走。

问: 很多人对坦桑尼亚的了解是从中小学课本里获得的,书上会写在坦桑尼亚有着新中国第一大援非工程——坦赞铁路,对于你来说呢?

答: 对,我的认知也是这样的,老师教过我们,非洲的标志性铁路就是坦赞铁路。

问： 能讲讲你对坦赞铁路的看法吗？

答： 因为我爱人在坦桑尼亚工作，通过他或多或少对坦赞铁路有一些了解。在我印象中，20世纪70年代，一群年轻的中国工人和中国专家来到非洲，修建了这样一条伟大的铁路，很多人为此付出了自己的生命。每次来看到这条铁路，我就会想起他们当时为之付出的血汗，真的是很不容易。今天我来的时候，还特意拍了一个铁轨上写的"中华人民共和国制"，非常宝贵，我想这个旅程结束之后，发到我的朋友圈和微博上，跟我的亲人、朋友、同事分享。

问： 这是你第一次坐坦赞铁路火车吗？

答： 第一次，当我踏上这辆火车的时候，心里还是非常的激动，因为之前只是听说。

问： 和国内坐火车的感觉相比呢？

答： 国内经常坐高铁，像这样的火车基本上已经被淘汰了，但是这辆火车对当地人来说，意义非常重大。

问： 你坐坦赞铁路主要是对什么感兴趣？

答： 我对当地的风土人情非常感兴趣，这是非常吸引我的一个地方。每当火车停靠的时候，每一站我都会下来，到处走一走、看一看，去体验一下当地人的生活。我经常跟当地人交流，最近我报了英语班，和当地的很多孩子成了好朋友，我感觉他们非常热情，对我们中国人非常友好。有时候我会一个人上街，刚来的时候我特别担心这里不安全，后来我老公也很放心让我一个人上街，因为他们非常友好。

问： 体验之旅。

答： 对，我看到很多人在聊天，但是我很专注于外面的风土人情，这很吸引我。

问： 为什么？

答： 因为我是一个文艺爱好者，我非常想去感受他们每天在做什么，理解他们的生活，这很吸引我。虽然我们来自同一个世界的不同地方，但是我们每天的生活可能都是一样的。他们早上起来做什么，中午做什么，每天在想什么，这是我所想了解的。

问： 你先生呢？是在国内认识的吗？

答：对，是在国内认识的。

问：是在读大学的时候吗？

答：是工作以后，因为他回国的机会很少，有一次他回去，他的大学同学是我的高中同学，然后在一次聚会上我们就认识了。

问：其实你们是聚少离多是吗？

答：对，经常好几个月不见面，非常想念，但是没办法。为了支持他的工作，暂时只能这样子，但我们每天会通过微信聊天，有时候他会给我发送信息，告诉我每天在干什么，通过这样的方式来缓解思念吧。

问：你觉得对于你们的爱情来说，最艰难的是什么？

答：对我来说很艰难的就是不舍吧，我们是2017年10月份结婚的，结婚完的第二天，他从老家山西乘车到北京，当天晚上连夜从北京飞回到达累斯萨拉姆。也就是说刚结完婚我们俩就分开了，好几个月没见面了，对于刚结婚的年轻人来说，这是我们要必须去克服的。

问：所以这次其实是你们结婚之后的第一次见面？

答：对，这次是我们结婚后的第一次见面，他最近一直在说："哎，倒计时，你还有多少天到这边。"当时他去达累斯萨拉姆机场接我的时候，一见面我立马热泪盈眶。然后家里人可能会让我们要小孩什么的，就因为一直异地嘛。

问：来了这几次，你喜欢这边吗？

答：喜欢，我觉得当地有很多浪漫的地方，是中国所没有的那种，晚上吹着海风，然后散散步，感觉非常浪漫。2017年5月份，我第一次来坦桑尼亚的时候，他带我到的第一个地方就是桑吉巴尔岛，真的太美了。我爱人周末带我去一个海滩上游玩，当地的一个黑人乐队在唱歌，他们邀请我，然后我就去和他们和唱了一首歌，"My heart will go on"然后我们还合唱了一首中文歌，叫《甜蜜蜜》。

问：他们会唱吗？

答：会唱，真的会唱，太令人惊讶了。

访中国福建游客刘紫婷

问： 很高兴在达累斯萨拉姆火车站见到你，马上就要发车了，能否麻烦你简单地做个自我介绍？

答： 好，我来自中国福建，我叫朱迪（Judy），中文名字刘紫婷，我是一个潜水教练，原来在东南亚的国家和埃及工作，这次来这边也是意料之外的一个巧合，原来也一直很想来，但一直没有时间。另外一个朋友是在路上认识的，就是刚刚我们在坐轮船的时候看到的那个女孩，她是韩国人，也一起买了这个车票，这我是刚刚来这个火车站的路上才知道的，我们是同一个车厢，上下铺吧，所以我们就一起走了，可能之后接下来也会一起走，因为她的路线跟我差不多。

问： 之前去过哪些非洲国家？

答： 来到坦桑尼亚之前，我是在西非旅行，从尼日利亚到喀麦隆到刚果（布），本来要去刚果（金）的，但是因为圣诞节到了那边比较乱，所以就取消了这个行程，直接飞来坦桑尼亚了。

问： 为什么坐坦赞铁路？

答： 之前在某个游记上面看到的吧，说这个是中国很早时候援建的一条铁路，就是要坐的时间比较长，但是途径很多个小的城市，可以看到东部非洲比较有特色的一些小村庄啊，还有他们当地的一些生活。评论说这条铁路维护得不太好，卫生方面可能不太好，但是还是很期待的。

问： 马上就要踏上坦赞铁路了，心情怎么样？

答： 还蛮激动的，因为这一路在非洲都没有坐过火车，这个刚好又是中国人援建的，我就想说尝试一下，还是蛮激动的。

问： 此行的目的地是哪？

答： 会从坦桑尼亚到赞比亚，然后再到纳米比亚，从纳米比亚到南非。然后继续回去工作，继续做我的潜水教练，但是，如果可以在中途申请到签证的话，我也可能会去南美洲。

访韩国釜山游客姜珠炫

问： 很高兴在达累斯萨拉姆火车站认识你，你来自哪个国家呢？这次是第一次来非洲吗？

答： 我是来自韩国釜山的，我的名字叫姜珠炫，去年9月份我开始环游世界，先去了东南亚的一些国家，然后从印度到北非的埃及，然后从埃及到肯尼亚，再从肯尼亚到了这里。

问： 为什么想来非洲呢？

答： 十几岁的时候，我看过一个电视节目，介绍坦桑尼亚，于是我一直特别想来非洲，非洲是我的梦想之地。

问： 你的汉语讲得真好，是在哪里学的？

答： 我是在中国的清华大学留学过的，因为我是韩国一所外国语大学的学生，可以在中国读两年，在韩国读两年，然后去年毕业了就出来玩下。

问： 那你知道中国和坦赞铁路的关系吗？

答： 其实我不是很了解，我听说过很多中国人来这里工作，在坦桑尼亚、肯尼亚以及其他一些非洲国家都很容易看到汉字，但是我不太了解你们的关系或者有什么合作，我还不太了解。

问： 你为什么选择坐坦赞铁路火车呢？

答： 因为这个火车从坦桑尼亚到赞比亚要坐3天，3天的时间里可以欣赏到非洲的风景啊，能看到当地人的生活，所以就决定买这个车票。

访日本东京游客春菜

问：你好，你来自哪里呢？为什么来这？

答：我叫春菜，来自日本，因为我对非洲感兴趣，想去看看不同的文化、不同的人。

问：这是你第一次来非洲吗？

答：不是，我去过肯尼亚。

问：你对肯尼亚的印象怎么样？

答：肯尼亚，我只在那里待过一个晚上。我当时感觉有一点危险，他们像是要欺诈我，推搡着问我要钱，这让我感到非常可怕，我很担心。

问：你这次来坦桑尼亚待了多久？

答：两三周吧。

问：时间也不算短了，你去了哪些地方？

答：我去了达累斯萨拉姆、莫西和桑给巴尔。

问：你喜欢桑给巴尔吗？我也去过桑给巴尔几次，一个美丽、文化多元的海岛。

答：是的，是一个穆斯林地区。

问：你是穆斯林还是信仰天主教？

答：信仰佛教。

问：你发现日本和这个地方有什么不同吗？

答：是的，一切都是不同的，日本是很和谐的、平静的，当我们在非洲的时候，我们必须非常小心，有些人像是要欺骗我、推搡我，问我要钱，这太可怕了，但是大部分非洲人是很好的。

问：你认为这些当地的朋友是怎么样的？

答：当地的朋友都是新认识的，我们坐相同的公交车或者火车，我们在餐厅或别的地方遇到。

问：你经常一个人旅行还是和其他人结伴而行？

答：大多数是一个人，但是如果在路上我遇到一些朋友，我们会一起。

问：你从哪里坐上这辆火车，要去哪里？

答：从达累斯萨拉姆，我要去卢萨卡，然后我要去利文斯顿维多利亚瀑布。

问：我们也要去卢萨卡，我们不去利文斯顿瀑布，但是我看过关于它的很多电影，非常美丽。你是怎么想到坐坦赞铁路的？

答：因为坐火车对日本旅行者来说很流行，在非洲我大多数时间乘坐公交车，所以这次我想要尝试一下坐火车。

问：这是你第一次在非洲坐火车吗？

答：是的。

问：火车和汽车，哪个对你来说更方便？

答：火车，因为我们可以在上面睡觉，可以吃饭。

问：你吃得惯列车上的食物吗？

答：是的，很好，虽然每顿都在吃鸡肉，有点单调，但是当我旅行的时候，我喜欢尝试当地的食物。

问：你知道这条铁路是谁建的吗？

答：不好意思，我不知道，但是我看见列车上有"中国援助"的标志，应该是中国，但是在我坐这个火车之前，我不知道中国建造了这条铁路。

问：在你上火车之前，人们是怎么评价这条铁路的？

答：很好，一些旅行者跟我说："你应该坐火车，你会有很好的经历。"

问：到目前为止，你喜欢这段旅程吗？

答：我遇到很多当地人，我可以和他们交流，这是很好的。

问：你印象中的中国是怎么样的？

答：中国是个科学技术很发达的国家，生产力水平很高，帮助了很多国家，我在全世界不同国家都看到很多"中国制造"的产品。

问：你觉得中国和非洲的关系与日本和非洲的关系有什么不同？

答：这个我不是很清楚，我在这里看到很多日本产的汽车，中国人可能更加擅长建造业，在大量的建筑上我看到很多中国标志。

访美国波特兰游客约翰·拉森

问： 嗨，我能跟你聊一会吗？你来自哪里呢？叫什么名字？

答： 我叫约翰·拉森（John Larson），来自美国，我和妻子正在周游世界，我从达雷斯萨拉姆出发，打算坐火车去约翰内斯堡。因为坐火车不仅便宜，还很舒适，我在火车上还能工作，结交新的朋友。火车也比公交车宽敞多了，有些公交车太旧，飞机票又太贵，同时我也想看看这个国家沿途的情况，因为人类起源于非洲，这里有丰富的文化，所以我选择坐火车去旅游。

问： 这是你第一次在非洲坐火车旅游吗？

答： 是的，我之前在非洲从来没坐过火车，但是我在美国坐过，我曾坐过从西雅图到波特兰的火车。

问： 哪次坐火车的体验更好呢？

答： 我喜欢这次的，因为卧铺很干净，我喜欢更干净的。

问： 约翰内斯堡在南非，离坦赞铁路还有些距离，那你打算怎么去？

答： 我会先在坦赞铁路终点站卡皮里姆波希待一个晚上，然后乘坐那里的火车去利文斯顿待几天，最终坐火车或坐公交班车去约翰内斯堡，我会留意可乘坐的火车。

问： 这是你第一次来非洲吗？

答： 第二次了。5年前，我妻子在坦桑尼亚工作，我来看过她，我们去过阿鲁沙。两年前我们决定周游世界。因为在美国我们放假的时间不多，工作很长时间之后才会有一个假期，因此我们决定存钱、辞职以及处理种种相关事宜，并在5月开始了旅行。截至现在，我们横穿欧洲，游览了很多地方。

问： 从你的经历来说，你认为非洲怎么样？

答： 非洲很大，各不相同。

问： 坦桑尼亚和赞比亚有什么不同呢？

答： 我是第一次去赞比亚，我还不知道。

问： 你在美国做什么工作呢？

答： 我从事教育行业，曾在美国当过几年的老师，教不同的艺术，例如如何拍视频和图片，我教他们一些技巧，带学生以不同的方式领略世界，之后他们也能以拍电影或纪录片为生。

问：原来我们是同行，许多人通过影视媒介如好莱坞电影来了解非洲国家，仅仅限于动物、暴力、贫穷等负面形象，你怎么看？

答：我举个例子吧，特朗普经常对非洲作出很差的评价。那些媒体从不展示非洲人是多么强壮，我们看到的都是贫穷、饥饿的孩子；媒体也从不展现非洲的医生、老师和教授。但是，我们在旅途中看到非洲的教员很多，科技在进步。因此，我认为非洲是十分强大、美妙的地方，我非常喜欢这里。

问：在你看来，为什么好莱坞或者其他发达国家的媒体对非洲国家有负面看法？

答：我认为主要原因是美国人对非洲的认识很有限，很多人从没到过非洲，很多人认为来非洲旅行很危险，比如可能会被狮子吃了，总觉得会发生一些可怕的事情。我认为这其实是在丑化非洲。我非常期待新的有关非洲的电影能够诞生，马上有一部大片《黑豹》，里边有很有非洲特色的内容。这部影片他们在非洲取景拍摄，里面的非洲人将来拯救常由白人拯救的世界，因此我很期待。

问：美国人知道坦赞铁路吗？

答：我认为他们不太了解，但是，如果他们知道可以来这边坐火车，很多人会来的，因为这种交通方式很方便。我发现网上订票会有点困难，目前在这边可能做不到，但可以打电话或者去车站买。我认为信息越通畅，从美国来的人就会越多。

问：你个人第二次来坦桑尼亚了，知道这条铁路是中国人修建的吗？

答：我不知道中国到底援助了多少，是否为建造火车支付了费用。我不知道这段铁路的历史，但是我知道美国铁路在历史上是由许多来自中国的工人建造的，遗憾的是这些历史无人谈及。因此，同样的，我不知道非洲的铁路情况如何。

问：你的意思是许多美国铁路是中国人建造的，但是人们不知道，为什么呢？

答：他们不知道是中国人建的，认为只是白人建的，实际上是中国人过来建造了美国的大多数铁路和公路，这是真的，在我的认知里历史就是如此。

问：那么，你认为我们应该怎样做来促进美国、中国、非洲人民之间的相互理解？

答： 我试图理解这些关系。我知道中国有很强大的经济能力，能够建造道路或者铁路以及其他设施。中国政府同意帮助其他国家建设基础设施，接着给了非洲国家一些时间来还款，并帮助他们建立相互联系，我不知道是否许有多人知道这个事实。

问： 许多西方国家的专家认为中国在非洲国家的角色是新的殖民者，你如何看待？

答： 我不知道，我的理解是英国殖民者与中国人之间的差别就是：英国人来了，我会为你做这个，然后你就得听我的；而中国则是，我们想要帮助你建造更多的基础设施，不管是否为了发展旅游业或其他，但是你同时得还款。所以我认为区别在于，中国喜欢非洲人自己独立自强，但是英国的殖民者则更多的是要求非洲遵循他们的意思去做。

问： 你感觉大部分美国人是如何看待中国人在非洲的呢？

答： 我经常旅行，但是这是我第一次因为特朗普而感到羞愧，因为他撒谎，摧毁了国际关系，因为他所说的话，因为他相信的东西，所以我有时会惭愧地告诉别人我来自美国。我的母亲来自智利，我经常说，我来自智利，所以我不会感到羞愧，我认为我很幸运。因为特朗普，很多人开始改变他们对其他国家的看法。中国正在成为一个强大的国家，而特朗普担心中国想要掌握主导权，所以我不知道美国人现在会是什么感觉，这是我所知的。

坦赞铁路
精神传承者

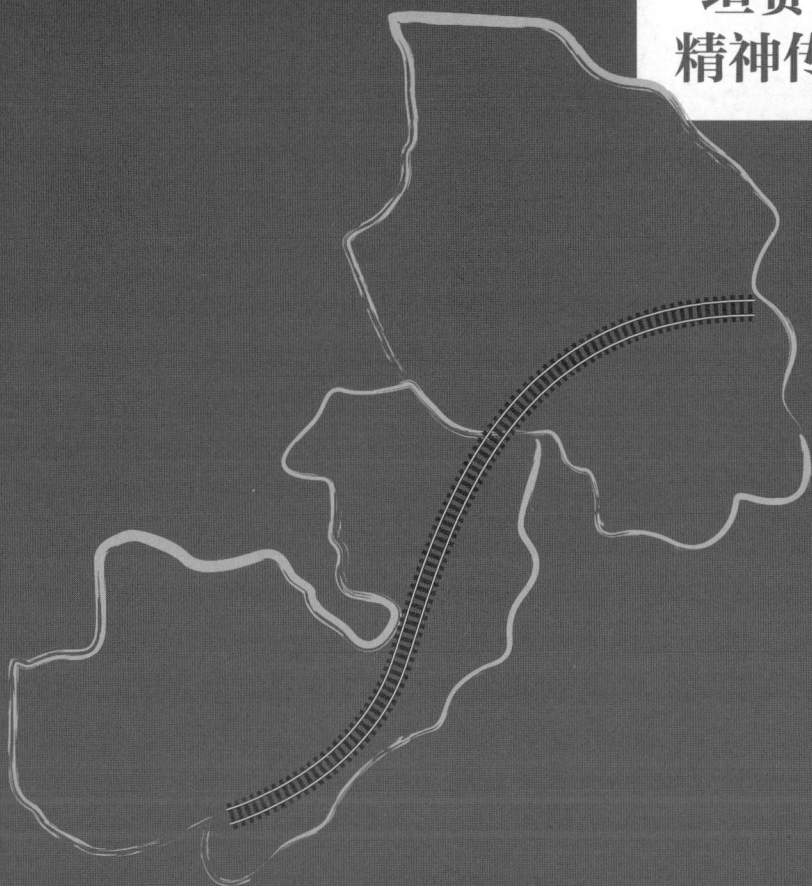

PART FIVE

SPIRITUAL INHERITORS OF THE TAZARA

访中国驻坦桑尼亚使馆公使衔参赞苟皓东[①]

问： 苟皓东参赞，您在非洲工作差不多15年了，对于坦赞铁路的过往和当下，您都很熟悉，如今坦赞铁路已经是中国在非洲的旗帜性项目，您能否谈谈中国修建坦赞铁路的主要原因是什么呢？

答： 谈到坦赞铁路，实际上，我最近有读到一些相关的档案和文件。我查看了坦桑尼亚首任总统朱利叶斯·尼雷尔首次访华时的档案资料，他当时对能否说动中国领导人也非常犹豫。为了得到建设坦赞铁路的援助，他四处求援，但已经被一些西方国家拒绝过了，他当时已经相当沮丧了。而当时的中国也面临相当严峻的经济形势，但中国领导人听说了尼雷尔总统想修建坦赞铁路的事情之后，周恩来总理问他中国能不能为其做些什么，尼雷尔总统就说他们想修坦赞铁路。毛泽东主席问他："为什么你们要修坦赞铁路？"尼雷尔回答称，坦桑尼亚是南部非洲地区民族解放运动的中心，因此需要建造这条铁路，这对解放运动非常重要，可以把兵力从赞比亚输送到达累斯萨拉姆港。毛主席听完就说："既然是为了独立运动，那行吧。中国已经在早些年解放了，现在轮到我们的非洲兄弟了，我们有义务为非洲人民做些事情，所以我们一起干吧。"因此，这件事谈得很快，尼雷尔总统非常激动，甚至有点惊讶。当然，在中国开始修建坦赞铁路之前，我们也花了几年进行可行性研究。

问： 所以您认为这是基于国际合作是吗？

答： 是的，现在我们回顾历史就会发现，坦赞铁路事实上就是国际主义或者中非人民大团结的象征，历史已经证明这一点。

问： 坦桑尼亚和赞比亚建成了这条大型铁路，也从南部非洲民族独立中获益，但是中国得到了什么呢？中国的收获是什么？

答： 当读到一些关于非洲民族独立的资料时，我会为中国在南部非洲的民族独立事业中所做出的贡献感到自豪，当然中国也因为坦赞铁路得到了非洲兄弟姐妹的大力支持。比如，20世纪70年代中国恢复在联合国的合法席位，重返联合国，就离不开非洲朋友的鼎力相助。

问： 我们是否可以说建设坦赞铁路在一定程度上就是中国的双赢政策在早期的一个典型案例吗？

答： 确实如此。如果我们回顾中非关系的历史就会发现，坦赞铁路就是中非合作的起点。习近平主席曾说过，是坦赞铁路带领我们走进非洲。我想，这不仅仅是一种单向的援助，更是一种双赢。

问： 坦赞铁路的修建以及其他类似的项目中，中国都会派遣很多人到非洲，他们可能会留在那片土地，再也不离开，有些人对此紧张不安，您知道这些谣言会对中国的项目产生什么样的影响吗？

答： 很有意思，也可以说历史总是以一种非常相似的方式在重演。在坦赞铁路的施工过程中，我读到过一些文献，也发现了一些言论说："中国会派50万人在这里修铁路，他们会待在这儿，抢占这里的土地，夺走属于当地人的工作。"最终这些被证明是谎言。中非合作过程中，我们经常听到各式各样的评论，这其中有些批评是有道理的。在中国，我们对所有的批评都会持包容的态度，有很多的谚语，比如，"有则改之，无则加勉"。当然，有些批评是有道理的，有些是无道理的，但是无妨，我们对所有的批评都会心存感激，这样会帮助我们做得更好，我觉得我们有必要保持这种态度。

问： 中国也经常因为向非洲输送劳动力而招致批评，在工程项目上大量使用中国劳动力而非雇用非洲人，您如何回应这种批评？

答： 实际上，我对此做过一些调查。有些案子是因为部分中国雇员不熟悉当地法规，对他们来说最大的困难是语言不通，对那些中国人来说，要讲好外语很不容易；可能有些企业觉得从中国聘请劳动力非常方便，这中间也存在一些问题。但绝大多数在非洲的中国企业都会很注意的，都会尽量去给当地人提供就业机会，特别是一些大型企业。一些民营公司，它们员工中的80%甚至90%都是当地人。这不仅仅是在提供工作，同时也是一种技术的转变，一些技术熟练的当地工人甚至是工程师也在接受这种形式的培训。因此我认为会存在一些当地人抱怨中国企业雇用中国人过多的案例，但情况正快速向好的方向发展。而且，中国政府尤其是中国驻非各国的大使馆，都在鼓励商人们为当地群众创造就业机会。

问： 从有关坦赞铁路的政策以及建造条件看，在很多方面都跟中国今天的对非政策很相似。在西方对中国的批评中，说是中国对非洲的援助，只是在支援官方，没有在人权、民主等方面达成一定的条件。

答： 是这样的，中国大量的投资集中在基础设施领域，中国建造了大量的医院、学校、道路，还有通讯设施。有一些批评者指责说，中国的这种投资实际上是在支援官方，修建学校、医院和道路会是谁受益呢？是政府还是民众呢？所以，这些才是最基本的人权，大众都需要去改善他们的生活，提升他们的生活标准，从而让他们从中受益。怎么能说我们只支援官方呢？

当然，你知道的，我们的操作通常都是从官方到官方，为确保效率，我们需要达到一定的效果，尽很大努力去摆脱非洲效率的慢途径。所以，你会看到在中国我们会用很短的时间去做一件事情，以一种快捷的方式去完成它。非洲人民对我们所做的这些工作心存感激，所以如果想批评中国，不要忘了去问问非洲人民，他们的评判标准是什么，他们如何评论中国。

问： 您的意思是说中国支持人权是以社会经济权利的形式，是吗？

答： 对我们而言，最基本的人权就是能过上更好的生活，你说是不是？当民众在遭受饥饿和贫穷的困扰，有病不能治时，这并不是基本的人权。我们大家都是人，当你看到其他人正在遭受苦难，你会忍不住想要帮助他们，我认为这才是基本的人权。

问： 您会怎样来形容今天坦赞铁路的运营情况？因为坦赞铁路有将近50年的漫长历史，它在20世纪70年代大大支援了民族独立运动，在20世纪80年代，由于世界银行和国际货币基金组织对非洲发起的结构调整计划（SAP），它又遇到了一些问题。

答： 首先，我想谈谈关于坦赞铁路的一些令人感到悲哀的事情。实际上，我是2016年2月才调任到这里的。到这之后的第一个星期，我不由自主地想去参观坦赞铁路，它在我的心中有一份特殊的情感，所以我去了。参观之后，我感到很满意，同时我也感到悲哀，今天的很多人都不知道坦赞铁路。我希望你们能去参观铁路博物馆或者当地的博物馆，我在那里没有发现有一件单独的与坦赞铁路相关的文字记录或物件，看起来年轻的中国一代已经全忘了，这太令人伤心了。我到了这里之后，当我问这里的年轻人时，多数人不知道坦赞铁路，甚至不知道是谁修建了坦赞铁路，他们也不知道是中国、坦桑尼亚和赞比亚三国人民共同建造了它。有些人甚至说，是德国人建造的。所以就如我所说，坦赞铁路是国际合作的象征，是中、坦、赞三国人民兄弟情谊的象征，是我们先辈们留下的遗产。但同时，它又不仅仅是一份遗产，如果某一天它只是成为一份文化遗产，一种博物馆一样的东西，我会很伤心。坦赞铁路曾在非洲民族独立运动中发挥了重要作用，这也是为什么人们称它为"自由铁路"。今天，它依旧在运营当中，但我们得承认它还远不能让人满意，它还面临众多的挑战，不能很好地完成坦桑尼亚和赞比亚之间的运输需要。这里面的原因有很多，其中一个是设备和铁轨需要更新，需要升级成现代化铁路，这是一定要做的。

问： 我听说打算将坦赞铁路更新成三部分。

答： 是的，中、坦、赞三方谈判正在进行之中，据我所知，现在正在处理一些技术上的问题。毫无疑问，发展是中、坦、赞三国领导和人民共同的目的，希望坦赞铁路所扮演的角色由"自由铁路"转向"发展铁路""未来铁路"，这才是我们所期望看到的。

问： 您是说在自由的基础上继续发展吗？

答： 是的。

问： 坦赞铁路在未来促进发展的过程中会扮演什么角色？谁能从中受益？

答： 坦桑尼亚已经进入高速发展经济体的行列了，速度达到了7%甚至更高，赞比亚的情况类似。因此，他们对于货物运输的需求快速增长，一旦坦赞铁路被改造升级，它将更好地满足运输需求。这还不是全部，坦赞铁路沿线有大量的村庄和城镇，这些都是在坦赞铁路修建之后才出现的。因此，在坦赞铁路沿线可以考虑发展经济带。

问： 所以在一定程度上，坦赞铁路会促进工业化？

答： 确实如此。

问： 您能想象在这一地区会出现哪种类型的工业化吗？

答： 这个国家有2025工业化发展的议程，这是一份很有雄心的议程。他们需要去更新自己的港口，坦桑尼亚政府正在巴格莫约建造另一个港口。坦桑尼亚地处东南非海岸地区的中间位置，因此它可以作为邻近几个国家进出口的中心，这些国家的地理位置都很好。

问： 根据我的研究，似乎一些西方国家并不支持非洲的工业化项目，在这上面中国似乎特别支持，而这个问题许多非洲国家已经询问了很多年。您认为这是中国和西方国家在对待非洲发展上的一个显著区别吗？

答： 我不敢说有真正的区别，因为我没有做过这方面的研究。在过去，非洲国家追随西方，但西方在基础设施和其他领域上没有足够的投入。当我们在谈论工业化的时候，中国的经历告诉我们，一旦你开启工业化的步伐，你需要建立自己的制造业。因此，在这方面，非洲国家具有很多的比较优势，他们的平均年龄还很年轻，他们的劳动力成本相对便宜，所以确实需要在制造业上大量投资，从而创造大量的就业机会。只有通过这条途径才能为工业化的进一步发展打下坚定牢固的基础，这是韩国、日本以及中国的经验。不幸的是，传统的殖民势力并没有在非洲的制造业上投资，或者只进行了极少部分的投资。比如，在利比里亚，橡胶已经有将近一百年的历史，但是西方国家从不在利比里亚制造业上甚至是一块橡胶吊坠和一双拖鞋上投入哪怕一美元，因此，利比里亚能够出口的就只有橡胶原材料。也正因此，中国政府鼓励在非洲的各种投资，不仅仅是帮助他们提高农业或者原材料上的产量，也会在制造业上有所投资。例如，食品加工，这是当地的农民非常需要的东西，然后帮助其出口，增加当地人尤其是农民收益，这才是真正的双赢。

问： 现在，如果中国支持非洲的工业化进程，这会不会与一些西方国家的利益相冲突？

答： 中国的确在与非洲国家合作方面有着不一样的途径，因为中国有着同样被殖民的惨痛经历。自1840年以来，也就是鸦片战争以来，中国尽管不是被西方国家100%殖民，但曾经沦为半殖民地半封建社会。有过这样的遭遇，我们怎么能够对其他人做同样的事呢？我们不会抹掉以往的记忆。因此，这也是为什么我经常对我的同事说我们相比西方有一个优点，作为一名在非洲工作的外交人员，你应当记住我们的优势，因为我们有着相似的民族经历，相似的思考方式，我们互相同情，这也是我们为何相互支持的原因所在。你知道的，中国不会搞"中国第一"的政策，就像习近平主席所说的，世界好了中国才会受益。

问： 这就是一种"双赢"的合作。

答： 所有成员共赢才会让世界变得更好。

问： 您如何看待一些西方国家所认为的中非之间不断提升的纽带关系？

答： 让历史和现实来证明一切。即便我整天坐在这里，对着外面的世界大喊"我们是在相互帮助，我们并没有殖民"，你怎么能让他相信？他们会看你做了什么而非你说了什么。让历史来证明一切，历史已经证明中国不是在搞殖民主义，它将继续证明这一点，我们仍会坚持双赢的政策。

问： 您认为在中非未来的合作当中，会面临的主要挑战是什么？

答： 我在非洲的14年观察告诉我，会存在很多的挑战。例如，最重要的就是人与人之间的交往，这是最根本的关系，甚至比政府高层、官方之间的交往更重要。只有人与人之间的关系是牢固的，能够充分理解对方，才能成为真正的朋友。正如前面我所提到的其中的一个困难就是语言障碍。令人遗憾的是，中国有着悠久的文明史，我们对自己的语言感到自豪，这恰恰让部分中国人对于学习外语并不那么积极。不过，一旦要准备出国了，还是需要去学习外语，这是与当地民众最基本的交流要求。语言隔阂、文化冲击会让你对当地文化感到无所适从，为什么非洲的兄弟姐妹们以这种方式思考，为什么他们不像我们一样思考，这是一个非常大的挑战。另外，有些中国人尤其是来自发展相对落后地区的中国人，他们不能很好地理解当地的法律法规，这也会给他们带来一些意料之外的麻烦。

问： 最后一个问题，您能展望一下从现在到之后的25年内非洲的贫穷问题能得到根治吗？

答： 目前还不好说，除非非洲人民能够做到同其他国家一样维持政局稳定，维持稳定是实现发展的首要条件。你知道的，非洲有着丰富的资源和充足的劳动力，还有来自国外充裕的投资，非洲肯定能实现摆脱穷困的目标。但是，他们还有一些不稳定的因素，比如恐怖主义、民众之间的分化，还有部分国家的权力争斗，都会带来国家的不稳定。只有当他们克服这些困难，才能去实现既定的目标。

问： 谢谢苟公赞，非常感谢您抽空接受我们的采访。

答： 谢谢。我非常激动地获悉你们团队打算拍摄一部关于坦赞铁路的纪录片，这很好，这同时也是我个人的一个梦想。你知道的，历史应该被熟知，不仅仅是对我们这一代，还要为年轻的后辈们所熟知。我希望坦赞铁路的历史能够被西方媒体严肃对待，真实的故事应该被告知。目前有许多讲非洲及非洲现代化的出版物对坦赞铁路的描述，都是些只言片语，缺乏全面的介绍。中国外交部花了两年时间编写了一本《中非关系史上的丰碑：援建坦赞铁路亲历者的讲述》（2015年10月8日世界知识出版社出版），讲的都是那些参与过坦赞铁路建设的人们的回忆，我这里有两本，可以给你们一本。

问： 好，谢谢您的帮助。

访中国—坦桑尼亚友好协会秘书长
约瑟夫·卡哈马

问: 您作为中坦友好协会的秘书长,能否先谈一谈这个协会的目的?

答: 中坦友好协会有许多目标,但最主要的目标是保持中国和坦桑尼亚之间现有的良好关系,而且不仅仅只限于政府之间的关系,还包括两国人民之间的关系。因为世界上任何一种国与国的关系的真正基础都在于人民自己。我们相信当人们相互理解时,他们就能理解对方的文化、语言、言谈举止,从而带来更好的国家关系。20世纪60年代,我们坦桑尼亚的开国元勋朱利叶斯·尼雷尔携手中国最高领导人毛泽东主席以及周恩来总理,开始了两国之间的友谊。因此,我们这个协会存在的目的主要是维持并加强这段关系。

问: 请问这个协会是什么时候成立的?

答: 这个协会成立于2003年。在2000年首届中非合作论坛(FOCAC)上通过的各项决议中,有一条指出所有非洲国家都应建立民间友好协会,坦桑尼亚是首批付诸行动的国家之一。2003年以来,这个组织一直在运转,但有一段时间它变得萎靡不振,所以两国政府都认为有必要为这个组织注入新的活力。2014年,我接到了中华人民共和国驻坦桑尼亚大使馆和坦桑尼亚外交部的电话,他们说:“约瑟夫,你想成为这个协会的秘书长吗?因为你去过中国很多次,很了解中国,而且你把中国当作第二个家。”我接受了这个邀请。之后,他们告诉我这个工作是没有酬劳的。我说我从来就没有想要从中获得报酬,因为我相信中坦之间的友谊及其具有的伟大力量。因此,2014年我有幸成为中坦友好协会重张旗鼓后的第一任秘书长。现在我们所在的这个办公室,就是那时候由坦桑尼亚前外交部部长和中华人民共和国驻坦桑尼亚前大使选的,我还清楚地记得那一天是2014年11月21日。

问: 这是近期发生的事情,中国和坦桑尼亚的友好关系最早要追溯到20世纪60年代。请您描述一下当时的中坦友谊和现在的中坦友谊?

答: 20世纪60年代的中坦友谊是真实存在的,或许我应该说,当时中国和坦桑尼亚的友谊实际上是一种亲情,是独一无二、非常牢固的。虽然中国土木工程集团的姜总在沿海岸线考察时告诉我们650年前中国人就已经在这里了，但从政治意义上来说，两国开始这段关系是在我们独立之后，而且这段关系不仅仅只存在于两位开国元勋——朱利叶斯·尼雷尔和毛泽东主席之间。这两位领导人在思想和意识形态方面都很有创见，他们都反对帝国主义和殖民主义，坚信自力更生、艰苦奋斗和不结盟，所以当时这段关系基本上是建立在意识形态基础上的。同时，他们互相帮助，中国帮助坦桑尼亚建立了防御体系，并修建了友谊纺织厂等5个工厂，这些都建立在两国政府友好关系的基础上。

随着时间的推移，新的时代来临，两个国家都发生了变化。20世纪70年代末80年代初，中国在邓小平同志的带领下开始实施改革开放，而我们当时由第二任总统阿里·哈桑·姆维尼（Ali Hassan Mwinyi）领导。在那以后，坦桑尼亚和中国之间一直都存在着贸易的往来，所以中坦友谊一直存在着，而且一直都很坚固。尽管一开始是出于政治因素，但是现在两国人民之间的交往和生意往来越来越频繁，两国之间的贸易额每年都高达40亿美元。因为坦桑尼亚的很多商业项目以及其他领域的一些项目都需要资金，所以会和中国人合作。因此，中坦友谊并不仅仅是政治性的，而且是商业性的、文化性的，所以我们要维持并加强这段关系。众所皆知，做生意的时候，双方很容易产生分歧，这个时候就需要一个调停者站出来说：“嘿，听着！我们会倾听每个人的话！我们都是朋友！”因此，现在的中坦友谊和当时是一样的，是坚固的，但那时的中坦友谊更加偏向意识形态层面，而现在的中坦友谊不仅仅是意识形态层面的，同时也是政治、社会以及经济层面的。

问： 如果让您用几个词来形容现在的中坦友谊，您会用哪些词？

答： 首先，我认为中坦友谊是独一无二的，当今世界上任何一个国家与坦桑尼亚之间的关系都比不上中坦友谊；其次，我认为中坦友谊是如亲情一般的，因为两个国家会无条件地互相帮助；第三，我认为中坦关系是彼此尊重的，因为中国人做事的方式是直接问“我们怎样才能帮助你们”，他们不会告诉我们说“我们想帮助你们，但是当我们帮助你们的时候，你们得按照我们的计划做”。中国人不是这样的，他们会先问“我们怎样才能帮助你们”，然后再让我们出一个计划给他们，他们就会帮助我们。所以我把中坦友谊描述为独一无二的、亲情一般和彼此尊重的。

问： 现在有很多西方媒体表示非常担忧中国对非洲的强大影响力。从您的角度看，坦桑尼亚人是如何看待在坦桑尼亚的中国外派人员的？他们是否会觉得这些中国人抢了他们的工作？他们会觉得身边的中国人越来越多了吗？会觉得这是一种变相的殖民方式吗？您如何看待这种说法？

答： 首先，非常重要的一点，坦桑尼亚不是第一次有这么多的中国人，坦桑尼亚人早就习惯了和中国人打交道。早在20世纪60年代末到70年代坦赞铁路建设时期，以及1976年开始运营时期，就先后有5万多名中国工人来到这里，他们很多人与坦桑尼亚人一起生活在新的环境中，所以坦桑尼亚人早就习惯了和中国人打交道。现在我们这里的中国人确实更多了，有些人说是3万，有些人说这个数字偏高了，但是，现在坦桑尼亚确实有很多中国人。每当世界各地的人聚在一起，就会产生摩擦，因为当你和对方做生意的时候，很容易忽视对方的文化背景和利益，这就会使得对方的心里不好受。但幸运的是这并没有给坦桑尼亚带来任何问题，也没有受到任何消极影响。2014年的"非洲晴雨表"调查显示，坦桑尼亚的男女老少都认为中国人是最受欢迎的外国人，坦桑尼亚人最喜爱中国人。现在有一些西方媒体说中国人正在抢夺我们的工作，尽管坦桑尼亚人现在还没有这样的想法，因为这一类的问题还没有发生，但还是存在一定的可能性，所以这正是我们协会存在的原因。当这种情况发生时，我们这个协会就会出面进行调解，使他们重归于好。

问： 您刚刚提到了利益，现在有很多关于中国在非洲的利益的猜测。综观坦赞铁路的历史，从20世纪60年代到70年代有很多传言。有传言说，中国将派遣5千万中国人来殖民，而且不会再离开，这些谣言制造了很多恐慌。您认为中国人修建坦赞铁路获得的主要利益是什么？您认为这种利益随着时间的推移有所改变吗？

答： 我之前提到过，在20世纪60年代，当两位开国元勋开始建立这段伟大的关系时，他们有一个共同点：都从帝国主义和殖民主义的牢笼中解脱了出来，都想要一个平等的社会，都相信社会主义。虽然他们为各自的国家效力，但他们的梦想最终都实现了，他们彼此之间的尊重和信任也在这一过程中逐渐建立起来。1965年，当坦桑尼亚的总统尼雷尔和赞比亚的总统卡翁达前往中国会谈时，他们向毛泽东主席提出了援建铁路的请求，目的是赞比亚和坦桑尼亚的民族解放和经济增长。毛主席当场就答应了他们的请求，我不相信这背后有什么动机，因为就像我说过的，他们都是从帝国主义和殖民主义牢笼中挣脱出来的受害者，所以我能想到的目的，就是尼雷尔和卡翁达当时在现场听到毛主席说的："我们建造这条铁路是为了解放我们的兄弟！"

我记得当时的中国并没有今天那么富有，那时他们也刚发展，但中国却支付了所有的费用。坦赞铁路的花费约为9.88亿美元，也有人说是5亿美元，但实际上是9.88亿美元。中国还派遣了修路工人，因为这里缺少有技术的工人。此外，他们还提供了建造的材料。所以我认为中国能获得的利益是：只有他们的兄弟、邻居获得了自由，他们才能自由。这也是尼雷尔总统包括所有坦桑尼亚人一直强调的事。如果赞比亚被殖民，那么坦桑尼亚就不可能真正独立，如果罗得西亚（即现在的津巴布韦）被殖民，那么非洲就仍然处于殖民主义的统治之下。所以我们并不害怕，中国在非洲能获得的利益就是这个。

随着时间的推移，这种利益确实发生了一些变化。正如你所知的，中国需要和非洲国家进行贸易。现在的"一带一路"倡议改善了中国与非洲之间的贸易和运输关系，双方人民都能以更便宜的价格买到充足的东西，中国人称之为"双赢"。在这种情况下，坦桑尼亚人得到了钱，赞比亚人有了收入，中国出售了他们的商品，也得到了一些自然资源和其他的东西，所以利益确实改变了，但这种利益值得被尊重，它是双赢的、无条件的。哪里有变化，哪里就会有尊重、有双赢。因此，那些担心中国援建坦赞铁路是一种变相殖民方式的人很可能是被误导了，也许他们不是故意的，可能只是缺乏知识而已。当然，这些人当中有一些以前是殖民统治者，因为他们现在没有殖民了，所以就会认为其他人来也是殖民，但这根本就不是一码事儿。

问： 您提到了中国援助没有附加条件，但它经常被西方国家指责，说它不顾人权。您怎么看待这个批评？

答： 人权是重要的，我相信它有一个国际标准。如果没有一个公认的评判标准，那么人权就只是说说而已。只有当你真的发展起来了，你才可以挺起胸膛和他人谈论人权。一些人认为他们没有得到发展，是因为他们没有享受过人权，这恰恰是他们需要发展的原因。他们需要再多工作几个小时，这才是真正的人权问题。我认为那些相信人权问题的人是有道理的，但是，让我们在担心人权问题之前先谈谈发展问题，比如，谈谈我们是什么时候得到发展的？是采用其他国家的做法吗？

问：这是西方对于促进公民政治权利的主要批评，但没有考虑社会经济权利，很多人认为社会经济权利更多涉及基础发展领域，而中国在很多方面都支持这一点，这个问题在坦桑尼亚引起了广泛的讨论。

答：在坦桑尼亚，这些关于人权问题的讨论并不是一夜之间就出现的。我们这里有一个由海伦和其他律师经营的人权办公室，他们受过西方教育，专门负责这些事情。但是，在坦桑尼亚人心里，"这些人是否真的关心人权""在哪个地方有人受到了不公平的待遇"，这些事都不值一谈，人们不会在日常的生活中谈论这些事。因此，虽然人权是值得我们关注的，但我不认为现在它在坦桑尼亚人民生活中是至关重要的。

问：一些批评西方做法的人认为人权政策是一种不符合西方列强利益的政策，特别是前殖民列强国家利益的政策。您如何描述这些西方大国对中坦关系的反应？

答：我确信这是一个问题，但是这里的人们正忙着推动发展。在这里，人们无法奢侈地坐下来讨论人权问题。正如"非洲晴雨表"所显示的那样，坦桑尼亚人喜欢中国人，他们之间的相处真的没有问题。坦桑尼亚人不知道这种对人权的担忧从何而来，因为这还是我们从西方听来的。

问：您没有听到过一些试图使中坦关系变得更加复杂的政治谣言吗？

答：有，这些谣言缺乏证据支撑。就像种农作物一样，如果所处的土地是贫瘠的，播种的人不会有任何收获。我之前说过，坦桑尼亚人喜欢与中国人接触，而且中国公司承担了坦桑尼亚70%的建筑工程，也雇用了很多坦桑尼亚人。我们现在大约有670个注册的中国企业，截止到2016年，中国企业雇用的坦桑尼亚人已经超过了15万人。这些坦桑尼亚人之所以能够消费，是因为他们拥有工作。因此，那些试图使中坦关系变得更加复杂的政治谣言还没有影响到中坦关系，因为它们没有根基。

问：我之前看到一些很有影响力的西方媒体上的头条新闻，说中国把囚犯作为奴隶出口到了非洲，虽然后来证明这不是真的，但这个谣言还是传遍了世界。我们可以听到很多类似的谣言，最近有一个谣言是几年前的事了，说中国将人肉罐头出口到了非洲。

答：网站上有很多这样的谣言，一些博客上写着："来自中国的肉罐头是死人肉做的！"很多运到坦桑尼亚的肉都会被送去超市，但事实上，我很少看到从中国进口的肉。我看到很多肉是来自阿联酋的，另外，坦桑尼亚人也会制作很多肉罐头，源自中国的肉罐头是最少的。

问： 让我们回到这个关于谣言流传的话题，20世纪60年代流传的许多谣言似乎与今天流传的谣言相似，比如中国殖民非洲、用犯人充当奴隶建设坦赞铁路以及中国向非洲出口肉罐头的问题，当然这些谣言并不是真的。您认为这些谣言是从哪里来的？

答： 有传言说，中国正在殖民非洲。正如你所知的，这并不是一个新的谣言，它从20世纪60年代开始就出现了，直到今天还存在着，很可能还会继续存在着。但是，在非洲，在坦桑尼亚，人们并没有觉得他们被中国殖民了。在大多数的中国企业里，坦桑尼亚工人占比高达95%～99%，据2016年和2017年的统计，坦桑尼亚的中国企业雇用的员工大部分是本地人，所以这个谣言不是真的，那些说坦桑尼亚大部分工人都是从中国来的、中国人是来这里殖民的谣言是没有根据的。

　　无论何时何地，做生意都是为了盈利。有很多中国的企业在坦桑尼亚做生意，他们是来赚钱的。不管企业的规模大小，不管他们来自世界上的哪个地方，都是想做到我们所说的"快速盈利"，这意味着获得更多的利润以及缴纳税款。之前，坦桑尼亚政府给加拿大未缴纳税款的矿业公司开出了罚单，他们是来自加拿大的上市公司。因此，如果私营企业有任何关于利润最大化、费用最小化方面的问题，那么是他们自己放松了管理，我敢肯定一些中国企业可能属于这一类，但大多数都是符合规定的，所以很多谣言都是没有根据的。我怀疑这些谣言可能来自西方，尽管我不愿意把矛头指向西方，但我怀疑这些谣言就是来自那里。

问： 谢谢您！请问您怎么看待中非关系的未来或者中坦关系的未来呢？您看到的主要挑战是什么？

答： 首先，我要说的是我也是一个作家，我在2010年的时候写了一本书，其中最长的一章是第十章，讲的是坦桑尼亚和中国。关于如何加强中坦关系，书中给出了一些建议。我写的第二本书将于近期出版，这本书的名字叫作《中国和坦桑尼亚的挑战》，书中谈到了很多挑战，你可以去读一读。最后一章是未来的发展方向，即中坦关系的未来，但我只讲了一点，即未来出现的问题可能是由于中国和坦桑尼亚都是发展中国家而产生的。虽然中国现在是世界第二大经济体，但是坦桑尼亚仍然在发展，仍然是世界上最不发达的国家之一。当合作双方的发展水平不同步的时候，如果一方不适当地放慢速度，那么他们之间就会产生一些问题。中国是坦桑尼亚的第二大贸易伙伴，这里有很多中国的企业。从2008年到2016年，中国企业进驻坦桑尼亚并开展业务的增长速度超过了300%，但坦桑尼亚本身的发展速度不如中国，这可能会产生一些问题，这给我们坦桑尼亚人的启示就是我们需要迎头赶上。我相信，现在中国不仅仅只考虑政治关系，他们考虑更多的是商业、是经济。中国人说的是"双赢"，所以现在坦桑尼亚必须迎头赶上。我认为坦桑尼亚对外开放的方法之一是使用坦赞铁路。我们需要使它变得现代化，然后我们就可以开辟出连接赞比亚和坦桑尼亚达累斯萨拉姆之间的贸易路线，然后把它和距离这里超过2190千米的中央铁路衔接起来，这样就能连接起坦桑尼亚、卢旺达、刚果（金）和乌干达。所以如果把坦赞铁路和中央线连接起来，再把所有到乌干达的道路都进行修缮，就可以拥有一个对外的港口。我认为这不仅是对坦桑尼亚不同地区的开放，因为这条贸易路线不仅仅经过了坦桑尼亚的四个地区，还经过了赞比亚的两个地区，同时乌干达、卢旺达和刚果（金）的人也可以使用它。如果我们能使坦赞铁路现代化，并且好好地利用它，我认为我们发展的速度能够加快，甚至能赶上中国发展的步伐。

我们面临着很多机遇，这也意味着更大的风险，但是展望未来，中坦之间面临的挑战将是一方成长得更快，另一方则会远远落后，这种差距可能会造成问题，即缺乏理解的问题。如果中国经济继续快速增长，而坦桑尼亚仍然落后，那我们就需要为这些挑战制订一些相应的计划了。此外，还有一个可能会发生的问题就是一些进入坦桑尼亚的中国私企没有花时间去了解这里的文化。学习坦桑尼亚的文化能让中国企业更好地了解这里的人。如果中国企业尊重我们的文化，那么当他们说"我们聊一聊吧！我发现你的税有问题，税率很高"或者"你的劳动法规有点苛刻，我们能坐下来谈谈吗？"的时候，坦桑尼亚人就会表示非常理解，会坐下来交谈。因此，我们面临的挑战可能是不了解坦桑尼亚文化前提下的投资。

访坦桑尼亚留华学生联谊会主席李个雷

问： 能否首先介绍下您的中国留学经历？

答： 好的，我的中文名字叫李个雷，木子李，个性的个，打雷的雷。我第一次到中国是1998年，在北京语言大学先学了一年的汉语，之后我到上海的复旦大学开始学习医学，所以我在中国待了差不多6年。毕业以后回到了坦桑尼亚，在一家公立医院工作，然后过了几年，政府需要我到卫生部工作，直到现在一直在卫生部工作。我真的很感激坦桑尼亚第一任总统尼雷尔和中国的毛泽东，是他们改变了两个国家的关系。这个关系使我们有机会到中国学习。除了我，还有很多坦桑尼亚的学生到中国留学。2009年，在中国学习的坦桑尼亚学生在一家酒店里见面，共同讨论建立坦桑尼亚留华学生联谊会，以便为所有来自坦桑尼亚的学生服务。这个组织的目标是改善两国之间的关系，让中坦之间的友谊能够越来越好。

问： 在中国留学的经历对你们最大的影响是什么？

答： 中国的历史最让我们感兴趣。曾经非常落后的一个国家，经历多年的奋斗发展，如今成为一个强国，世界第二大经济体。因此，许多非洲小国都想要借鉴中国从一个贫穷国家变成中等收入国家、仅次于美国的庞大经济体的发展经验。我们这些留学生十分感谢中国人给我们的学习机会。我们学到了中国人的艰苦奋斗，借鉴了他们的管理模式，也看到了中国人的创新发展以及在不同领域的技术发展，包括农业、工业、经济以及不同的服务体系。我们为中国感到骄傲，并且希望把在中国学到的一切都回报给我们的祖国。我现在在政府里工作，我想帮助我的国家学习中国的思想，这样南半球的小国就能更快地发展起来。所以我真的很感激有机会在中国学习，这改变了我的人生。

问： 目前这个联谊会里面有多少人？都开展了哪些活动？

答： 我是我们联谊会的主席，当时竞选的时候有3名候选人，我是最后的赢家，因为他们赞同我的政策，就选择了我。现在我们大约有500人左右，他们都有在中国留学的经历，有些人会说汉语，有些人不会，因为现在中国的大学允许留学生选英语或汉语作为课程语言。但是我在中国学习的时候,留学生只能选择中文作为课程语言,想要在中国学习,就必须学习中文,我们没有选择。但是到了2005年,政策变了,大部分大学允许留学生选择使用英语。所以在协会里,2005年之前在中国留学的学生会说汉语,而其他人就不会说了,或者说得不太好。我会说中文,但是现在使用少了,一般都说英语和斯瓦希里语,因为这是我们当地的语言。如果我在中国待3个月左右,我的中文又会好起来。

在联谊会里,有各种各样专业的人,比如农业、商学、机械和计算机等。有些人在政府工作,有些人在企业工作,有些人从事贸易,他们会在中国买些东西,然后运到坦桑尼亚卖给当地人。我们联谊会的目标是保持两国之间的良好关系。此外,我们联谊会可以做很多事情,可以帮助那些没有机会去中国学习的当地人学习中国的思想。我们要回报这个国家,我们不能自私,因为并不是所有人都有机会去中国留学。我们很幸运有这个机会,所以我们应该回报我们的国家,帮助其他人实现从未得到的但我们拥有过的机会。任何一个从中国回来但不这么做的人,都是自私的,联谊会的领导绝不允许此类事情发生。我们会坚持帮助坦桑尼亚人,同时我们也帮助一些在坦桑尼亚做生意的中国朋友。可能中国传统与非洲传统不一样,所以一些中国朋友来到这里时,他们会对我们的文化感到困惑。

我们既了解坦桑尼亚文化,又了解中国文化,我们必须帮助中国朋友做事情,而且要做得越来越好。如果他们留在坦桑尼亚从事一些贸易、经济、投资或其他事情,我们联谊会帮助他们做得更好,因为帮助他们也就是在帮助我们自己,因为这是一种双赢的机制,中国赢了,坦桑尼亚也赢了,我们和中国朋友都很高兴,我们是好兄弟,这是我的理解。

问: 正如您之前提到的,中坦关系的开始源于尼雷尔和毛泽东,咱们都知道主要源于坦赞铁路,能否从您的角度谈谈坦赞铁路对中坦关系的具体影响?

答: 坦赞铁路对坦桑尼亚人和赞比亚人帮助很大,如果没有这段中坦友好的关系,我的同龄人不可能过上现在的生活。从经济上讲,住在铁路沿线的人们得到了许多好处,他们的经济收入有了提高,坦赞铁路也有助于旅游业的发展,因为这条铁路经过一些风景区,许多人会乘火车去这些地方,比如塞卢斯野生动物保护区,你可以看到很多动物在这个保护区,你也总能看到很多原生态的当地村庄。这铁路帮助赞比亚解决了许多出口问题，比如将铜从赞比亚运到坦桑尼亚，因为很多产品把铜作为原材料，包括电话、船舶和很多其他东西，所以这条铁路对这两个国家都具有经济意义，我们为这条铁路感到骄傲。

问： 当您在中国的时候，是不是很多人提起坦桑尼亚就会说坦赞铁路，说起坦赞铁路就会说到坦桑尼亚？因为很多中国人不是很了解非洲国家，而坦桑尼亚应该是中国人最熟悉的一个国家，因为有坦赞铁路，您怎么认为呢？

答： 是的，这是真的。当我在中国学习的时候，我注意到当我提到坦桑尼亚时，中国人尤其是那些40多岁以上的人会说坦赞铁路。他们知道中国参与了从坦桑尼亚到赞比亚的铁路建设。坦率说，在所有这些非洲国家中，坦桑尼亚是中国最好的朋友。

问： 您了解中国文化，在中国有一个相声，讲拉菲克（Rafiki），您听说过吗？

答： 听说过，当时中国人完成铁路建设回去后，他们在电视上讨论我们。在那个时候，中国的经济不是很好。但是，毛主席有一个很好的想法，就是有必要帮助他的两个非洲朋友，尼雷尔和卡翁达。当时尼雷尔总统去请求那些发达国家帮助，但是那些发达国家拒绝了他的请求。之后，尼雷尔来到中国，向中国寻求帮助时，毛主席答应帮助坦桑尼亚。他说："非洲是我们的兄弟。"毛泽东同意修建这条铁路。中国人在修建铁路时学会了斯瓦希里语——Rafiki。回到中国后，他们在电视上谈论了Rafiki，它指的是朋友。所以这个词当时在中国非常受欢迎。如果你在北京的路上，遇到一些年长的人，然后跟他们说你来自坦桑尼亚，他们会说Rafiki，因为他们从电视上知道这段值得铭记的铁路历史。所以在我看来，现在那些来自坦桑尼亚和中国的年轻人必须延续好两国之间的友好关系以及保护好坦赞铁路。我们需要提升和发展，以帮助坦赞铁路和巩固两国关系。

问： 您是学医学的，在坦赞铁路的修建过程中，中国还派出医疗队来帮助坦桑尼亚，现在也是如此。作为一名医务人员，您对坦赞铁路的医疗队有什么看法？

答： 对，因为我在卫生部工作，我见过中国医疗队。据我所知，他们是在1963年来到坦桑尼亚的，现在依然在这里。这支医疗队伍帮助了很多坦桑尼亚人民，帮助那些郊区或村庄里设备落后、经济贫穷的医院。从1963年到现在，中国医疗队接待了许多坦桑尼亚病人，更重要的是，弥补了中国和坦桑尼亚之间的医学差距，对坦桑尼亚的医学进步做出了巨大的贡献。

问： 在我看来，对于中国和坦桑尼亚的交流，需要多一些您这样对两方都很了解的人。很多人不了解坦桑尼亚。他们认为坦桑尼亚很落后、很暴力。

答： 这没什么大不了的。因为一些恶意的报道，使得人们不是很了解这个国家。

现在主流通讯社属于一些西方大型媒体机构，如CNN（美国有线电视新闻网）、BBC（英国广播公司）和Sky News（英国天空新闻台）。CNN属于美国，BBC属于英国，经常播非洲和中国的负面信息，所以很多人把非洲看作荒漠。与过去相比，中国发展得如此之快。在中国启动CGTN之后，世界知道中国做了很多好事。和为什么欧洲或美国的电视台只播中国坏的方面一样，很多中国人没有机会去了解非洲或坦桑尼亚好的一面。我以前在中国留学，现在在坦桑尼亚工作，我们的直接对话将会改变这种现状。你来到坦桑尼亚，你会知道更多好的方面，你会让其他中国人知道我们国家好的一面。在非洲，也有很多汽车，也有好的地方，比如你看到我们在建一个很壮观的酒店，但是很多人可能不知道非洲有很好的酒店、医院、公路和铁路。但是我觉得中国记者可以让中国人知道非洲好的方面，很多中国人就可以意识到非洲也在发展，这是我的想法。

问： 这就是我们拍这部纪录片的原因之一，我们希望全世界都能听见真实的声音。还有一个关于铁路对您个人的影响的问题。我不确定您是在哪个城市长大的，您小时候就了解坦赞铁路吗？什么时候开始乘坐坦赞铁路？对您的影响是什么呢？您后来去中国是因为铁路吗？

答： 在我年轻的时候，我是一个很刻苦的学生，因为我的父母都是老师。他们经常告诉我努力学习的重要性。他们也会说，我们很穷，我们没有工厂和汽车，我们除了学校教育，什么都不能给你，你需要努力学习，所以我在小学的时候就很努力了，而且我的国际课程考试总是得A，我比较擅长国际知识，从小学到初中，从高中到大学我都在了解这个世界。当我还是个学生的时候，我就知道坦桑尼亚和中国，因为在那个时候，老师们会教你坦桑尼亚和中国的关系，毛泽东和尼雷尔这两位领导人之间的关系，所以跟我差不多年纪的人都了解这些。此外，个人的兴趣是非常重要的。我自己很喜欢这些，所以我愿意了解中国。我在中国的时候去过很多地方，并且我希望我们

的中国朋友能游览非洲，去了解这些国家，去了解它的优势。很多中国人来
这里投资，这里有很多优势，例如，这里没有污染，中国很多工厂会造成污
染问题，但是我们没有。我们欢迎中国朋友来这里经商，在这里定居，甚至
通婚。

问：坦赞铁路的修建已经过去很多年了，它现在陈旧了，也出现了很多问题，您
认为坦赞铁路最大的问题是什么呢？未来我们如何重塑铁路？您认为旅游、
复兴还是重建哪个更好？

答：许多国际媒体都在批评这条铁路。但是，尽管这条铁路的历史很长，但问题
并不严重。坦桑尼亚、赞比亚和中国这三个国家在讨论修复工作，如果出了
问题，管理层有责任来处理那些问题。我觉得新的技术应该运用到坦赞铁路
上来，中国已经掌握了先进技术，因此可以用现代技术和基础设施改造坦赞
铁路，可以将铁路提升到一个更好的标准。从管理方式来说，领导者可以选
择一个公司，这个公司应该充满文化和责任感，它要热爱这三个国家超过它
自己的利益，因为它是为人民工作的。但是，有些领导人只关心他们自己的
利益，这不行，政府要选择那些爱国者作为铁路的领导人，热爱这三个国家
的人才会很好地解决这些小问题。

问：我们期待铁路的发展，您和您的团队对这条铁路有什么期望？您愿意为坦赞
铁路做些什么呢？

答：我们应该充分利用我们的关系，我们联谊会会为铁路寻求机会。比如，旅游
的机会，我们邀请中国朋友，甚至是国际朋友来坦桑尼亚乘坐坦赞铁路，发
展旅游业，解决非洲经济问题，因为铁路沿线有些农业活动、矿业开采，我
们协会已经帮助了很多人，尤其是在中国投资坦桑尼亚方面。

问：您今晚有什么活动吗？可以和我们一起分享一下吗？

答：我今晚有一个很好的活动，因为我们最好的朋友苟皓东，中国驻坦桑尼亚使
馆公使衔参赞，他今天将离开坦桑尼亚。他是一位伟大的中国朋友，他帮了
我们联谊会很多，非常支持我们的工作，我不会忘记他的，今天我要去参加
他的告别晚会，说声再见。这个晚会会很感人，因为再见并不是那么容易
的。然而，世界就是这样。既然有相遇，就会有分离。我和我们的联谊会为
他准备了一份小小的礼物，在晚会上我们将会把礼物送给他。

问：我们想把这个瞬间拍下来，不仅仅是为了纪录片，也是为了您和你们的

记忆。

答： 很好，我从内心深处感激中国人，我同时属于两个国家——坦桑尼亚和中国。中国是我第二故乡，无论何时去中国我都很爱它、欣赏它。我有很多中国朋友，我们关系非常密切。他们把我当作兄弟并不是为了钱，而是内心深处的感情。我们的友谊已经超过15年了，我们仍然通过电话或者微信保持联系。因为微信，我们可以分享我们的快乐，他们可以了解到我在做什么。当我来到中国时，他们将会通过微信知道。现在，世界越来越近了。世界不是异化的，而是相互联系的。

访孔子学院汉语志愿者胡馥筠

问： 很高兴在这里见到你，首先麻烦介绍下自己。

答： 我叫胡馥筠，来自浙江金华，毕业于浙江嘉兴学院，刚刚从大学毕业，我才22岁，是这一届孔子学院志愿者当中年龄最小的。我现在在达累斯萨拉姆大学姆贝亚教学点担任孔子学院汉语教师志愿者。

问： 好的，你来这里多久了？当时是有什么样的契机来到这里的呢？

答： 我在这边已经4个多月了。9月1日到达累斯萨拉姆，一个月之后到了姆贝亚。之前因为浙江师范大学汉办老师来嘉兴学院宣讲，知道了可以进孔子学院当志愿者的机会，所以报名申请来到了这里。

问： 来这里之后主要是做什么工作？

答： 我现在的身份是这个教学点的负责人，负责这个教学点的工作，还有开展中国文化活动。首先，我们是在教授汉语这门课，同时也学习斯瓦希里语，我们如果能够懂当地语言的话，我们就会知道更多的东西。第二，我们会举办一些文化活动，就像今天要举行的重走坦赞铁路的活动一样，我觉得如果当地学生们或者领导们知道这段历史，或者更多地了解这段历史的话，对他们的心灵会有一些震撼和改变的，他们可能会在日后的生活当中，从最小的方面来说，对我们中国人友好一点，甚至是买饭的时候多给你一点。我觉得这就是改变。这个过程慢慢地积累起来的话，就会有不一样的变化。

问： 孔院姆贝亚这个教学点，你们总共派了多少人？整个坦桑尼亚又有多少名？你们从事汉语的教学，觉得语言在中非交流中起到什么样的作用？

答： 现在姆贝亚有5个人，整个坦桑尼亚，我估计是40个人左右。然后，我觉得语言更多的是一种能够让彼此进行交流的工具。通过语言的表达，一些地方特色的表达，能够让他们更多地了解中国文化，而不是说像以前西方殖民的时候一样，通过语言去侵略别人的整个文化体系。

问： 来之前对非洲的感觉是什么？来之前对坦桑尼亚的了解是不是基于坦赞铁路？

答： 来之前读过三毛的书，觉得非洲是一个很神奇的地方，一心就想着来，因为我这个人胆子比较大，心也比较野，所以没有对坦桑尼亚有什么怕的。来了之后觉得环境还不够艰苦，没能吓到我。对于坦赞铁路说实话在国内时没有什么很大的印象，但是来这里之后，像我们孔院的logo（标志），都是用坦赞铁路作为设计理念的一部分。我觉得坦赞铁路对当时的坦桑尼亚人和赞比亚人来说是一种希望，它对我来说也是一种希望，当时它把一批工程师、志愿者带到了坦桑尼亚，现在也把我带到了这里，它对我来说也是一种走出去的希望。

问： 在这里进行中国语言文化推广是一种怎么样的体验？你感到很有成就感吗？

答： 因为我们这个教学点是2015年才开的，所以其实并没有什么高年级的学生，我们都是从初级开始教，一级、二级、三级，是这样的一些课程，所以暂时还没有学生能够去中国留学或者是获得很大的成就，但是我觉得通过我们一届届志愿者的努力，他们会取得一些成就的，我作为他们的老师也就会有成就感。

问： 有没有些更具体的感受？很多人说来非洲之前怕非洲，来了非洲爱非洲，离开非洲想非洲。

答： 我们教同龄人，就是跟同龄人打成一片，他们经常会来我家里吃饭，看电影，甚至会一起出去玩，去动物园之类的。我觉得来到这里，就是多了一群肤色不同的朋友，觉得挺酷的。

问： 看什么电影呢？

答： 比如说上个星期我们一起看了《疯狂的麦克斯》，然后还会看一些老电影、爱情电影。他们有时候会大半夜的发个短信说，我们出去吃夜宵吧，就是跟朋友一样的感觉，但我们在课堂上还是互相尊重的，他们会把我当老师，我也把他们当学生，没有平时那么随意。

问： 很多人觉得孔子学院办不好，觉得非洲人的学习能力差，你感觉是怎么样的？

答： 相对来说，我觉得非洲人的学习能力会稍微差一点，因为他们没有我们那么多的学习工具或者现代化的学习手段，他们获得信息的途径还蛮单一的。比如说，他们想获得一些故事书之类的信息都是一件比较难的事情，所以在教学方面可能会速度比较慢一点。但是，我觉得一步一步来吧，他们也在发展当中，我觉得可以接受。

问： 从你的课堂可以看出非洲学生对汉语还是很感兴趣的。

答： 其实不仅仅在我们的课堂上面，外面很多非洲人现在都对汉语很感兴趣，比如说我们上次去坦桑尼亚和赞比亚边境的时候，就会有很多人用不地道的中文跟你打招呼，甚至会跟你说嘿嘿哈哈之类的，从李小龙电影里学来的。比如我的司机，他带我出去的时候，就会经常问我一些问题，树怎么说，路怎么说，我们会进行一些简单的中文交流。

问： 你们学校距离坦赞铁路多远？

答： 我们学校去坦赞铁路就5分钟的车程，每次我们出门都会路过那里，就是车在铁轨上开来开去。

问： 天天会路过铁轨，这对你来说是怎样的一种感觉？

答： 我觉得这段铁路现在已经成为某种历史，但是人们对这段历史是记得很牢的。这边的人也希望中国人能再度投入资金、技术来帮助他们修这段铁路，升级成为现代化的铁路。我也怀着这样一种愿望，希望他们的国家能够发展得更好，希望我们的友谊能够更好。

问： 我们来这里采访拍摄，是因为你们今天要举办坦赞铁路的知识竞赛，为什么要举办一次这样的活动？

答： 主要就是为了重温这段历史，我们活动的主题是中坦的友谊，前面一部分关于铁路的数据介绍，后面一部分更多的是介绍民间的友谊。

问： 都有哪些人参加呢？

答： 会邀请学校的一些领导和学生跟我们一起重温这段历史，回顾一下我们中坦的友谊。

问： 非洲人上学晚一点，你的学生跟你差不多大吧？你跟他们接触下来有什么样的感觉？你觉得他们了解坦赞铁路的历史吗？

答： 他们不太了解，只知道一些数据，但是我觉得他们对中国的了解还是有一些的。比如说我有一个学生，他知道孔子、老子还有道家的一些东西。上次他发给我一段话，用英文发的，大概的意思就是你要对怀有善意的人和不怀有善意的人都怀有善意，这样子善意才可以长存；你要对诚实和不诚实的人都抱着诚实的心态，这样诚实才能够长存下去。他就是想跟我说一些道家的东西，所以我觉得他们即使不那么了解坦赞铁路，但对中国还是有其他的认识的。

问： 坦赞铁路的现状你们怎么看？

答： 经常看那个铁路就是运货用的，没有见过（其他）大型的火车之类的，可能我刚好没看到吧，就觉得也挺可惜的，花了那么多钱也没什么用了。这段铁路在运营方面确实大不如前了，我是到这边之后才知道我们之前有过这么一段历史，这么一段故事，甚至有大规模的人员流动。但是，对我个人来说，这段历史实在太远了，所以不太了解。

问： 你有没有跟学生们聊过如何让坦赞铁路恢复到运营之初的状态？

答： 说实话，如果再修一次这段铁路的话，投入的费用是很大的。我觉得唯一让它复苏的途径就是让它再活起来，让它有更多的班次、更多的运营时间，像高铁一样，但是说实话这个投入实在太大了，我觉得需要等待坦桑尼亚国力强大起来，能够支撑这个费用才有可能让它复苏过来。

问： 你觉得怎么样能让年轻人，无论是中国的年轻人还是非洲的年轻人更了解这段历史呢？

答： 这么大的一个工程，中国第一大援非工程，很多年轻人都不知道。但是说实话，这个数字、这个铁路可能对更多的年轻人来说，就是百度百科上面的一个数字而已，他们不知道有那么多人流血牺牲。然后，就算我们想让人家知道这段历史，可能人家还是不会对此有太多感受。

问： 你觉得年轻人有没有必要记住这段历史呢？

答： 我个人来说，我是不太喜欢跟人家提起说我们中国帮了你什么，所以，像我们在这边，像民间的使者一样，我们能够担起交流的重任。

问： 你在国内坐火车多吗？

答： 大一的时候吧，从金华到嘉兴上学，刚开始是坐火车，后来我们家通了高铁，一个小时就到嘉兴了。

问： 那你第一次坐火车的时候什么感觉？

答： 就好像见到了图片里面的绿皮火车，挺兴奋的。车上面都是人挨着人，好像人与人的距离近一点吧，但是说实话，味道不好闻，那种车时间也很长，像我们家金华到嘉兴可能要坐将近6个小时，所以当时没有通高铁的时候，有朋友来找我一趟，我都觉得她很困难，就是觉得不太方便。

问： 你自己坐过坦赞铁路的火车吗？

答： 我还没有，因为我在这边还不到5个月。我们还没有放假，还没有进行旅行。

问： 你是怎么过来的呢？

答： 坐飞机过来的，姆贝亚有机场。

问： 这边很多人买不起飞机票，不赶时间的前提下，铁路可能对他们来说更实惠。

答： 我们真的把这一条铁路打通了，而且把这些破损的东西全部修复好了，再给它上了不错的列车以后，这里的人肯定会比现在更有钱一点，因为"要想富，先修路"嘛。所以，他们可以像当时运铜一样，有很多的出口和进口，这肯定能在很大程度上改变他们的生活，也可以给当地人提供更多的工作机会。

问： 所以你跟你的学生有交流到这一块吗？他们对交通还是不便利这一块有不满吗？

答： 他们没有发表过什么不满，可能长期生活在这个国家已经习惯了，像他们的公交车，人们都要低着头才能站在车厢里，而且公交车都是从日本淘汰过来的，上面甚至还印着什么日本幼儿园，原封不动地就弄过来了。所以我有时候还挺心疼他们的，坐个公交车连头都抬不起来。

访中土东非有限公司总经理姜义高

问： 这里就是当时的坦赞铁路总部吗？

答： 是的，这个大院最初是在20世纪60年代投入使用，是当时坦赞铁路的总部，是我们在达累斯萨拉姆的第一个营地，所有坦赞铁路员工来到坦桑尼亚的第一个落脚点就是这里，所以，这里是一切开始的地方，具有非常重要的历史意义。

问： 您来这儿多长时间了？

答： 我来这儿3年多了，但是我们公司在这儿已经50多年了。我们公司是在铁道部援外办公室的基础上组建成立的。铁道部援外办公室是当时咱们国家为了修建坦赞铁路而专门成立的一个机构，从1968年就开始负责组织坦赞铁路的建造工程。坦赞铁路建造完之后，在1979年成立了专门的外经单位，所以铁道部援外办公室整体改制为中国土木工程集团有限公司。

问： 您个人感觉这里如何？

答： 我非常喜欢这里，因为这里是我们公司和对外援助项目的根基，是坦赞铁路的起点，所以每次政府官员、公司职员以及海外留学生都会来这里看看，重温"坦赞铁路精神"。

问： 这个大院现在被用来做什么？

答： 现在这个大院就成了中国土木工程集团有限公司的办公区，面积将近6万平方米，目前主要用于储存以及为公司提供办公区域。这里有三栋建筑，第一栋楼是办公楼，第二栋楼是客房和一些小的房间，第三栋楼则是为我们职员提供住宿的，在它外面还有篮球场和一些其他设施，此外，这个大院里还有厨房、乒乓球馆以及羽毛球场，几乎什么都有。

问： 这里有医院吗？

答： 有，但是目前没有投入使用。不过在坦赞铁路的建造时期（20世纪60年代到70年代），这个医院曾是整个坦桑尼亚设施最先进、水平最高的医疗机构。所有得了病的人，包括一些得了坦桑尼亚当地的疑难杂症的人，都会来咱们这个医疗中心就诊。其中最著名的就是乌干达的现任总统穆塞韦尼。他年轻的时候生病了，去了很多坦桑尼亚的医院也没有治愈，最后他通过各种关系找到了咱们大院，咱们这边给他诊断，发现是比较严重的疟疾。后来咱们医院给他对症下药，很快就治好了。最近这几年，我去乌干达出差也会见到穆塞韦尼总统，每次他都会对我们表示感激，他说："是你们救了我，是你们中土公司在我最困难的时候救过我。"所以，这个医院不仅仅只为咱们中方和坦方的铁路修建人员服务，还对社会开放，这就是咱们医院当时的一些情况。

问： 当时坦赞铁路总修建人数大约有20万人，所以在健康方面肯定是有很多挑战的，那么你们是怎么处理的呢？

答： 在这个大院里有一家医院，沿着坦赞铁路我们还有许多医院和小诊所。当时，这些医院不仅仅只为中国员工和当地员工服务，同时也为附近村子里的人服务。他们认识中国的医生，所以有时候生病了他们就会去医院。一般的病，医生会使用药物治疗；针对一些重病患者，他们会进行手术。

在修建铁路的过程中，成千上万的人在医院接受了治疗，而且这些治疗都是免费的。当时比较严重的疾病是疟疾，很多当地人以及我们的员工都面临着这个威胁。万幸的是，我们的医生解决了这个问题。这不仅是为了我们的员工和项目，也是为了整个社会。因此，我们可以说，坦赞铁路也标志着中国向非洲提供医疗援助的开始。

问： 我听说从那时起，就有一部分中国医生留在了坦桑尼亚，组建了一支医疗队，这是真的吗？

答： 是的，坦赞铁路建成后，中国每年都会派遣医生到坦桑尼亚，而且所有的治疗都是免费的。每隔两年或三年，中国政府和坦桑尼亚政府就会签署医疗合作协议。目前，达累斯萨拉姆有20～30名中国医生，还有一些医生活跃在坦桑尼亚的其他城市。因为达累斯萨拉姆是大城市，所以它有20～30名医生，其他的城市可能只有5～6名医生。而且每年都会有新的医生来，所以从坦赞铁路开始建造直到现在，这个团队一直存在着。他们热爱这个国家，与当地医院合作，听从坦桑尼亚政府的命令，给予当地百姓医疗服务。

问： 那么当地工人的教育问题呢？据我所知，在英国殖民者被迫解散中非联邦的时候，只有5%的赞比亚人接受过初等教育。

答： 那个时候有将近90%的工人都没有接受过教育，所以在他们上岗之前，我们会提供相关技能培训。每个工人都要接受3个月到半年时间的培训，之后他们就可以去工作了。所以大多数人甚至是尼雷尔总统都感谢中国人给当地人民提供了大量的培训。完工后，一些在这里工作过的工人去了其他项目，还有一些人选择了留下来，继续为坦赞铁路服务。所以我们公司不仅仅建造了坦赞铁路，还培训了当地的工人，这些就是中国土木工程集团有限公司的主要目标。我们完成了工作，培训了很多人，然后他们掌握了技能，自然就能找到一份工作。因此，他们所接受的教育培训其实比这个项目本身更有价值，因为他们将来可以继续为非洲国家的发展做出贡献。

问：你们公司的中方和外方员工比例如何？

答：我们是坦桑尼亚存在最久，也是最强大的建筑公司。中国土木工程集团有限公司有3500名当地员工，将近200名中国员工。通常情况下，我们每雇用一名中国员工就会同时雇用12～15名当地员工，所以我们的主要工作人员都是当地人。

问：我听说在1979年，这里有中国人被动物袭击了，据说当时的场面触目惊心。所以修建坦赞铁路不仅仅存在技术方面的挑战，同时还存在着安全方面的挑战，那么中国职工都是如何保护自己的呢？

答：安全确实是个很大的问题，甚至有时候连专家们都不能避免被动物袭击。因此，为了让他们不受动物的伤害，当时的尼雷尔总统特别准许中国人在营地附近以及外出时佩带枪支。如果有动物攻击他们，他们就可以朝着天空开火，然后动物就会跑掉。这是当时给中国人的一项特权，因为在坦桑尼亚，外国人是不允许携带枪支的。

　　这张照片就是我们的大院，是坦赞铁路建造期间的样子。事实上，中国在非洲进行的第一个大型建设项目就是这个大院，这就是中坦合作的起点，而且坦赞铁路的起点也在这附近。

问：这些设施是给实验室使用的吗？

答：是的，这是给实验室使用的。这些设施是用来测量不同材料的重量、做测试以及检查质量的，主要是为了确保混凝土和其他建筑材料的质量达到标准。

问：在坦赞铁路的建造时期，是使用无线电来实现管理的吗？

答：是的，当时的交流很不容易，与今天的情况完全不同。现在，我们可以用手机拍照传送，但是在那个时候我们还做不到。在建造的高峰期，我们曾有将近1.6万名中国员工和10万到20万来自坦桑尼亚和赞比亚的工人。正是因为当时这个项目的工人数量如此庞大，所以当时的交流非常复杂。

问： 听说你们新建了一个坦赞铁路陈列馆？能否给我们介绍下？

答： 这是一个坦赞铁路的陈列馆，位于我们中土东非公司的大院。在这个陈列馆里，我们放了一些不同历史时期的照片。这张照片拍摄于1965年2月19日，是毛主席和朱利叶斯·尼雷尔第一次会面时的场景。这是尼雷尔第一次访问中国，他向中国政府提出了修建坦赞铁路的请求，毛主席立刻就答应了。随后，他们讨论了坦赞铁路的建设问题。

这张照片是1967年9月份，中、坦、赞三国政府签署坦赞铁路协定的时候拍摄的，十分珍贵。去年（2017年）是坦赞铁路签约50周年，我们中土公司也举办了一次纪念活动，坦桑尼亚和赞比亚的大使都出席了。这里还有一些我们施工期间不同阶段的珍贵历史照片。当时我们施工的条件非常简陋，机器设备也比较匮乏。你看我们这个施工路基的圩田，我们的工人基本上都是在水里面施工的，情况非常恶劣，而且当时的蚊虫、疾病非常多，所以我们的工人也是克服了重重的困难。

这个是非常著名的达累斯萨拉姆火车站，这个火车站正好位于达累斯萨拉姆的市中心，也是整个坦赞铁路客运站的起点。国内很多代表团、领导来了以后，第一站都会去参观这个火车站。这张照片是坦赞铁路建成后，也就是1976年，咱们代表团返回国内时祖国举行的一个欢迎仪式，欢迎中国代表团返回祖国。这边这张是咱们坦赞铁路零千米起点的照片，就在我们这个基地的旁边。这是咱们铺轨时的一张照片，咱们要是去现场看的话，就会发现每一根轨枕上都刻着"中华人民共和国制"的字样，非常有历史意义，而且也非常值得自豪。

这里面是我们保存的一部分图纸，实际上大部分的图纸咱们都是放在国内的，就放在咱们中土公司。这台缝纫机在20世纪60年代还是非常流行的，因为当时条件比较艰苦，所以我们的技术专家以及中方的员工都是自己做衣服的，衣服坏了就用缝纫机缝一缝、补一补。

这是象征着中、坦、赞三国友谊的一个标牌，也是咱们坦赞铁路开始施工的最早的一个标牌。在坦赞铁路施工期间，"中、坦、赞三国人民友谊万岁"是当时非常著名、非常有意义的一个口号。每当我们有重大事件时，我们就会把这个标牌放在那里。现在它已经快有50年的历史了，但是看起来仍然非常好。

这里还有一些建造坦赞铁路时使用的工具和设施。我们无法想象坦赞铁路的建造过程有多困难，当时的工人只是用一些非常简单的工具运送这些石头，还有一些地方的土壤非常具有挑战性，一会儿变得非常柔软，一会儿变得坚硬如岩石。

在这条铁路的设计中，最困难的问题就是铁路通过了裂谷带，所以如何保持铁路的安全是最大的挑战。因此，中国的专家们设计了上百条通过这个裂谷带的路线，然后在这一百条路线中，使用非常复杂的技术比较得出了最好的一条。

没有足够的机器和材料，也面临着许多技术上的难题，但是专家们解决了所有的难题，最终准时提交了工程。他们从1970年开始修建，到1975年全部完工，这条铁路的建设非常成功。

问： 这里不但有修路设备，还有些文娱活动设备。

答： 对，这里这个电影放映机非常珍贵，因为当时我们所有的中方员工在国外的生活是非常枯燥的，而且也不像咱们现在这样，网络、电视这么发达。当时大伙唯一的休闲娱乐活动就是每周看一次电影，地点就是在咱们大院下面。这个是当时的电影放映机，这边就是咱们当时放映的一些电影胶片，有《人民邮政》《红色娘子军》《林则徐》，以及当时各种各样的一些比较珍贵的电影胶片。

这块板就是电影的幕布。当时我们大院放电影的时候，所有的员工，甚至当地的一些居民都会来这里看电影，就连我的司机也不例外。他当时还只是一个孩子，但是他每个星期都会来这里看电影。虽然他看不懂中国电影，但他还是很享受看电影这一过程。直到现在，他还会跟我们聊起当时放电影的场景呢！

问： 当时看电影的盛况怎么样啊？听说坦赞铁路修到哪儿，中国电影就放到哪儿？

答： 确实是这样的。咱们这个放映队沿着整条坦赞铁路走，同时也分了好几个点。在总部这边有一个点，其他各个分区也都有电影放映小组。当时主要是放咱们当时比较流行的电影，比如《林则徐》《红色娘子军》《金光大道》等。

问： 你们建设这个陈列馆的初衷是什么？

答： 坦赞铁路迄今已经有40多年的历史了，这段历史是非常珍贵的。我们公司作为坦赞铁路的主要施工方，对这段历史怀有非常深厚的感情，因此，我们一直希望建一个坦赞铁路的博物馆，把这段珍贵的历史保存下来，但是现在我们的历史文物都分散在各地，这里我们只收集了一部分的历史文物，还有一部分在国内的中土公司援外部。我们一直在和我们的大使馆以及国内的相关部门沟通，希望能做一个比较正式的陈列馆，包含各种各样的文物、影像资料以及一些介绍，把当时的整个历史情况做一个还原，让我们的子孙后代记住这段历史。

问： 目前这个陈列馆具体做了哪些工作？

答： 这个陈列馆里的这些工器具和历史文物原来都是存放在不同的地方的，而且坦桑尼亚的气候条件比较潮湿，很多东西如果再不保护可能都会消失或者损坏。由于这个原因，我们在2012年的时候给中国大使馆打了报告，提出了建一个坦赞铁路博物馆的申请。原来我们的想法是希望能够尽量地把这些分散到坦桑尼亚各个层级的历史文物汇总起来，然后做一个非常有意义的文化教育基地。2013年的时候，咱们各方面也开始探讨怎样成立这个博物馆。在我们等待国内批复的同时，自己开发了这一小块地方，把现有的一些急需保护的文物放在这儿，因为这里的通风、环境稍微好一些。另外，对有一些已经散落在不同地方的文物，我们会定期地进行归纳，把它们放在这儿。但是，这个陈列馆的规模相对来说还是比较简陋的，我们还有很大一批文物在国内。我们现在希望能够在中国政府和坦桑尼亚政府共同批准的情况下，在中国、坦桑尼亚、赞比亚各做一个陈列馆，这是一个很宏大的设想。这样的话就能够尽量地把这段历史还原，以后每一个到国内的或者是到国外来的同志都能有一个地方切身地感受咱们当时施工的一些历史场景，激励他们不要忘记这段历史，继承和发扬我们的坦赞铁路精神。

问： 除了陈列馆，你们在整个坦赞铁路大院还保留了哪些历史？

答： 当我们开始一个大型项目的时候，我们通常会举行誓师大会，坦赞铁路的誓师大会就是在这棵树下这里召开的，当时咱们整个院子里的所有中国员工都参加了这个大会，总共有一千多人，所以这个地方非常具有历史意义。虽然现在这棵树已经枯死了，但是我们还原封不动地保留着，将它作为一个历史的回忆。这个誓师大会实际上是咱们中方人员在这里的一个动员大会，后来项目开工的时候还有一个开工仪式，开工仪式是在阳波站举行的。1976年竣工的时候，我们还有一个竣工仪式，之后还有一个通车仪式。

问： 这个誓师大会的时间是什么时候？当时具体有谁参加了这个大会？

答： 誓师大会是在1970年10月份。当时参加的人员主要有咱们项目部和指挥部相关的一些领导，还有咱们国内派出的技术干部。

问： 当时咱们修这条铁路先后总共派出了多少人次，然后现在的情况是怎么样？

答： 1967年，中、坦、赞三方签署了坦赞铁路实施协议，1967年开始设计，1970年10月份正式开始开工建设，1975年6月份竣工，1976年7月份正式移交给坦桑尼亚和赞比亚两国政府，东起坦桑尼亚的达累斯萨拉姆，西至赞比亚的卡皮里姆波希，整条线路全长1860.5千米。在整个施工期间，中方总共派出5万人，最多的时候是1.6万人，坦方这边大概有15万到20万人。在建造期间，牺牲了66位中方员工，其中，1位烈士海葬，47位安葬在坦桑尼亚的中国专家公墓，还有18位安葬在赞比亚的专家公墓。在坦赞铁路修建结束之后，咱们中方又陆陆续续地派出了技术专家组，参与坦赞铁路的技术维护与服务。现在，咱们中方大概有12名技术专家在这里提供服务。每2～3年是一期技术服务，现在是第16期。

问： 因为援建的缘故，我们都知道坦赞铁路，坦桑尼亚境内还有别的铁路吗？

答： 坦赞铁路在坦桑尼亚境内是一条非常著名的铁路。整个坦桑尼亚共有两条铁路，一条是一百年前德国人给他们修建的中央铁路，从达累斯萨拉姆，经过多多马（Dodoma），到达姆万扎（Mwanza）。这条中央铁路是米轨铁路，也就是说它的轨距是一米，但是由于设计的时候对洪水的考虑不充分，每年的雨季它都会被冲坏，需要不停地维修、维护，所以这条铁路的运营受到了比较大的影响。我们目前也在负责升级这条铁路，使它再次运行。另外一条就是咱们的坦赞铁路，从坦桑尼亚到赞比亚的这条著名铁路。跟中央铁路比起来，咱们坦赞铁路的基础设施还是非常好的，这么多年，我们的坦赞铁路从来没有被洪水冲垮过，而且它的下部结构也是非常好的。这是因为当时的设计非常好，我们派出的专家们真的考虑到了洪水冲垮的问题，我记得1998年坦桑尼亚发生了一次严重的水灾，当时几乎整个中央铁路都被摧毁了，但是坦赞铁路却完好无损，还继续在这里运行着。

问： 当时已经有中央铁路了，为什么还要花这么大的力气去修坦赞铁路？

答： 当时修建坦赞铁路主要是为了赞比亚。赞比亚独立的时候，它周边的那些国家，比如津巴布韦、南非、博茨瓦纳等国家都还在西方白人的殖民统治之下。原来赞比亚的出海口要经过津巴布韦和南非，但是赞比亚独立之后，这些国家集体对赞比亚进行封锁，赞比亚的很多物资进不来、出不去，所以急需寻找一个出海口。因此向中国提出援建请求，中、坦、赞三方最终商量修建一条从赞比亚通往坦桑尼亚达累斯萨拉姆这个出海口的铁路。实际上，这条铁路最重大的历史意义就是为了争取非洲人民的独立。

问： 请您介绍一下中央铁路和坦赞铁路的区别？

答： 中央铁路的线路主要是往西北卢旺达那个方向，咱们的坦赞铁路主要是从达累斯萨拉姆往西南赞比亚那个方向，两条铁路的方向是不一样的。

问： 你们这里种了很多竹子，我听说当时有一个谣言，说坦赞铁路是一条由竹子建造的铁路。

答： 因为当时很多西方人都对这条铁路抱有很大的成见，所以就制造了很多谣言，说咱们在非洲修的铁路都是用竹子建的，我们很多人都觉得这很可笑，根本没有人相信铁路可以用竹子来建造。其实，在中国，竹子有很好的寓意，它意味着节节高，因为竹子的每一节都是向上生长的，所以，对于我们来说，种竹子意味着我们的事业可以一步一步地向上发展。

问： 在您看来，为什么当时的西方媒体会把坦赞铁路描述成竹子做的铁路？

答： 我认为他们不懂中国人和中国文化，他们只是想说一些坦赞铁路的坏话，但是他们却找不到它的任何问题，所以他们只能编造一些谣言，说这条铁路是用竹子建造的。这意味着他们对中国是一无所知的，他们只是想破坏中国和非洲的关系。

问： 有许多西方媒体说中国是来殖民坦桑尼亚的，您怎么看？

答： 这不是真的。虽然我们公司现在还在这里，但我们并不是来殖民的，我们是来这里做建设项目的，为了继续支持坦桑尼亚的发展。我们做了很多水利工程，因为很多坦桑尼亚人面临着严重的缺水问题，甚至很多住在维多利亚湖附近的人都不能喝到水，因为他们去湖泊或其他地区取水需要走很长一段路，所以10多年前，我们公司决定和坦桑尼亚政府一起做水利项目。我们从维多利亚湖取水之后会对水做一些净化，所以当水被送到人们面前时，就已经可以饮用了。这个项目涉及的区域很广，有许多人从中获益。我们还在其他地方做了很多水利项目。去年我们刚刚完成了位于姆万扎地区森格拉玛镇的水利项目。马古富力总统出席了这个项目的竣工仪式，他和我握手并说："我要谢谢你们，谢谢中土东非公司。你们的工作完成得很成功，这里的人们将享受这个水利工程带来的好处。"我们公司涉及的领域是多样化的，坦桑尼亚的水利工程只是我们涉及的领域之一，我们还在达累斯萨拉姆修建了5条道路以及一些医院和大楼。此外，我们还做修复工作，坦桑尼亚中央铁路的大部分修复工作都是我们公司做的。

问： 这个坦赞铁路修复改造办公室是什么意思？

答： 我们在2004年的时候就提出了坦赞铁路的修复改造计划，当时我们中土公司和铁道院一起对整条坦赞铁路进行了非常详细的勘察和设计，并重新制定了修复改造方案。这个办公室就是当时我们修复改造的办公室。

问： 能不能讲一下现在三方关于坦赞铁路重新激活的谈判？

答： 从2015年开始，坦桑尼亚、赞比亚和咱们中国政府就在陆续商谈坦赞铁路重新激活的方案，中方已经对激活的方案做了很多科研、费用以及其他方面的研究。2017年10月份，三个国家的政府部门在北京又重新召开了重新激活坦赞铁路的会议，所以现在三方也在密切地商谈怎样进一步实施激活方案，以及坦赞铁路激活后运营模式和管理方式的问题。

访坦桑尼亚中国专家公墓讲解员赵叶

问： 这个中国专家公墓是哪一年建的呢？

答： 中国专家公墓始建于1972年，我们现在看到的这个专家公墓是1974年迁到这里来的。2007年的时候，国家商务部批准，正式更名为中国专家公墓。

问： 这里葬了多少人，分别死于什么原因？

答： 这里一共埋葬了70位烈士，其中有47位是援建坦赞铁路的时候牺牲的，有4位是在坦赞铁路后期运营的技术合作过程中牺牲的，还有其他19位烈士是在后面的中国援助坦桑尼亚的其他项目当中牺牲的。原因方面，其中有30%的人牺牲于现场的工伤，有40%的人是死于车祸，剩下大约30%死于急性疟疾。这种急性疟疾其实到目前为止，在非洲还是非常严重、非常普遍的一种疾病，能够致人死亡。

问： 在坦赞铁路的建设过程中到底共有多少人死亡呢？

答： 我认为在坦桑尼亚和赞比亚共有66人献出了自己的生命。他们中有些人长眠于此，也有些人死后被运回中国，此外，除了这座公墓，在赞比亚也有一座坦赞铁路中国专家公墓，里面安葬着18个人。

问： 你知道坦赞铁路修建时期当地人死亡情况吗？

答： 就我所知道的，在坦赞铁路的建设过程中有115名当地人牺牲。

问： 能不能介绍一下公墓的维护情况？

答： 我们公司——中国土木工程集团有限公司一直在负责维护专家公墓。因为我们公司的前身是铁道部援外办公室，承建了当时坦赞铁路之后，我们就一直负责维护专家公墓。这些年来我们做了不少维护工作，主墓碑在2007年建成之后，就从混凝土材质，换成了汉白玉。然后，各位烈士的墓碑也换成了花岗岩。我们聘请了许多当地的雇员，他们基本上每天都会清扫这个墓地，除草，每年都会去刷新这个烈士的墓碑。在中国专家公寓门口，我们建了1600平方米的停车场。然后，包括那边的晚亭也都是我们新建的。

问： 来这里瞻仰的有中国人，也有非洲人吗？

答： 对，来这里瞻仰的不仅有中国人，还有许多非洲人，他们有一些是曾经在坦赞铁路工作过的老员工们，或者老员工的子孙后人们。还有一些坦桑尼亚这边的政府机构的领导人员，也会过来瞻仰这些烈士们。

问： 除了做讲解工作，你自己对坦赞铁路烈士的感情是什么样的？

答： 实际上我每次来这个公墓，都会准备一些鲜花。我会对这些烈士表示哀悼之情，为他们献上鲜花。我都记不清来过多少次了，但我每次来这儿，我都记得第一次和大使馆参赞、管理方以及我们公司员工一起来的场景，那是我第一次听说公墓和烈士们的故事，我情不自禁地流下了眼泪。你想象不到当时对于他们来说有多么艰难，他们中的有些人还很年轻，他们远离家乡和家人，没有足够的食物，那个时候连即时通信设施都没有。实际上，就我而言，我在来坦桑尼亚工作之前曾有两年不在丈夫身边，我还记得当我在人生中面临困境时，我感觉是多么地糟糕。但我和我的丈夫可以通过网络见到彼此，但是对于他们而言，什么都没有。我听说过关于一个烈士的故事，来到坦桑尼亚之后，他给他的妻子写了一封信。信中这样写道："我很抱歉不能陪在你跟孩子身边。"没想到这封信后来成了他的遗言，这是鲜活的生命啊。

问： 很感人的故事。

答： 你知道的，当他们牺牲之后，考虑到咱们中国人的传统，他们应当被铭记。但是，在坦桑尼亚，不得不把尸体放在火架上，然后在上面浇上油火烧，直到燃尽，把骨灰收集起来，再装进两个不同的盒子里，一个盒子会被送回中国，送到他们亲人手中；另一个盒子会被安葬在这儿。在每一个墓碑的后面，我们都能看见，上面刻着他们的姓名、出生日期、死亡时间以及他们生前的工作职务和安置地点。比如，这块石碑下面安葬着张敏才先生，他是坦赞铁路建设过程中牺牲的第一位专家。事实上，他是一位水利专家，对于水利调查而言，需要去野外才行。有一次，当他去进行水利勘察的时候，他走到了河谷里的灌木深处，没有留意到在树上有一个蜂巢，于是一大群野蜂突然向他袭来，是一大群野蜂。当地居民发现他的时候，张敏才先生太虚弱了以至于都睁不开眼睛，当周恩来总理听到这条消息之后，他立即派了一个中国医疗专家来坦桑尼亚为他治病，不过这个时候已经来不及了。他牺牲的时候，只有35岁。

问： 为什么这上面没有烈士的生日呢？

答： 我想是因为有些工人来到坦桑尼亚之后，我们也没办法弄清楚他们是在什么时候出生的。但中国人民、坦桑尼亚人民以及赞比亚人民从来没有忘记过他们，每当有中国代表团过来这边时，他们都肯定会选择来公墓瞻仰。2013年，习近平主席对坦桑尼亚进行国事访问时，就专门在基奎特总统的陪同下对这个公墓进行了一次专门的访问。

问： 我看过一些新闻，每逢清明节，使馆都会组织人员来这里扫墓。

答： 每逢清明节的时候，中国大使馆经参，还有所有的中方社会团体代表以及中资企业员工代表都会来这座公墓，缅怀先烈，表达敬意哀思。实际上也有很多的坦桑尼亚官方的、民间的代表都曾来过这座公墓，纪念这些为了建造坦赞铁路献出了自己生命的烈士们，而这就是立碑的原因。咱们献束花吧。

"巍巍德业兴赤土，未竟成真报九州。为援坦赞铁路建设及技术合作而牺牲的烈士英灵永垂不朽，为中坦经济往来做出贡献的英灵永垂不朽，中坦友谊万古长存。"

问： 你怎么看待自己的角色？现在年轻人都不太了解坦赞铁路，你作为一名90后工作人员，有什么样的感觉？

答： 有时候感觉，那么艰苦的条件，什么都没有，只有丛林，从塞卢斯野生动物保护区到赞比亚，在四五十年前，是怎样开辟出一条铁路的，我都不敢想象。作为一个中国人，我心里有敬畏，也有自豪。

问： 50年前，第一批中国人来到了坦桑尼亚，他们开拓了坦赞铁路。今天，你们同样克服各种思念，有家不能回，在这里工作，对于你们来说，你们是一种什么样的感受？

答： 每一个中国人大概对故乡和他乡都会有交叉的情结吧。我们来到坦桑尼亚，在这里工作，已经慢慢适应这里了。这里是坦赞铁路的起点，是中土公司的发源地，所以，我们本来就对这一片热土有不一样的情感，希望在这里能贡献一些自己的力量，传承这种坦赞铁路精神。

坦赞铁路
研究者、媒体人

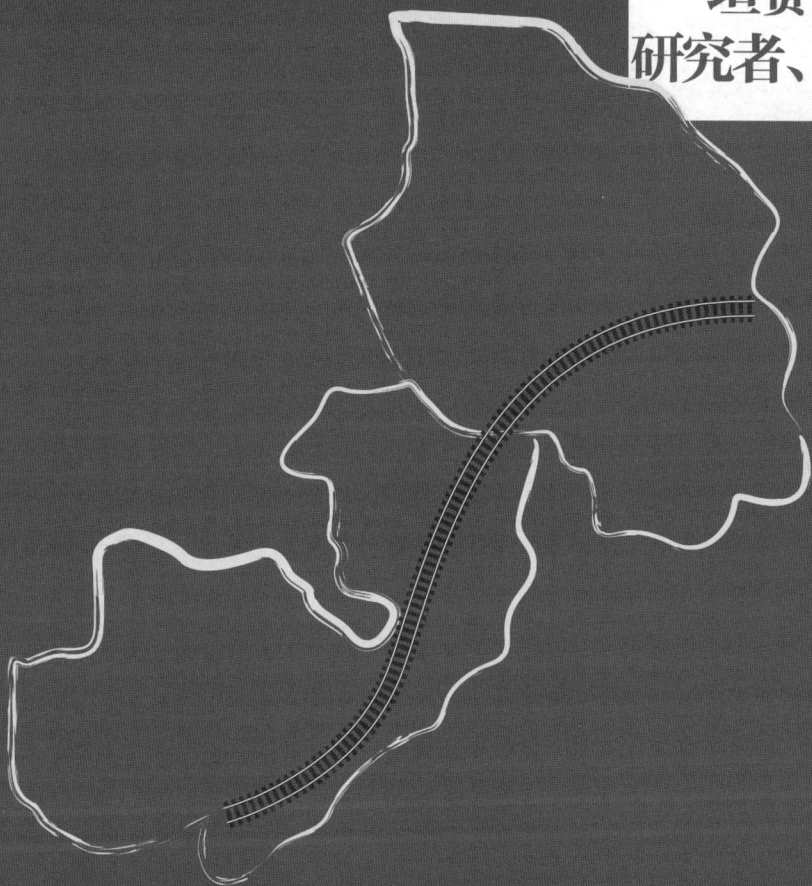

PART SIX

RESEARCHERS AND MEDIA EXPERTS OF
THE TAZARA

访达累斯萨拉姆大学教授伊萨·什维吉

问： 伊萨·什维吉教授，您是坦桑尼亚最著名的教授之一，能否首先请您先介绍下您自己以及我们现在所在的达累斯萨拉姆大学？

答： 我们现在所在的达累斯萨拉姆大学是坦桑尼亚最古老的公立大学，其前身是东非大学，后来在1970年被分为三所独立的大学，包括达累斯萨拉姆大学以及乌干达的马凯雷雷大学和肯尼亚的内罗毕大学。在1967年，我取得了法律硕士学位，然后我回到学校教书，成为一名法学教授，在2006年的时候我退休了。两年后，达累斯萨拉姆大学创造了一种新的席位，以此来纪念尼雷尔，我很荣幸能够担任五年的讲习教授，之后在2013年的时候退休。

问： 我们现在就坐在这个大厅的旁边，我注意到这个大厅是大学中最大的文学剧院，也是达累斯萨拉姆大学中心最大的建筑之一。这个大型建筑在非洲民族解放运动中，坦桑尼亚独立运动中都有很大的影响力。

答： 这个大厅有很多年的历史，是1967年革命宣言后我们举办讲座、会议的地方。这所大学校园真的很活跃，我们很多名人曾经在这里就读，比如乌干达总统穆塞韦尼、刚果民主共和国前总统卡比拉、坦桑尼亚前总统基奎特等。解放运动的领导人就是以达累斯萨拉姆为基础的，他们经常来到校园，并密切关注这里的学生。这是一个伟大的思想复苏的时代，很多学生参加了1962年有关苏联与中国关系的辩论。恩格鲁玛是一个非常有影响力的领导者，影响了包括我在内的很多年轻人，我们可以从他身上了解很多有关我们大陆的事情。与其他许多大陆不同，非洲民族主义是由泛非主义产生的，泛非主义要先于民族主义，这种情况并不是很常见的。并不是所有的国家都可以像非洲国家一样团结起来，我们的国民本身就是一个泛非主义的产物，第一代非洲领导人都是泛非主义者。在1945年最后一次泛非主义者大会中，领导人聚集在一起，我成为那次会议的秘书之一。恩格鲁玛回到了非洲，回到了他的国家，他想成立西非联邦，他是一个伟大的泛非主义者。加纳的独立是朝着非洲联合迈出的一步，也是朝着泛非主义迈进的一步。当然，有人甚至在加纳独立之前提出建议，在非洲联盟成立之前肯尼亚和乌干达应该团结一致，因为在这些国家独立之前成立非洲联盟要更容易。成立了非洲联盟之后，他们作为其中的一员，将一起得到独立，因为一旦他们取得独立，成立非洲联盟就会更加困难。他的观念被证明是正确的，因为直到今天，我们仍在努力形成这个局面。

问：1961年在开罗，全体非洲人民大会通过了关于新殖民主义的决议。在坦桑尼亚，人们如何理解新殖民主义的概念？人们如何界定新的殖民主义？

答：新殖民主义是当时左派的中心思想。我们的基本定义是，新殖民主义来自殖民帝国。这就是说，虽然你有独立的旗帜，但你们并不是真正的独立。在经济上，你们不是独立的。西方国家的前殖民力量和正在崛起的帝国主义，在许多方面继续控制着我们，他们不允许我们做出自己的决定。这就是我们对新殖民主义的理解。实际上，我写的四本小书都是关于沉默的阶级斗争，为了说明坦桑尼亚的经济是如何融入帝国主义为主导的经济的，所以，新殖民主义是资本主义的很大一部分。

问：所以反对殖民主义的斗争同时也是反对新殖民主义的斗争。

答：斗争是反对殖民主义的斗争，也是所有人摆脱外国统治的斗争。但是虽然我们获得了国旗独立，但还不能做出自己的决定，特别是在经济上没有独立，我们就会认识到它并不是真正的独立，那么我们就不能说这是独立。这就是我们所定义的新殖民主义，即在获得独立后仍然被控制，所以新殖民主义就是一种新的殖民主义形式。

问：坦桑尼亚成为解放斗争的中心，是怎么发生的？

答：坦桑尼亚是在1966年之前成为解放中心的，因为非洲统一组织在谈论解放委员会放在哪里时，一致认为坦桑尼亚是最好的基地。包括坦桑尼亚在内的所有国家都在讨论关于国家独立的问题，因为在那时我们还不能称之为独立国家。如果当时南非还有一寸领土仍处于外国统治之下，那么南非就不是独立的。种族隔离的制度，在南非很常见，因此，我们不能称南非是独立的，也不能称莫桑比克是独立的，津巴布韦也不是独立的。

问：但是，在坦桑尼亚的自由运动被西方力量认为是"恐怖组织"。

答：确实被认为是"恐怖组织"。曼德拉的名字在美国的"恐怖分子名单"上。西方国家没有给自由运动很多支持，我们正在与这些国家做斗争。苏联、东欧国家和中国支持解放运动，因为坦桑尼亚与中国有着密切的关系。中国与坦桑尼亚相比，国家很大，但两者社会结构非常接近。我认为我们和中国约定建造坦赞铁路让这种友谊变得更加牢固。有了坦赞铁路，赞比亚不必依赖莫桑比克，当时的莫桑比克依赖葡萄牙。赞比亚是一个内陆国家，它将成为坦桑尼亚非常密切的朋友，因为他们都是解放运动的支持者，他们都想成为一个独立的个体。他们向世界银行申请，世界银行立即说"不行，你没有建造铁路这个能力，并且建造铁路太昂贵了"。这对西方来讲不是有利可图的，它并不具备让西方帮助建造的经济价值，所以西方都拒绝了。但是，中国说好的，中国帮忙建造这条铁路。

问：您认为中国为什么会同意建造这个铁路？

答：我认为这有很多原因。最初我们谈论这条铁路是在20世纪60年代后期，当时中国认为自己是第三世界国家的一部分。当时有第一世界、第二世界和第三世界之分，中国认为自己是第三世界的一部分。从政治上、思想上讲，帮助我们修建这条铁路是为了向世界人民展示坚实的社会主义。当时中国完全被西方国家孤立，西方国家不承认中国，中国的联合国理事会席位被中国台湾占据，中国从未作为一个独立的国家被接受，这就是当时的中国。所以，中国要加大力量去突破这个困境，大的突破点就是要去交朋友。即使我回头再看任何关于这条铁路的宣传，我还是会说中国决定修建坦赞铁路是非常重要的决定。这是一种非常具有团结意识的行为。1949年至1970年，只有20年，他们需要完成一个令人印象深刻的重大项目。当大家怀疑社会主义国家可以做什么时，中国告诉世界社会主义国家可以做坦赞铁路这样的大工程。

问：在铁路建设的同时，中国也支持解放运动。

答：是的，在解放运动上中国表现得很积极，当时中国的外交政策非常严格，中国不会对我们提出任何要求，他们真的站在我们这一边，他们一直坚持这一点，没有像西方大国那样。

问：他们真的要求中国提供军事帮助吗？

答：迄今为止，对坦桑尼亚的军事援助尚未完全得到关注。坦桑尼亚是当时拥有新军队的少数国家，但当时我们的军队非常糟糕，所以中国带来了一部分军人指导我们。军事训练是一项艰苦的军事工作，在那时我们也得到了来自民主德国还有东欧国家的帮助，但是我们没有从苏联得到很多帮助。这些军事援助来自不同国家，我们不能只依赖一个国家，这个做法实际上帮助了我们很多。

问： 您怎么看待西方列强对坦桑尼亚解放运动做出的反应？

答： 在民族主义刚开始的时候，西方帝国主义正处于防守状态，我们的国家陷入经济危机，他们正在卷土重来，而中国一直建造铁路来抵抗袭击。最重要的一点是西方国家认为这个工程的意义在于，中国会使坦桑尼亚和赞比亚独立于西方资本主义国家。当时尼雷尔晚上一边和我们聊天，一边喝点饮料，他会倾听我们所有人的声音，我记得轮到我时，我对坦赞铁路这个项目很兴奋，我通过阅读知道铁路在西方国家的工业化过程中发挥了非常重要的作用，于是我就说："为什么你不借用建造铁路的机会发展工业，为什么我们不能用这个项目来建设钢铁工业？"当我回头看时，现在我还很高兴当时我在那里，因为我当时真的想去发展工业化的钢铁中心，并在其中扮演一个重要角色。现在看来，铁路不仅在交通运输方面发挥了重要作用，而且在其他行业的发展、国家的开放方面也发挥了重要的作用。

问： 但是，在这里流传着很多关于中国的流言，有关于坦赞铁路的，有关于中国在非洲的新殖民主义势力，这些流言与20世纪70年代有人说大量的中国人将来到这里殖民的流言相似。您是怎么看待这些流言的？

答： 当时确实有很多流言，我们从来没有理会这些流言，因为我们对新的意识形态非常清楚。尽管在那时这些流言并没有造成什么影响，但是这些流言在20世纪80年代又回来了。在20世纪80年代初坦桑尼亚经历了严重的经济危机，像很多非洲国家一样，这是一个对我们来说困难的时期。在那段时期里，右翼势力开始变得强大，控制了这个国家的各个领域。而且在那个时候，坦赞铁路新的管理体系未能运营成功，因为中国的火车不是很好，在国际力量的压迫下，我们需要从德国进口一辆火车。他们说坦赞铁路在亏损，因为坦赞铁路管理差，整个生产也在亏损，所以坦赞铁路公司宣布裁员。我知道这个消息，是因为我作为一名律师参与其中，我当时在为这些被宣布为多余的、被解雇的工人们捍卫权利。我们现在听到的这些管理措施都不是事实，首先来这里修建铁路的人们只上过小学，有的工人建造坦赞铁路时，还是十六七岁的小孩，但是现在，他们也被培训为机车司机、机械师、信号员，还有站长。

问： 但是，我们现在可以看到的BBC有关坦赞铁路纪录片显示，这个铁路基本上不起作用，它从来没有成功过。

答： 我可以认为这个纪录片显示的部分内容是真的，但不是这个火车刚开始运营时候的情形，因为在那时我也乘坐过这个铁路的火车旅行，在当时是美丽的。问题出在了新官僚阶层的管理不善，是他们破坏了这个铁路，在政府里的领导人从中获利，我们在腐败中看到了国家垮掉。所以这个铁路确实有很多问题，但不是在一开始的时候。所以，现在发生的一些事情能够控制住腐败，这并不是一件容易的事，但这是现在的总统正在尝试的事情，现在有一些结束腐败的标志。

问： 您认为他们故意毁坏这个铁路是正确的吗？

答： 我认为，我们不能简单地指责他们。我认为是我们的管理部门要负责任。他们从来没有行动，从来没有真正埋头思考各种问题，所以这当然会产生危机。另外，当时政策也开始改变，大概在20世纪90年代末，所以很多事情改变了，我们的世界也改变了，有可能还将继续改变。

问： 在20世纪80年代，西方一些国家势力的目标是不是看到坦赞铁路衰退？

答： 他们一直想妖魔化中国和坦桑尼亚的友谊，他们得到了一个妖魔化这个工程的机会。当坦赞铁路刚刚建成的时候，如果来评价坦赞铁路，人们可能会赞赏建造铁路的人，因为这条铁路影响了很多人，包括我。那个时候中国人采用劳动密集型技术，3000多个员工都在坦赞铁路工作。中国也在达累斯萨拉姆建造了机械车间、农具工厂等，但是有一些车间已经随着私有化被拆除。所以我害怕这个铁路不再运营了，因为这样很多工厂也将不再运作。对我们来说，很多这样的项目很有可能让坦桑尼亚这样的国家更加独立。

问： 您认为中国的发展模式对坦桑尼亚现在的政治方向有什么意义吗？

答： 我不会说中国的发展模式给了我们启发，这对于一些精英来说是很有趣的，对于反对中国的人们来说也是很讽刺的。当时反对中国的阶级现在却把中国作为榜样，也许这只是意识形态的转变，更重要的原因是中国现在是一个大国。我认识有些人，没有意识到现在中国的发展是基础性的，是最早的社会主义发展，中国的发展可以激励非洲国家的发展，它的社会主义模式发展得很丰富，你从中可以看到资本的力量。

问： 但是现在西方势力似乎很关心中国和非洲的关系。我们经常看到有很多主流媒体批评，特别是批评中国在援非时没有附加条件，并且批判中国人权和民主，您认为这个批判是正确的吗？

答： 你看今天的世界政治显然是竞争的形式，有西方帝国主义，特别是有美国这个衰落的大国，而中国则是一个逐渐强大的力量，并且提供了一些不同的东西，给其他国家的发展提供了一些可能的选择。以前就没有什么选择，有一段时间我们所有人都认为，选择不是最重要的，所以有一些人就接受了西方模式。但是现在，中国提供了选择，不仅仅是选择，我们还从中国得到了物质帮助。与西方不同，中国没有强加任何一个模式在你身上，但中国确实给出了替代方案，这是非常重要的，也是西方势力不喜欢的，但这不意味着我们不需要我们的权利，我们为权利斗争了很多年，西方人看不起非洲人，因为西方始终有一种殖民主义的心态；但是中国人不一样，中国在做他们自己，你看见这里有很多中国人，他们进入非洲、了解非洲。正如美国人看到的那样，中国人同意修建铁路，所以这个项目延续到了今天，历史证明美国人是错的。

访伦敦大学亚非学院学者尼尔斯

问： 您是什么时候开始关注坦赞铁路的？

答： 我第一次听到坦赞铁路是在1995年，那时我在坦桑尼亚从事我的第一份海外工作。那时我做过一些关于坦桑尼亚人和西方侨民的沟通与交流方面的调查，人们谈到坦赞铁路会说，"是的，中国人在20世纪70年代建造了这个铁路，但是它的质量不是很好"。因此我当时并没有特别关注坦赞铁路。我在坦桑尼亚工作了大概一年半，当我离开的时候，已经知道了很多关于坦桑尼亚的事。

但非洲是一片复杂、广袤、让人无从着手的大陆，后来我在人道主义机构工作了很多年，去过了非洲很多地区，利比里亚、索马里、苏丹等。我在这些地方看到过许多纷争和战乱，深入地了解之后，就很难把它们归为内战，因为许多纷争都有西方势力的影子通过各种不同的方式卷入政府或者反叛组织。于是我开始查阅不同的文献，尽管许多是专业文献，但并没有帮到我什么。许多文献中提到的非洲冲突和不发达的根本原因都非常抽象，多年以来一直让人很困惑，很难真正了解到底发生了什么。

后来我偶然间看到加纳前总统克瓦米·恩克鲁玛的书《多元化时代下的新殖民主义》，这本书在1965年左右非常流行，我意识到在那个时候这本书是饱受争议的。搜集各种资料后，我对这个话题越来越感兴趣，新殖民主义的概念是什么？它是如何与泛非运动有联系的？之后我的研究主要变成了对新殖民主义的研究。我研究了不同的案例，大部分是利比里亚的，美国对利比里亚采取了不同形式的干涉，包括民间团体或者直接的军事干预，我通过这些案例来研究新殖民主义。

当我在不同国家做调研时，我无意中发现了中国，以及中国在非洲扮演的角色，这在2007年和2008年左右我知道得并不多。但是，我采访过的许多非洲政治家和非洲教授对中非关系都十分肯定和积极，他们中的许多人都表扬中国打破了西方新殖民主义。我发现非常有趣的一点是西方学术领域中的专家，当我和我的同事讲述我的研究时，他们中的许多人会问我："你的研究领域是什么呢？"当我回答"我专攻新殖民主义方向"，他们就会十分困惑地看着我："那是什么？它和殖民主义有关吗？但是殖民主义现在已经不存在了，你不能够研究调查一些不存在的事情。"那个时候我和他们谈论这个话题非常困难。

但后来大概到2009年或2010年，我同事问我相同问题时，我说我正在做关于新殖民主义不同形式的研究，他们会看着我然后马上说："哦，你在做中非关系的研究。"实际上他们知道的并不确切，但是这与之前相比已经好很多了。我注意到中非关系的研究有两种形态：一种观点是中国在非洲似乎非常受欢迎，另一种是西方的观点，对中非关系十分有敌意。所以我对这个主题越来越感兴趣，然后开始思考中非关系在当代的着手点在哪里。中非关系已经有几百年了，但是我认为当代着手点在坦桑尼亚，在坦赞铁路的建设。这就是我如何开始研究的过程。

问：在西方的学术语境中你们是如何了解坦赞铁路的？

答：当我开始做新的调查研究时，我从最基础的坦赞铁路开始。其中的一个主要挑战是获得信息和知识的途径。我发现纪录片在研究中非常有用，因为即使你不亲身经历，你也可以通过看图像，知道他们大概的面貌，可以知道他们如何说话，以及说话的内容。于是我开始在网络上搜索各种关于坦赞铁路的纪录片，找到的其中一个是BBC拍的。我发现它拍得很奇怪，他们呈现坦赞铁路的角度，还有呈现坦桑尼亚人、赞比亚人、中国人，都会用一种非常消极的方式，换句话说，就是居高临下、自命不凡。我也注意到他们在用一种看似是在描述客观历史事实但其实另有所指的方式再次讲述坦赞铁路的历史。比如，有一个例子就是坦赞铁路被描述为是中国人为了把铜矿从赞比亚运出来而建造的，这容易给西方观众留下一种印象，就是中国从非洲掠夺资源。但是，这样的讲述背后，真正关于坦赞铁路的历史却没有被展现出来。

当然，对观众来说发现真正发生了什么是很困难的，因为通常在纪录片和文献之外的事实难以被证实，他们也没有念头去知道哪些事实被排除在媒体之外了。然而，被电影排除在外的历史事实不止一个，包括坦赞铁路是如何支持南部非洲解放运动的，坦赞铁路支持了南罗德西亚的解放运动，津巴布韦那个时候还没有独立，而是葡萄牙人统治的最大的一块地区。我意识到，这里有一段还未被述说的历史，但是许多人并不知道，这也是为什么我认为去发现它很重要。

问： 为什么真正的历史没有被讲出来呢？您觉得在这种宣传中有什么问题吗？

答： 好，很难说为什么，他们可能没有兴趣讲述这段真实的故事，他们主要是来自西方的媒体，你可以说有一些客观逻辑在这里面，因为一些西方势力还在南非继续支持殖民。

问： 您自己的研究发现了什么？

答： 我从调查中得出，坦桑尼亚是民族解放运动的中心，他们在达市设立总部，但是这些组织被大多数西方国家视为"恐怖组织"。而赞比亚在运动中被视作前线，解放运动的范围横跨安哥拉一直到南部罗德西亚。而赞比亚是一个内陆国家，所以他们不能通过南部非洲国家出口铜矿，因为那有强制税收和贸易禁运。所以，坦赞铁路打开了赞比亚出口铜矿的通道。有一点令赞比亚绝望的是，空运铜矿，通过飞机运送出去，是十分昂贵的。因为铜矿走进国际市场流通交易，可以为赞比亚带来收入，用这些收入不仅可以在赞比亚发展项目建设工程，也可以用其中的一些资金支持南部非洲解放运动的发展。此外，赞比亚军队接受军事训练，得到武器，都需要通过坦赞铁路，坦赞铁路成了运输这些资源到赞比亚的通道。所以那些支持西方殖民势力，以及不想让中国援助的国家和势力，就不会这么愉快地接受真正的历史事实。

问： 西方媒体一直对坦赞铁路以及中非关系有一些不实报道，您知道在西方国家中有哪些谣言吗？

答： 这实际上是非常有意思的话题。我在2007或2008年左右开始了解中非关系的时候，看到了西方媒体上的很多标题。我记得有一条来自金融类版面，说中国是新殖民主义者，后来很多其他报纸杂志都在讲中国是非洲新的殖民者。一时间我之前研究的新殖民主义，成了一个被西方主流媒体常用的词。我记得有很多谣言，比方说，一个非常有影响力的谣言是中国送出监狱里的犯人到非洲作为劳动力。当人们看到这个的时候，他们会说："哦，好吧，他们怎么能这样做？"许多听到谣言的人都会对中国十分生气，但我想说，没有证据证明中国运送监狱犯到非洲去。我第一次看到这个报道的时候，完全不能够理解。一些明智的记者可能会想到说："为什么？中国运送监狱犯人到非洲去做廉价劳动力的逻辑原因在哪里？非洲有大量的廉价劳动力，劳动力在非洲不贵，而且运送监狱犯也会产生很多问题，如果你把监狱犯卖到国外，你需要许多安保人员看管他们，你需要很多控制的系统。"所以，首先在经济上来讲这是说不通的，尽管如此，许多西方有影响力的媒体都没有调查，也没有思考这是不是真的就把这些新闻标题印刷出来了。到现在这件事都没有找到证据，所以只是一个谣言，但仍然有很多人相信这个谣言是真的。而且我所知道的许多同样的谣言在50年前就已经流传过了。当时中国被传为是坦桑尼亚的新殖民主义国家，一些谣言说中国会输送50万左右的中国女性到非洲，然后她们和当地的非洲人会生孩子，然后他们就会混合成一体，非洲会渐渐地变成中国。还有一个非常有趣的谣言说的是中国将一批非洲人送往中国作为建设项目的负责人接受培训，还有许多解放运动的领导人会在中国接受中国人民解放军的训练，当他们到达中国的时候，他们就会被投进监狱，囚禁起来，为什么中国人想要让他们来中国学习，是因为这样中国就可以把非洲人变为奴隶。

问：太可笑了，您认为这些谣言的报道动机何在？

答：博取眼球。举个例子，在几年前，这些媒体还会写中国出口人肉罐头到非洲去，西方媒体不会说这个谣言是真的，他们会在事后制作新闻标题，写上："事实上这个谣言被证实是假的"，但是他们还是在谣言出来的时候制作了关于谣言的新闻标题，用这种方式来提高他们的销量，于是在人们脑海中就留下了"中国出口人肉罐头到非洲"的印象。新闻标题很重要，尤其是对一些不会特别仔细地阅读新闻的人来说，他们会比较关注标题。在西方，我们可能会对此一笑而过，但是我们无法估量这些报道在非洲不同地区产生实际的影响到底有多大。所以我开始对这些谣言越来越感兴趣，相似的谣言在坦赞铁路的建设过程中不断地循环重复，和一些与坦赞铁路建设或者决定有关的人交流之后，我开始意识到相同的谣言在那段时间一直在传播，不是"人肉问题"，就是"劳动力问题"，还有中国会成为非洲的新殖民主义势力的谣言，我发现这很有意思，因为这似乎和50年前，还有现在正在流传的当代中非关系的谣言非常相似。

问：除了媒体谋取发行量，您觉得还有其他什么原因？为什么人们会相信这些谣言呢？

答：嗯，我不确定哪些人会相信这些谣言，但是我知道一些西方势力对中非关系并不开心，所以你可能会问，谁在这些谣言中获利呢？我会说从这些谣言中获利的会是对非洲感兴趣的西方势力，以及一些觉得他们的利益受到了中非关系威胁的西方势力。

问： 您个人第一次读到这些标题时的感受是什么呢？

答： 我脑海中的第一个想法是信息战。我在很多有冲突的地方工作过，我了解信息是至关重要的。在和平地区，有一种高水平的信息战。而谣言能够推动信息骗局的产生，推动整块地区事务的扩大，这些内容在美国政府部门的手册中就有非常出色的描述，他们称呼它为心理合作。所以，这是媒体的部分干涉策略，这很重要，如今大多数军事干预已经重新重视公众的观点，为了让公众的观点符合军事干预的需要，就要发动信息战。当然，这是有关中非关系的事例，我认为现在还处于非常早期的阶段，但已经非常值得关注了。而且，作为一种信息战，有逻辑可循，因为这些编造了舆论的国家，使南部非洲的殖民势力死灰复燃。所以说，如果非洲国家以中国为榜样发展，西方国家这样的忧心忡忡就变得可以理解了。因为这意味着现在非洲国家依靠中国的帮助而变得更加独立，这会改变国家之间的权力平衡。

问： 想起之前看过的一部纪录片《看不见的战争》。

答： 如果我们关注信息领域，战事宣传非常重要的途径包括白色宣传、紫色宣传、黑色宣传三类。为什么白色宣传可能会变成现实，因为它会被媒体强逼出来，尽管它是和事实不相符的，但是如果你调查起来，你会发现，好的吧，它事实上正在发生。紫色宣传的意思是部分的事实确实在发生，但是，你会弄虚作假或者扭曲一些事实，所以只有一部分事实是真的，一部分是假的，或者说能够引起争议、讨论的。黑色宣传基本上是谣言或者图谋不轨，我认为中国运送犯人去非洲做廉价劳动力就是黑色宣传的例子。还有中国工人占据非洲人民工作岗位的谣言，可以被认为是紫色宣传，或白色宣传，或者说介于这两者之间，因为确实是中国人来到非洲，然后他们参加工作，这取决于你怎么呈现。根据我目前的研究，许多中国人经常会占据那些技术性的工作岗位，但是他们也会雇用更多的非洲工人，也会发起许多教育项目，但是如果你仅仅说中国人来了，从非洲人民那里抢占工作而不提起这些，那就会变成一个敏感的问题。

问： BBC纪录片《中国人来了》谈到了这个问题，谈到了新殖民主义。

答： 是的，一些纪录片指出中国是一股新殖民主义的力量，中国在组建新殖民主义。首先，我觉得新殖民主义在这里成为一种政治口号。其次我觉得这是一个非常复杂的理论概念和实践问题，它不能够简单地被用作一种标签，它需要很多正规的理论和正式的例子来支撑。如果你从原始的新殖民主义的概念来看的话，你就不能说中国是新殖民主义的力量，因为中国没有像之前西方国家所做的那样干涉非洲国家的内部事务。

问： 您这次来坦赞铁路的原因和目的是什么？

答： 我记得一年半前，我看到BBC的一部纪录片：《坦赞铁路纪行》。一个BBC的记者到坦赞铁路管理部门办公室，他想要采访中国人，坦赞铁路中国专家组主管苗先生，他事先没有预约，然后直接就展现了一幅非常消极的画面，镜头传达的含义是"不不不，我们有一些东西需要隐瞒，我们不想和BBC的记者做任何交流"，他们把中国专家组这支团队称为坦赞铁路背后的幽灵部队。你看，观众根本就不知道真相是什么，而我从一年半之前拜访过坦赞铁路管理部门和苗先生，根本不是同一回事，我意识到人们非常开放，只需要用正确的方式接近他们。如果我是记者，我不会用猜疑的眼光去看他们，我就只会用相机呈现画面。我这次来希望客观地了解坦赞铁路，特别是找出坦赞铁路对当地人生活和经济发展的影响，我的计划是，首先从头至尾走一遍铁路，然后在一些地方下车，和当地人们谈谈，我们需要乘一段火车然后不停地在沿线上下车，这样我们就可以找到了解坦赞铁路最好的方法。

问： 我看过那个纪录片，画面都是歪的，明显就是偷拍。

答： 我从西方不同的来源听说，中国人不愿意被采访，他们不太想和西方媒体有太多的接触等。我看到很多纪录片里，当出镜记者走近中国人，中国人都不会参与，会说"不"。我敢肯定他们采访中国人的方式是不恰当的，他们在采访西方不同的重要人物时却不是这么做的。几次下来，我用同样的方式采访中国方面的人物，然后解释我在做的事情，他们理解并能够接受我的学术调查。

问： 需要有人呈现不一样的视角，讲述不一样的故事。

答： 是的，我认为是这样的，我希望是这样的。我已经在非洲做了很多年的研究，我在利比里亚做过非常广泛的研究，也有研究军事行动，我相信有很大的可能性能够采访到这些。从我在利比里亚的研究来看，许多利比里亚政治家和演说家会抱怨："是的，我们就在这里，我们很愿意讲述或者呈现我们眼中的历史。"有许多人抱怨，他们不能够理解为什么大部分研究者和记者都不去直接采访他们，让他们触及研究，因为他们很开心能够为历史研究做贡献。

问： 为什么您一直在强调保持客观平衡？

答： 是的，我们应该在某方面保持客观，我们的研究应该是客观的，应该代表不同的视角。当然因为时间和空间上的种种限制，我们不太可能包括所有视角，但是至少关键的视角应该被呈现。这么些年来，每个人都能够看到西方视角就在那儿，已经被呈现出来了。我觉得那些想要看到西方视角的人可以很轻易地找到相关的纪录片或者文献，因为西方一直以来主导着文学和媒体领域，所以不难找到，更难找到的是非洲和中国的视角，然后我觉得我们有必要为非洲和中国发声。

问： 您来自西方国家，如何理解中国和非洲的视角？您在其中扮演了何种身份？

答： 好的，你可以划分西方、非洲和中国之间的不同视角。西方视角下关于坦赞铁路的观点十分笼统、消极，我不是说所有学者和所有观点，尽管也有高质量的关于坦赞铁路的学术作品，你能够从中收获许多，但是我想说在西方主流的学术界中，总体上非常消极。但当你知道中国和非洲视角时，你会看到一个非常不同的关于坦赞铁路的答案。因此我在想我能否对此做出一些贡献，我应该做出贡献，我觉得学者有责任处理公共问题，并有责任为促进更合理的研究做贡献。

问： 在西方国家的大学做这项研究对您来说意味着什么？

答： 这些调查在西方国家的人来看是怎么样的呢？这取决于哪个群体，人们总说研究学会应该是平衡中立的，应该呈现各种不同的视角。从我的经验来看，研究学会也是政治的一种形式，一些学者被提拔，然后变得非常受欢迎，他们几近成为一种政治支撑的力量。如果他们有一些特别的观点，做一些特别的研究来支持某条特别的政治阵线，就容易被接受；如果你做的研究没有支持某一条政治阵线，没有支持某个政治观点，那么这项作为学术性的研究，就可能不会被接受，然后项目要想获得资金资助也会变得非常困难，你的研究工作就会变得举步维艰。目前，我确实面临着一些挑战，我的研究在西方不会总是被接受，但是在非洲学者当中却非常受欢迎，我尝试着找到我自己

A

的角度，尝试使它尽可能客观中立。

问： 您在西方国家面临的具体挑战是什么呢？您做了哪些不同的事情来保持客观呢？

答： 我面临着一些挑战，我记得我在媒体上发表过一篇援助发展的文章，当时我代表着非洲主导性的视角，对世界银行的政策和西方援助部门提出了质疑，但没有被很好地接受。有一位部长态度非常强硬，回答得非常强硬，我们也有过一些公开的辩论，但是有一些人却对此非常沮丧，因为这和西方世界对发展救助的大致理解不同。我觉得这是可耻的，因为这某种程度上限制了这场辩论。因为，这不仅仅是我的解释，这是一种新殖民主义的形式，但是我指出的就是许多非洲学者他们所接受的，西方对于人权的关注点只专注于公民政治权利，忽视了社会经济权利的重要性，这些观点在辩论中能被展现出来十分重要。我觉得失望的是，一些西方国家对这次辩论没有完全公开，但是了解在世界不同地区的不同人们的想法和面临的情况十分重要。

访矛与星出版社社长沃尔特·博戈亚

问： 社长先生，您能否告诉我当时非洲民族解放运动的会址在哪？

答： 你看到那个大使馆了吗？就在那里，那幢建筑就是当时解放运动的委员会办公室所在地。

问： 当时有谁在那幢建筑里呢？

答： 据我所知，有当时的执行秘书还有第二任，他是最具活力的解放领导人之一，曾经领导委员会。然而不幸的是，他两年前去世了。

问： 您能介绍一下这里的咖啡厅吗？

答： 没问题，在殖民地时期，这间咖啡店被称为Coz Cafe。在20世纪五六十年代时，解放运动临近尾声，很多其他国家的解放运动斗士们聚集在这里，并与党内不少非洲民族主义人士一起喝咖啡，所以说这幢建筑相当有历史意义。它现在是这个城市里最值得被保护的建筑之一，主要是因为这幢建筑见证了很多历史，曾经有很多民族主义领袖在这里开会。我无法想象他们如何在这里展开秘密会谈，也许应该说更像是社交聚会。因为它曾经被英国殖民者所拥有，我不确定具体是谁，但可以肯定它不是一个纯粹的咖啡馆，也不是一个明显用于讨论秘密的地方，但至少是一个社交的好地方。

问： 所以在20世纪60年代，也就是解放后，当时所有的总部设在这里，并且在这里与南非非洲人国民大会（ANC）交流？

答： 我不这么认为，我1961年离开了坦桑尼亚，1965年才回来，所以这期间的历史我并不清楚。但是当我在1965年回来的时候，它仍然像咖啡屋一样运营，非常受欢迎。坦桑尼亚已成为世界范围内首屈一指的大型活动中心，世界各地的人都来到了坦桑尼亚，黑人解放运动的先锋也在这里。坦桑尼亚是当时唯一能够真正交流思想和信息、允许自由和理性的辩论，以及文学和歌曲恣意生长的地方。坦桑尼亚出版社也是这些活动的中心之一，因为我们在那里出版一些重要书籍，出版社在那个历史阶段中也起了很大作用。

问： 您是20世纪60年代和70年代解放时期的坦桑尼亚出版社的主任，在这家出版社的历史进程中您扮演了什么样的角色呢？

答： 事实上，我1972年才到出版社。在那之前，出版社是为外国人服务的，在1966年成立初期，主要出版一些教科书，那时的总经理是一位英国人，后来出版社做出了一些改变。一位坦桑尼亚的编辑促使出版社开始出版进步文学，我们出版的第一本进步书籍是《欧洲是如何使非洲欠发达的》。除此之外我们还出版了很多进步人士所著的书籍和文学作品，希望可以坚定人民的希望。我从1972年7月开始在这里工作，在这里工作了18年，直到1990年，我离开公司成立了自己现在正在运营的私人出版公司——矛与星出版社。

问： 坦桑尼亚是什么时候开始成为非洲解放运动和自由战士的主要中心的？许多民族解放运动在这里建立了总部。

答： 1963年之后，解放运动委员会成为最重要的非洲组织之一。非洲组织的团结也许实际上是得益于以达累斯萨拉姆为基地的解放运动委员会。他们在1975年开展了关于解放运动委员会设置在哪里的讨论。我不认为达累斯萨拉姆是最好的地方，但这是委员会做出的选择。这些组织在此成立的原因与他们能够在此地获得的帮助密切相关。

问： 所以达累斯萨拉姆对于在这里建立总部的解放运动来说是非常重要的，为什么坦桑尼亚如此重要？战略上为什么它会被选为建立解放委员会的地方呢？

答： 嗯，首先，坦桑尼亚允许解放运动委员会在这里成立，这是第一个原因，因为并非所有非洲国家都愿意冒这种风险；第二个原因是，他们不仅被允许在那里设立办公室，而且还受到保护，得到了不同的支持，培训、食物、制服等。从某种程度上来说，由于达累斯萨拉姆距离南非、罗德西亚、莫桑比克的敌人相当远，所以，敌人要来破坏解放运动就不那么容易，比如说解放运动领袖谈话完的一个小时内赶到就是不太可能的事情。破坏势力未能如愿的唯一原因是轰炸机不能从那里飞到达累斯萨拉姆，然后再回去。他们没有那种能力，如果他们有这种能力，他们肯定会这样做的。事实上，莫桑比克就轰炸了坦桑尼亚南部。总结一下，达累斯萨拉姆在统筹兼顾上来说非常方便，因为它和殖民地国家，如莫桑比克的距离很微妙，西方国家无法用轰炸机抵达，无法轰炸该地区。因此，来自中国、埃及和苏联友好国家的支持可以来到达累斯萨拉姆，解放运动的自由斗士也可以在这里得到友好国家的培训。

问： 西方列强是如何看待这些解放运动的？因为这些解放运动中的许多组织后来

成为合法政府。

答： 他们反对解放运动，不愿意非洲国家独立。他们认为坦桑尼亚和赞比亚等非洲国家不需要战斗，但是当他们看到殖民主义将不再被接纳的时候，就找到了另外的方式——协商独立，也即同意独立但保留某些在经济领域的附加条件。因此，我们争取到的独立，更多的是理论上的，而不是实践上的。我们非常了解那些国家的殖民主义的目的是什么。帝国主义的中心是南非，虽然说所有的非洲国家都反对种族隔离政策，但西方国家认为这只是南非正常事务的一部分。他们在南非实行种族隔离，却在非洲人面前声称他们正在与种族隔离做斗争。西方国家认为这是确保他们在南部非洲存在和控制非洲财富的方式，是他们的堡垒。因此，他们反对坦桑尼亚的解放斗争，他们致力于以一切可能的方式打击这场斗争。虽然我们不制造武器，供应武器的能力有限，但我们有朋友，也有解放委员会的管理机制的保护，当然还有其他国家，如中国、苏联、埃及、阿尔及利亚、古巴等国家的支持，这对于我们来说意义非凡。

问： 所以这就是与中国建立联系的原因吗？

答： 是的。

问： 在当时，这是如何发生的呢？

答： 首先，你必须明白坦桑尼亚是一个不结盟国家。坦桑尼亚宣称，没有人可以为我们选择朋友，也没有人可以为我们选择敌人，可见坦桑尼亚非常勇敢。因为西方国家之前假设我们会在他们的阵营，但坦桑尼亚说不，我们不会在你们的阵营。我们将会基于我们的国家利益详细讨论每一个问题和措施。因此，不论西方国家如何考虑，我们决定与苏联和中国以及其他进步国家建立关系。尽管西方国家拒绝支持解放，但是我们都知道，非洲必须是自由的，我们所有的朋友也都支持我们的努力，支持整个非洲的解放。尽管事实上存在一些不支持我们的人，甚至是反对我们的势力，我们明白，这不能阻止我们，不会阻挡我们前进的步伐。我们有像中国、苏联、古巴这样的朋友，他们了解我们的斗争，并准备支持我们，其他的非洲国家也都和我们在一条战线上。

问： 中方的支持是怎么来的？

答： 铁路项目进展顺利，尼雷尔他们去了不同的国家，古巴、埃及、阿尔及利亚、苏联、中国等，考察当地的火车，当然坦桑尼亚国内也有很多训练中心。中国的支持来自很多方面，首先，中国领导人有很强的理解和同情心，中国解放了自己，也想用中国的力量帮助其他国家争取解放。中国人有着非常简单的生活方式，中国人并没有试图将他们的制度强加给任何人。中国人很能理解非洲为什么需要支持。中国人愿意提供这种支持，因为中国人明白被压迫是什么感觉，毕竟，其中许多人都受到过同样的压迫。中国了解这一点，所以中国支持非洲。

事实上，在殖民地时期，南部铁路的想法也得到了帮助，我们有中央铁路。但是独立后，我们想修坦赞铁路得不到世界银行的支持，欧洲国家、美国和加拿大都不支持。我不认为他们会支持削弱其在南部非洲的利益的活动，所以毫无疑问他们会反对修建这条铁路。当然，坦桑尼亚最初是试图得到西方国家的支持来修建铁路，但这个想法被看作是浪费金钱和资源而遭到拒绝。然后，我们找到中国的毛泽东主席，中国人感兴趣。

中国以不同的方式提供了很多支持，并成为值得许多非洲国家学习的好榜样。中国比很多西方国家都要友好，可能是因为历史上相似的经历吧，中国对非洲的苦难感同身受。中国可以在物质资料还不富裕的情况下，给予非洲如此多的支持，这一点非常重要，非洲人民非常感谢。这是我们第一次表明，我们可以不再依赖西方国家，西方国家也认识到即使他们不支持我们，我们也有其他的朋友可以支持我们。西方国家认为中国没有能力建造这条铁路，我们没有建设铁路的财政资源，但是我们相信自己。

当中国人决定建造铁路的时候，大部分西方国家是不看好的，并且称之为竹子铁路，但是最后我们成功了。从某种意义上说，这是真正打破了西方科技优越的神话，中国也可以达到那种科技水平。这就是所谓的落后国家——中国可以做到的。这是一项巨大的技术工程。当然，中国在那个时候斥资9.88亿元人民币作为铁路建设的成本，所以坦赞铁路是一个非常昂贵的项目。在心理上来说，坦赞铁路的成功对于中国来说也是非常重要的，请容许我发表一下个人猜测，中国那时候也在检测自己实力，因为那是中国在外的第一个大型工程项目，中国充分调动资源，展示并测试自己的能力。这是我的个人看法，中国人可能有不同的看法，但我认为这是非常重要的，这第一次表现出发展中国家团结一致的面貌，也进一步推动了南南合作、平等合作，这与西方实施的项目不同。

问： 您认为坦赞铁路对解放南部非洲有多重要？

答： 当然，这非常重要，因为交通非常重要。坦赞铁路在向解放斗争第一线运输物资方面扮演着非常重要的角色，赞比亚由于被封锁无法从南非获得物资，因此，坦赞铁路成为赞比亚的供应线，赞比亚正处于前线，然而通往赞比亚的火车很少，所以坦赞铁路尤为重要，不仅是支持解放运动，还要支持那些支持民族解放运动的国家。此外，在雨季，通过道路系统运输是非常困难的。

问： 您知道坦桑尼亚大约是什么时候向中国寻求军事援助的吗？

答： 我不是很清楚，他们很慎重地讨论这个非常重要的问题，这是坦桑尼亚外交政策最重要的问题。

问： 所以这很可能与坦赞铁路一起谈判。

答： 有可能。

问： 后来，诸如ANC等组织的运动被误解，甚至曼德拉都被认为属于"恐怖组织"。

答： 几乎所有的事情都被以最大的恶意揣度，所有的努力或解放运动都被认为是"恐怖组织活动"，而我们认为西方国家才是"恐怖分子"，因为他们是与正义作对的人，发动违反人性的殖民战争。他们认为自由战士是"恐怖分子"，而他们自己正在对抗法律，不把法律放在眼里。因此，任何试图扰乱法律的人都是"恐怖分子"，他们的领导人都是"恐怖分子"。所以事实上，我认为曼德拉在成为总统两三年之后才从美国的"恐怖分子名单"上被除名是一件很荒唐的事情，我们都知道这很荒谬，但那是很多人心中一直以来的看法。为解放而战的人生活在"恐怖分子"存在的地方，因此，谁是"恐怖分子"，谁是正在为民族解放进行斗争的人的事实被完全颠倒过来。但有一点可以确定：所有为人民争取解放而奋斗的人，都不能称为"恐怖分子"。

问： 如今您可以很有底气地说出这样的话，这很酷，我们如今在媒体上听到很多关于恐怖分子在其他国家参与战争或恐怖活动的消息。坦桑尼亚基本上被西方国家视为组织了这些恐怖活动。

答： 正是这样，这就是坦桑尼亚不受美国、法国、英国和以色列欢迎的原因。

问： 您认为中国为什么对支持非洲解放运动感兴趣？

答: 众说纷纭，其中之一，中国当时在某种程度上是被孤立的，通过支持非洲解放运动，中国获得了非洲朋友。还有台湾问题，通过支持非洲国家，非洲国家显然更倾向于支持中华人民共和国在国际上的立场，包括在台湾问题上的态度。所以，从某种意义上说，中国也正在摆脱这种孤立。而且，在这个特殊的时刻，中国和苏联的关系并不好，共产主义运动中存在着一个巨大的分歧，即苏联对中国的立场，这是个值得讨论的问题。中国获得了非洲朋友的支持，但是坦桑尼亚的立场保持不变，我们对中苏之间的斗争不感兴趣，这不是我们的问题。因为，如果你们是中国人的朋友，就不能成为我们的朋友，这种观点是站不住脚的。而且我补充一点，在那个特定的时刻，美国主要是反对苏联，甚至反对中国，这是主要的斗争。因此，在某种程度上，美国对非洲发生的情况并不那么上心，而是更加关注美苏关系。同样的道理，我认为苏联对中国人建造铁路也没有太多的干涉，因此，如果中国人支持这条铁路，然后想方设法地投入资源，我不认为苏联会反对。我不记得在任何地方有提及苏联时刻关注坦赞铁路的文字记载，我没有读过任何有关的东西。

问: 但西方列强后来肯定看到坦赞铁路的成功。

答: 是的，但他们无能为力，因为他们在铁路建设时期拒绝了我们，是他们先拒绝了。

问: 但当时的传言很多，我在不同的地方读到过中国人会来这里殖民这片土地的传言。

答: 当然，他们一直以讹传讹。我的意思是，他们现在谈论中国想要殖民非洲，但每个人都知道这不是真的。我也一直在问自己，他们为什么要谈论中国要殖民非洲呢？明明他们才是曾经的殖民者，所以他们没有资格一直追问我们为什么让他们出局？我们不喜欢殖民主义。如果中国人想殖民化非洲，我们会和中国人斗争，但事实上中国人不想殖民我们。没有人有权利告诉我们什么是殖民主义或者要殖民谁，谁也没有道义上的立场可以说这样的话。但是，他们一直这样"宣传"，数以百万计的中国人涌向非洲，就像是中国继他们之后对非洲的第二次争夺，将数百万中国人出口到非洲并且殖民非洲以摆脱中国国内的人口过剩困境，这完全是无稽之谈，因为中国完全有能力照顾好这些中国人。

问： 他们后来不断批评坦赞铁路质量不好。

答： 坦赞铁路是被精心打造并且至今仍然正常运行的。某些人在某个时候对铁路有些不好的看法，但这不是中国人的问题，而是坦赞铁路管理层的问题。我认为铁路建造的过程中人们都致力于确保它顺利运行，并且不会再发生之前发生的问题。

问： 您还记得20世纪六七十年代有关中国即将依靠坦赞铁路殖民非洲的其他谣言吗？您认为当时的所有传闻是想要影响舆论以最终影响中坦关系吗？

答： 我不认为中国是要殖民非洲或者寻找原材料并且迅速改变非洲，那是一种谣言。中国人建设这些铁路，同时也建设足球场、总统府等。然后他们说中国正在使用和运走非洲的矿物。但问题是，如果要开展业务，显然会与中国有业务往来，美国人、法国人、英国人不也在做这些生意吗？他们为什么对我们如何与中国人做生意如此感兴趣？是对那些和我们做生意的中国人感兴趣还是生意本身？应该在商言商。那种认为非洲人不能和中国人有效谈判的看法是对我们的一种侮辱，他们从未在非洲人和西方人做生意的时候提出这样的质疑，他们习惯于欺骗非洲并腐蚀非洲。也许这就是为什么他们如此关心中国人什么时候会效仿他们的原因，可能这就是他们想要竭力告诉我们的。

问： 我发现有趣的是，许多在60年前流传的谣言，与今天我们所听到的传闻也有类似。您认为这些谣言来自哪里？

答： 他们有两种相似的来源。因为许多殖民主义理论在这里存在了很长时间，很多人被洗脑认为只有西方的产品才是好产品。殖民时期，如果你去英国，人们认为好的产品应该在英国制造。但后来因为美国的宣传推动，人们开始思考在美国制造的东西也是非常优质的，但是还是有一部分人坚持英国制造是唯一采用高标准技术的产品，现在有些人仍然相信这一点。美国人通过电影、社交媒体、报纸、歌曲来宣传，舆论引导力量非常强大。然后人们忽略了中国生产了很多货物，事实上这些货物都是世界级的质量。当然，他们也会为经济条件不太好的人创造出一些相对好的东西，价格也不低。现在有一些中国商人，和世界各地的商人一样，想要兜售便宜的商品赚钱，也有很多坦桑尼亚人，他们去中国不买昂贵的商品，买便宜的东西，然后回到坦桑尼亚售卖廉价东西，这些便宜的商品当然质量不太好、不耐用，所以当地人认为所有的中国产品都非常糟糕，质量很差。问题是现在很多美国商品也都是在中国制造的，像苹果手机、电视、汽车之类的高科技产品也是在中国生产的。这些产品为什么不在美国和加拿大生产呢？因为生产成本高，而且在中国生产有质量保证。现在通过中国和坦桑尼亚的联合努力我了解到，美国人不给中国商品宣传的空间。但我不明白，商界人士大同小异，美国人也在沃尔玛买东西，因为沃尔玛的东西比其他商店便宜。如果你想买一双10美元的鞋子，你不会指望它能穿5年。如果您以200美元购买一双鞋，它可以穿15年。这都是看情况而定的。

问：如果说坦赞铁路在解放运动中起到了基础性的作用，坦桑尼亚和赞比亚已经从直接的殖民主义中解放出来了，那么您如何看待今日坦赞铁路的作用？

答：如今南部非洲也都解放了，所以运输的路线更多了，现在交通运输的能力大大增强了，这些在以前是想都不敢想的。但是，我认为坦赞铁路在运输货物方面发挥的作用和之前是一样的，都很重要。举个例子，进出口的交通运输很大程度上依赖于坦赞铁路的运输能力，我们向刚果（金）、乌干达、布隆迪等国家出口货物，这是我们的中心路线。起初我们运输货物，追求的是安全和廉价，是为了经济效益，这始终是我们追求经济发展的首要任务。这也是中国为什么继续支持非洲铁路建设、支持非洲经济发展的原因。而且，中国人工作勤奋，从不偷懒，他们努力提高自己产品的质量，不畏惧美国的竞争。

问：您如何看待中非关系未来的主要挑战？

答：说实话，我不是很清楚。我看到的更多的是繁荣的一面，为什么这么说呢，因为我觉得中国能够获得如此巨大的发展，对于非洲来说是一个很好的榜样。我认为非洲有很多东西要从中国的发展道路中学习。我知道中国有兴趣支持非洲，只要我们保持团结一致，非洲也有可能实现反贫困的目标，摆脱贫困。因此，我看到的不是困难和挑战，更多的是前景。坦赞铁路是最佳的双赢局面，我相信在坦桑尼亚的中国公司和在非洲其他地区的中国公司，如果他们有着同样的想法，同样的意识形态、政治经济观点，同样的灵感，那肯定会创造双赢的局面。中国工业建筑业正在雇用大量的非洲人民，创造大量的就业机会。我知道中国人正在为各个领域的非洲学生提供奖学金，我也知道中国人来这里，他们正在大学学习，在孔子学院教授中文。换句话说，除了商业和政治之外，他们还在扩大非洲的基础文化知识，中非关系前景很好。就我们出版社的情况而言，我们正在寻找与中国出版社合作的途径，将值得出版的图书从斯瓦希里语译成中文，从中文翻译成斯瓦希里语。我个人喜欢中国儿童图书，当我从中国回来之后，虽然我自己没有孩子，但我们国家的孩子们有机会读到了很多中国的儿童图书。中国的儿童图书给他们留下了深刻的印象，所以我们国家的孩子长大后还记得他们小时候读过的中文书。我认为这就是我们友谊牢固的基础，我们所做的努力不仅仅是为两个国家，也是为中非关系创造美好的未来。

访四达时代公司赞比亚公关经理
姆万扎·昌达

问： 听说你是一名作家，可以讲讲坦赞铁路的故事吗？

答： 多年来坦赞铁路的故事以广播、电视、报纸、杂志等多种不同的方式被讲述，不仅仅在中国，也在赞比亚不断被讲述。因为坦赞铁路是非洲国家之间、非洲与中国之间友好合作的典型案例。从20世纪70年代开始到现在，这条铁路帮助了非洲发展，这个故事已经被讲述了40多年了，不同的人在讲述不同的故事。在坦赞铁路建设时期，交通工具都没有那么发达，所以这条铁路是非常重要的，一旦运输系统改善了，你就可以采用不同的交通运输方式。而如果连接坦桑尼亚和赞比亚的坦赞铁路出了问题，你就需要经常报道，这可能是一个新的故事。

就我个人而言，当我还是一个记者时，我曾经坐过坦赞铁路的火车，这打开了我的眼界，使我明白铁路究竟是怎么帮助城市中心发展商业的，并且分享我的经验，这是一段很有趣的经历。而且我还去过中国，在那里我做过中央电视台的一些纪录片，我们在不同的平台上讨论一些关于中国在非洲的工程，坦赞铁路就是最美丽的工程之一。所以，坦赞铁路的故事在非洲是一个好的故事，对今天的人们来说也是意义重大的。

问： 你做记者多久了，你有写过关于坦赞铁路的报道吗？

答： 我做记者20年了，作为一个作家，我曾为赞比亚政府的一家公共报纸工作，也为不同的私人公司做过一些传播工作，这让我不仅知道写故事，也知道如何编辑故事，我每年都会写一个关于坦赞铁路的故事。

问： 我们有什么途径可以看到你关于坦赞铁路的文章？

答： 我在报纸上发表文章，网上是找不到的。我有一篇文章大概是10年前写的，如果我们找到相关的报纸就可以看到那个文章。

问： 你是一个有经验的记者，且去过中国，中国给你留下了怎么样的印象？

答： 对我来说，中国一直是一个浪漫的地方，因为我们遇到的中国人跟我们交流很多，他们帮助我们，让我们知道了很多有关如何在这个国家生活的知识。

我很高兴能有机会去中国学习，去到不同的地方，接触不同的人群，我很开心中国政府能邀请我，我们同行的其他非洲记者也为能去中国学习中国发展经验感到很兴奋。中非新闻媒体研修班这个项目对于促进民心相通很有帮助。

问：你们在中国具体学到了什么？

答：中国之行让我们认识到，非洲人民能够利用已有的知识来建设基础设施、发展非洲，比如说铁路能让我们以不同的方式连接在一起，让我们的生活更美好，这是我们通过在中国交流学到的东西。

问：正如很多中国人民是通过BBC、CNN等西方媒体来获得对非洲的印象，很多非洲人民也是通过西方媒体了解中国的，作为媒体人，你如何看？

答：我认为当西方媒体在报道非洲和中国的时候，往往会呈现不好的画面。令人高兴的是，我们现在有很多机会和途径向世界发出自己的声音，特别是中国搭建了自己的平台，中国已经有足够的能力发展自己的传媒业。对于中国来说，向非洲和世界展现真实的自己是相对容易的，当然，中国从来不会在自己发展的时候忘了非洲兄弟，他们和我们非洲人民分享自己的信息，让我们也能讲述我们自己的故事。现在有很多途径可以供我们与世界分享我们发展的故事，比如说收音机、报纸、电视台等。现在我们有了很多飞机航线，可以带中国人来非洲亲自体验，他们会发现非洲并不是只有战争、贫困和疾病。在非洲不仅可以欣赏很多野生动物，还有很多商机和文化有待探索。我们现在有很多途径进行交流，也有能力向世界各地的兄弟姐妹分享我们自己的故事和想法。

问：包括BBC在内的很多西方媒体在报道坦赞铁路的时候，总是呈现一些消极的画面，我很想知道个中缘由。他们从不去深入了解坦赞铁路的历史，也从不向观众说明中国是在举步维艰的情形下帮助坦桑尼亚和赞比亚修建这条铁路的。

答：铁路的历史要去外国找源头，我们都知道在历史上非洲曾被英国、德国等欧洲国家殖民。这些欧洲国家都在观望，非洲什么时候能够建成从埃及开罗到南非开普敦的铁路。在历史上，西方国家只是从非洲掠夺物资、珠宝甚至是劳动力来积累财富，坦赞铁路的性质则是完全不一样的，中国帮助修建坦赞铁路完全是为了发展非洲。非洲没有办法从欧洲国家获得资金的援助，尽管欧洲已经通过非洲完成了资本的积累。所以我认为西方媒体不真实地报道坦赞铁路是因为他们想为自己曾经的所作所为遮羞，他们不希望向世界展现出真的有中国这样善良的民族，视非洲为自己的兄弟并帮助其发展。所以我们自己来讲述自己的故事是非常重要的，我们也不允许西方媒体再发这样不好的信息了。近几年，尤其是近两年，西方媒体大肆发表虚假信息，这符合他们一贯的作为，直到现在我们才意识到这是不对的，我们自己非常有必要来讲出真相。令人高兴的是，我们现在有能力讲真实的故事，讲坦赞铁路当下正在发生的事情，讲述中非之间的事情。中国不是殖民者，中国不分裂非洲也不掠夺物资，这是这些年真正发生的中非之间的故事。

问：那么你对坦赞铁路的未来是什么态度呢？

答：我认为坦赞铁路的未来是非常光明的，因为我们仍然很需要铁路来运输物资。虽然现在我们也有很多公路来承接运输的任务，但是铁路运输对我们来说仍然是非常经济的。

问：你对坦赞铁路的运营怎么看？

答：在赞比亚，我们没有太多可以运输东西的工具，所以这条铁路对赞比亚来说是非常重要的。我认为随着管理水平的提升，我们能够利用好坦赞铁路，据我所知，坦赞铁路已经很少用过去的运营模式了。在过去的两年中，为了提高铁路的效率，这里做了大量的工作，我们再一次开始使用这条铁路，我坚信，坦赞铁路在接下来的几年会成为我们的新希望。

问：作为一个有经验的记者，你认为媒体人应该如何看待坦赞铁路？我们认为坦赞铁路还是存在一些问题。

答：是的，在过去的几年中，坦赞铁路经历了不同的发展，所有的铁路线都投入了使用，有了一些新的装备，一些新的工程师也会接受培训使用坦赞铁路的设备。在非洲，我们的整个体系正在改善。我相信记者已经开始去记录坦赞铁路的故事，并且看到了坦赞铁路的发展。我们的部长和很多人民正在参与这条铁路新的建设，这对赞比亚、坦桑尼亚和非洲其他国家都有好处。我们的记者还会从赞比亚和坦桑尼亚的角度，报道有关坦赞铁路的事迹。当我们谈论非洲发展的时候，大多数人会谈论到非洲的基础设施，所以这条铁路是非常重要的，仅次于电力，所以一直为人们津津乐道。

问：好的，谢谢你。现在你在中国的传媒公司工作，能否分享一下你与中国人工作的经历？

答： 当我在赞比亚工作的时候，我在一个叫Xinwa的中国中介公司工作过，我和他们多次合作，从中国媒体那里得到非洲的背景信息，这对我来说是有帮助的，我知道了那些西方世界不会报道的故事。虽然BBC等媒体组织非常庞大，但只有中国媒体能够报道真实的非洲故事。这是我过去几年的经验，因为我可以从报道世界上正在发生的事情的国际组织得到有关非洲的信息。当然，因为北京时间比我们早6个小时，所以中国媒体的新闻总是先于我们发的。作为新闻组织，你总是想要最新的新闻，所以与其等待西方媒体的新闻，还不如得到来自中国媒体真实的新闻。我非常欣赏中国媒体，他们报道的是真正的国际新闻，讲究实事求是，他们从来不会劝说人们从单一视角思考问题，他们只是报道发生的真实事件。西方国家注重的是个人体验，当一个人从非洲回到美国，他欺骗美国人民，说在非洲有数以百万的人正在死去。但是，这个事实只能由有经验的人来说，这不仅对中国的所有媒体来说是很重要的，这对非洲媒体来说也是。我们不讲述这些负面的事情，因为非洲不是一个没用的地方，不是一个没有希望的地方，我们要去找到一个可以和中国媒体互帮互助的状态。

问： 这些年有人鼓吹新殖民主义，媒体应该如何看待中国和非洲的合作？

答： 中国和非洲绝不能被看作是殖民主义的，因为殖民主义的内核是控制，这就意味着中国正在主导非洲去做什么。但如果人们去看那个中国在非洲做的节目，可以看到中国没有压迫或者引导非洲人民从中国购买东西。相反，中国来帮助非洲，投资了一个个项目，获得收益的同时也为非洲工人带来好处，这对我们来说是双赢的。而殖民主义意味着殖民主义者可以宣誓土地主权，奴役我们的人民。中国和非洲的关系不属于殖民主义或新殖民主义的任何一种类型，而是纯粹的双赢关系，比如坦赞铁路的建设就是相互有益的。坦赞铁路的建设不仅仅是对中国有利，还帮助非洲自我发展，所以非洲会变得更强大，非洲人民会变得更加强大，中国人民也会变得更加强大。

问： 所以，作为媒体人应该多实地走走看看，如果你想理解中国，你就要去中国；如果你想报道非洲，你就要去非洲。

答： 在过去的几年里，在中国与非洲的合作中，我们主张互相交流、交换经验，使人们可以更好地相互理解。比如说我作为记者去过中国不同的地方，去过很多不同的媒体机构，如电视台、广播台和报社，我有机会去看他们是如何工作的，并且可以分享我的知识，中国人会问我关于非洲的问题，我的节目也在中国播出，这对我来说是一段很好的经历。同时，我们同一批有来自24个非洲国家的42个记者来到中国，我可以去接触来自非洲其他国家的专业记者，这对我来讲是一个很好的学习和交流机会。

问： 谢谢你，欢迎你有时间再来中国。

访四达时代公司赞比亚首席执行官廖兰芳

问： 你是哪一年到坦桑尼亚的，哪一年调到赞比亚工作的？

答： 我叫廖兰芳，是四达时代公司赞比亚分部的负责人。2009年我第一次到非洲出差，2011年被派到坦桑尼亚工作，到了2017年的3月份调往赞比亚工作，负责数字电视在赞比亚的整改，所以来非洲时间也比较长了。

问： 我们年龄差不多，能否讲讲来非洲之前你对非洲的印象，尤其是对坦、赞两国的印象是什么样子的？

答： 其实来非洲也算是机缘巧合，记得小时候我看了一个相声，马季演的，讲拉菲克提到了坦赞铁路，也算是我对非洲的比较初步的了解吧。然后就是我们初中上地理课的时候，我记得老师讲过乞力马扎罗雪山，海拔5895米。其实，之前对非洲的了解也不多，而现在我在非洲，对非洲的认识就不一样了。

问： 你在坦桑尼亚、赞比亚都工作过，这两个国家的人民对中国的了解是否和坦赞铁路有一些联系呢？

答： 坦桑尼亚和赞比亚都属于东南非，一个在东非，一个在东南部非洲。从很大程度上来说，坦赞铁路使得中国和坦桑尼亚以及赞比亚这两个国家的关系非常近，政治、经济、文化往来非常频繁，普通老百姓看到中国人都是非常友好的，都知道坦赞铁路，知道咱们中国人之间见面打招呼是"你好"。这是由于我们当时第一批坦赞铁路专家在坦桑尼亚和赞比亚跟当地人交流，使得他们会说一些简单的中文。当然，我们现在也有很多中国人来坦桑尼亚、赞比亚旅游或者投资，基本上也会说几句当地的话。

问： 你在坦桑尼亚工作的时候，是在达累斯萨拉姆，是坦赞铁路的起点。在赞比亚这里工作是在首都卢萨卡，离坦赞铁路有一些距离。从这一点距离上，这两国普通人对坦赞铁路的了解有没有什么差异？比如说，在达累斯萨拉姆很多人都知道坦赞铁路，但是在这里很多人不一定知道。

答： 根据我在坦桑尼亚工作6年的观察，坦桑尼亚普通老百姓对坦赞铁路的了解非常深，坦赞铁路应该是1800多千米，在坦桑尼亚境内长一点，在赞比亚境内虽然没有到达卢萨卡，但是坦赞铁路在赞比亚的办公室设在首都卢萨卡，大量和坦赞铁路有关的事务都在这里交流，所以赞比亚老百姓对这个坦赞铁路的认识也是比较深的。另外，对于赞比亚老百姓来说，虽然它在境内没有连接到最大的城市，但是为什么他们依然很了解呢？因为坦赞铁路建设的发起人卡翁达总统在赞比亚有着国父般的影响力，他在坦赞铁路建设过程中起到了很关键的作用，是这个国父跟毛主席、周恩来提出了这个项目，并得到中国政府的认可和支持，所以老百姓都记着。其次，坦赞铁路当时要解决的一个重大问题就是内陆国家的出海口问题，赞比亚是产铜大国，过去受殖民时代的封锁，铜出口很困难，建设坦赞铁路对于赞比亚经济的发展起到了很大的作用，老百姓从这条铁路上受惠的力度比较大，坦赞铁路的影响比较深远。

问： 你个人在坦、赞两国工作后，有没有去坦赞铁路走一走，深入看一看具体的情况？

答： 我在坦桑尼亚和赞比亚都待过，这是我的一个优势。我同事的爷爷就是修建坦赞铁路的第一批工程师，在做市场考察的时候我其实去过很多次纳孔德、姆皮卡等车站，我们不同的代表团来坦桑尼亚和赞比亚的时候，都一起去坦赞铁路沿途的站看过，拍过很多反映当时援建的历史痕迹的图片，比如说刻有"中华人民共和国制"字样的铁轨。给我印象最深刻的是在我们做电影大篷车下乡活动的时候，我们沿途从卢萨卡到铜带省，期间经过坦赞铁路终点站卡皮里（姆波西），我们在卡皮里放电影时就明显感觉到他们对待中国人的态度和对于中国故事的理解都是非常不一样的。我们放映一些中国影视剧的时候，他们的热情程度会比坦赞铁路没有经过的地方高很多，就是说这条坦赞铁路真的是促进了中、坦、赞三国人民的友谊。

问： 非洲人对坦赞铁路有感情，中国人对坦赞铁路也有很深的感情，你如何看待坦赞铁路的管理现状？

答： 现在这些站点，由于管理水平恶化，以及当地一些经济局限和问题，导致坦赞铁路运营不是特别理想，一周开放的车次还比较少，周边的设施也都陈旧了，所以我们看到的时候也挺惋惜的，心里面也比较着急，感觉坦赞铁路原本应该要做得更好，应该实现更高的经济价值。现在就看坦桑尼亚政府和赞比亚政府如何重视并盘活坦赞铁路，他们在积极地制定政策带动周边城市的经济发展，我还是比较看好坦赞铁路焕发第二春。

问: 坦赞铁路其实是中、坦、赞三国人民在20世纪70年代修的，今天我们看到贵公司也是一个中赞合作力度非常大、本土化程度非常高的公司，你感觉这里面有没有承接关系？

答: 我调任到赞比亚的时候，专门抽时间去拜访了赞比亚的国父卡翁达，我当时见他的时候，他和我聊，你们是干什么的。我说我们是做数字电视整转的，给赞比亚人民改善数字电视的。他说，坦赞铁路你知道吗，我说知道，他说那你们就是"文化的坦赞铁路"，我说对，其实我们就是新时代文化领域的坦赞铁路。文化交流对于加深中国和赞比亚人民对彼此国情的了解其实能起到很大的促进作用，我们通过拜访卡翁达总统也了解到，他们对于当前我们承接的一些项目其实也是寄予厚望的，而且希望能更进一步加深和中国的联系。

问: 现在和非洲人合作，跟以前和非洲人合作有没有什么不同？和非洲人打交道有什么心得？

答: 我觉得从2009年第一次来非洲到现在和非洲的同胞们打交道，开始由于不了解当地的风土人情和文化习惯，所以也遇到过很多问题。举几个简单的例子吧，我们中国人受到中国传统教育守时、守信的影响，时间观念是非常强的，刚来非洲的时候和他们打交道，他们的时间观念相对来说真得差很多，我在这方面吃过不少苦头，经常被放鸽子。随着对他们了解的加深，我知道了约一个时间就一定要有余量，双方都有自由的空间，才能达到预设的目的。另外一个就是，非洲大部分老百姓的消费理念和我们不同，很少有存款的规划，比如说，我们单位大量的员工都是发月薪的，刚开始进入市场的时候，很多员工都不理解，他们要求发日薪，我说为什么呀，他们说第二天的饭怎么办呀，第二天怎么来上班呀。还有要求周薪的，不同的文化在碰撞，我们告诉他们要好好规划消费，挣的工资不要立马花掉。这些文化上的冲突，刚开始的时候也产生了很多的纠纷，不及时地发工资，他们就会抱怨、消极怠工甚至出现劳动纠纷等。随着引导和交流的加强，双方达成一致，我们的员工现在都是月薪，而且不发现金，现在大家也能理解，公司为他们创造工作岗位、发放薪酬，他们也能合理地消费。

问: 在西方有一些媒体特别是BBC拍摄了一些纪录片，《中国人来了》《坦赞铁路纪行》等，不断在讽刺、挪揄坦赞铁路，以偏概全地报道坦赞铁路。

作为一个媒体人，你感觉在整个话语体系里面，西方媒体对中国人在非洲是怎么一个态度，包括对坦赞铁路又是什么样的态度？

答： 这几年，随着中国经济在非洲的影响力越来越大，中非交流日益频繁，传统的西方媒体对中国社会的经济活动和重大项目不断指手画脚，这符合他们对中国一贯的看法和偏见。无论中国做了什么事情，他们对中国是一味抨击的态度，我觉得西方媒体也是有些眼红。我这几年在非洲工作，感觉非洲老百姓越来越认可中国的国情以及重大项目在非洲的发展。很多中国政府的、私人的、民企的投资越来越重视要联系非洲本地的实情，会考虑非洲的实际情况，并且尊重非洲人的生活习惯以及文化，也带动了当地的经济发展，解决了部分就业问题。西方媒体对于我们当前在非洲的经济活动的偏见，第一是缺乏深入的了解，仅仅是短暂的停留采访，从表面的一些事情去抨击；第二是缺乏有效的调研，中国在非洲的政府和民间投资项目比较多，但是西方媒体很少真正地去听取中方的看法，不去体验中国社会经济活动以及重大项目带来的正面作用。也许我们受限于语言，没法用英语真正地表达我们的观点和实际做的工作情况，但并不代表着当地老百姓不了解。

问： 根据你的工作经验，非洲的大众对西方媒体和中国媒体的态度有什么不同吗？

答： 我过去在做用户回访的时候也问过和你类似的问题，其实四达公司在非洲也发展了接近1200万用户，会问他们看不看中国的电视台。因为他们过去只知道BBC、CNN，随着我们的平台在非洲落地，还有CCTV、凤凰新闻等，他们经常说现在愿意看CCTV news，也就是CGTN，因为这些报道更接近非洲实际。随着CGTN在非洲设立分台，很多本地记者都在本地采编和播出，而且角度比较公允，而不是像西方媒体一样一味地抨击非洲各个国家政治和经济上的问题，而且他们通过CCTV和CGTN看到了中国一些成功实践的例子，认为中国的治国理政的经验，现在可能更适合非洲的发展，他们对于自己国家的发展道路有了新的认识，并不是一味地接收西方的那一套民主选举制，他们甚至认为在选举过程有些不必要的浪费。所以我觉得非洲的老百姓对中国的媒体有了更多的认可，用他们的话来说就是follow，他们愿意看，愿意持续地看，无论是新闻还是电视剧，在文化价值观方面也有浓厚的兴趣。

问： 根据你以前的工作经验，西方媒体和中国媒体相比，中国媒体的优势在哪里，未来应该加强哪些努力？

答： 我觉得我们现在在非洲发出的声音还是相对较少的，也许这是由于我们的起步相对较晚。但是，这几年随着我国政府的重视，文化越来越多地走出来，中国也在加强话语权和传播能力的建设。我觉得中国媒体和西方媒体很大的一个不同就是没有完完全全地走出来。从我的角度来说，如果我国媒体愿意更多地走出来，可能不仅仅是央视，还有更多的一些传媒机构、智库机构、研究机构都应该真正来到非洲，更多地接触非洲，加强素材采集，加强对非洲的了解。

　　另外就是希望中国的媒体能把更多真实的非洲情况和实际发生的事情向我们国内的老百姓传递，提升我们中国老百姓对非洲的理解，只有他们看到真实的情况才有可能改变他们对非洲的态度和观念，才能促使他们来到非洲，无论是旅游还是从事经济活动，而这些可能会加快中国和非洲的民间交流和经济合作。另外，对比西方媒体，语言是他们的天然优势，毕竟西方在非洲的殖民时间比较长，非洲很多国家的制度，经济、法律、教育等都是延用西方过去殖民时代留下来的一些东西。像文化领域，四达作为广播电视这个行业的典型，主要在非洲建设一些数字电视发射台来做数字电视的运营，其实应该有更多的文化产业走进非洲，比如我们的电影制作公司来非洲取材制作一些反映中非合作新面貌的电影。像去年（2017年）的《战狼2》在国内获得票房的大卖，其实该电影延用的是西方的拍片思路，但确实对于中国老百姓来说也是很新奇的东西，所以我觉得对于中国来说，当前的媒体要更多地走进非洲，无论是电视媒体、数字媒体还是自媒体，可以深入到非洲的城市、乡村去看看，去了解一下然后向非洲老百姓播出。我们现在可以实现弯道超车的机遇是什么？是非洲人像中国人一样，很珍视他们的文明，对他们的文明很自豪，对他们的语言也很骄傲。我觉得中国的传媒要结合他们的特色和习惯，把故事讲好，要用他们的语言、他们的方式，用他们所能接收到的故事情节和传播手段来讲给他们听，我觉得这对加深非洲老百姓对于中国媒体以及中国文化的理解和接受可能有促进作用。

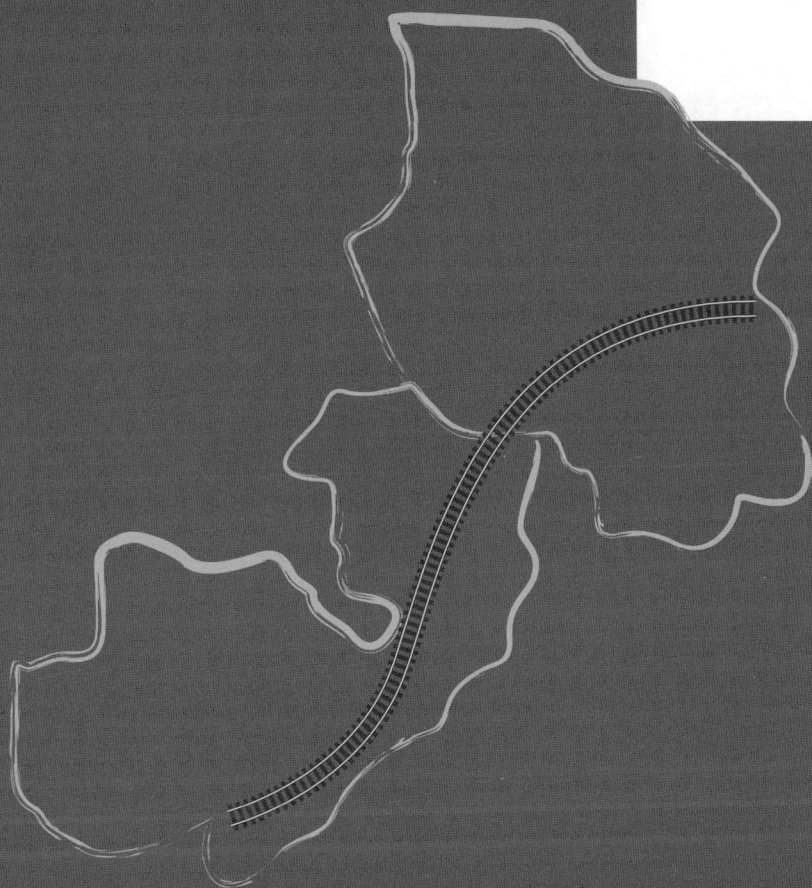

附　录

APPENDIX

附录一

纪录片《重走坦赞铁路》
导演剪辑版文稿

撰稿人：张勇、徐佳利

第一集　友谊之路

【导视】

这是一首从未间断的自由赞歌。

1976年，坦赞铁路由中国政府援助坦桑尼亚、赞比亚修建而成，成为贯通东非的大动脉。

它是非洲民族解放运动的产物。

坦桑尼亚首任总统尼雷尔的夫人玛丽亚女士：坦赞铁路帮助了坦桑尼亚和赞比亚。

坦桑尼亚前总统萨利姆：我们都希望能够看到一个更好更自由的非洲。

也是中国向世界证明自己的有力证据。

矛与星出版社社长沃尔特·博戈亚：因为这是新中国第一大援外工程。

坦桑尼亚前交通部长卢新德：直到今天，我们仍然心存感激。

四十多年来，坦赞铁路从无到有，充满博弈、对抗与生死较量。

中土东非有限公司总经理姜义高：西方人呢，很多人呢，都对这个铁路呢，还是抱有很大的成见。

中坦友好协会秘书长约瑟夫·卡哈马：尼雷尔反对这个，他说这是散布污蔑中国的谬论。

纵使岁月荏苒，英雄远去，那些留藏在岁月背后的苦辣酸甜，依旧值得我们细细回味。

【字幕】

第一集　友谊之路

【解说】

这里是坦赞铁路的起始站，达累斯萨拉姆火车站，地处东非之滨的坦桑尼亚首都，外形设计和内部构造都酷似中国的老火车站。

从1976年7月第一次通车至今，每当发车的时候，熙熙攘攘的乘客从四面八方赶来，这其中不乏熟悉的亚洲面孔。

【同期】

游客姜珠炫：我是来自韩国釜山的，我名字叫姜珠炫，我是在清华大学留学过的，这个火车从坦桑尼亚到赞比亚要坐3天。然后可以看到非洲的风景啊，最主要的是能看到当地人的生活，所以就决定买这个车票。

【解说】

姜珠炫在来火车站的路上偶然认识了一位中国福建的姑娘，刘紫婷，两人决定结伴而行。

【同期】

游客刘紫婷：在来到坦桑尼亚之前，我在西非旅行，因为这一路在非洲都没有坐过火车，然后因为刚好这个又是中国人援建的，我就想说尝试一下，还是蛮激动的啦。

【解说】

人头攒动的火车站内，虽然人们肤色不同、国籍不同，但都因为这一条铁路，聚集在了这里。

今天，来自丹麦的学者尼尔斯也坐上了这趟列车，从事中非关系研究的他将沿着坦赞铁路进行为期一个月的考察，详细了解这条铁路的历史和现状。

【画面】

车站内人头攒动；

列车铁轨的画面；

列车内座无虚席

【同期】

尼尔斯：这是我第一次乘坐坦赞铁路，终于出发了，我等这一刻等了很久了，太棒了，简直难以想象。

【画面】

列车外沿线的自然风光

【同期】

游客：欢迎光临，甜蜜之家。

【解说】

40多年来，坦赞铁路将一批又一批的乘客送往不同的目的地，无数人享受着铁路运行带来的便利，但尼尔斯发现很少有乘客了解坦赞铁路的历史。

【画面】

铁路沿途的风景；

车厢内熙熙攘攘

【同期】

尼尔斯：你知道坦赞铁路为什么建于20世纪六七十年代吗？

乘客：不，我不知道。

尼尔斯：不知道，好的。

【同期】

春菜：我叫春菜，来自日本。事实上，我并不知道这是中国人建的，在乘坐这趟火车之前，我看到"中国援助"那个标志。

【画面】

火车行驶进入阳波站

【解说】

为了更好地了解坦赞铁路的历史，火车在阳波站停靠时，尼尔斯找到了一个铁路职工，他叫森吉拉。

【同期】

尼尔斯：你好。

森吉拉：你好。

尼尔斯：很高兴见到你。

森吉拉：我也是。非常欢迎。这是中文。

尼尔斯：是的，这是中文。

【解说】

森吉拉告诉我们，阳波站附近停放着许多自1976年坦赞铁路运营之初就一直在使用的机车。

锈迹斑斑的零部件上，依旧可以清楚地看见字迹分明的中文。

【同期】

森吉拉：坦赞铁路帮助很多内陆国家运送军事物资，甚至坦克、机动坦克，通过坦赞铁路运到赞比亚、津巴布韦。

尼尔斯：这列火车在（20世纪）70年代运输过坦克吗？

森吉拉：对的。

尼尔斯：运过吗？

森吉拉：运过。这列火车也运过。

尼尔斯：那列吗？这是一个历史遗址啊！

森吉拉：对。

【解说】

对很多像森吉拉这样的非洲人来说，坦赞铁路不仅是赖以为生的交通工具，更是民族独立的历史象征。二战结束后，非洲国家纷纷走上了反殖民的独立道路，刚刚获得独立的坦桑尼亚、赞比亚希望获得美国、苏联等国家的援助，修建一条属于自己的铁路，但都遭到拒绝，于是向中国发出了援建邀请。而（20世纪）60年代初的中国，刚刚遭受3年困难时期，国民经济正处于调整恢复之中，西方国家此时也在对中国实行政治封锁，为摆脱这种境地，打破外交孤立状态，援建坦赞铁路恰逢其时。

【画面】

三谷中学的切入；

约瑟夫·卡赞贝教学生唱中国的歌

【同期】

约瑟夫：1971年，政府派我们去中国学习，是为了到这里来当政府的翻译。在中国当时，黑人不多，所以中国朋友感到很奇怪，小孩说："妈妈，有鬼，有鬼。"他们的妈妈说："他们不是鬼，这是坦桑尼亚的拉菲克（朋友），不要怕。"

【画面】

约瑟夫教学生唱歌

【同期】

约瑟夫：我爱北京天安门，天安门上太阳升。伟大领袖毛主席，指引我们向前进。

【同期】

约瑟夫：毕业了以后，我从事中文翻译，我当过尼雷尔的翻译，坦赞铁路开工以后，我跟着我们的总统，经常去看看中国朋友修铁路有什么困难，所以1974年，他到中国去的时候跟周总理谈到，一个是感谢中国朋友支持我们修这个铁路，还有破除西方人散布的谬论"能修铁路的中国工程师还没有出现"。尼雷尔反对这个，他说这是散布污蔑中国的谬论。

【解说】

1976年，经过中、坦、赞三方的不懈努力，全程1860.5千米的铁路，终于顺利通车，这条铁路被誉为"友谊之路""自由之路"。然而鲜为人知的是，当时的一些殖民势力对坦赞铁路的修建充满敌意。为了不让中非人民的心血毁于一旦，做好安保工作，是铁路安全运行的关键。

【同期】

尼尔斯：你好吗？

库德内瓦：很好，你呢？

尼尔斯：很好。

库德内瓦：非常欢迎。

尼尔斯：这里走不过去了，是车尾吗？

库德内瓦：是的，这是车尾。

尼尔斯：Hatari，"危险"。

库德内瓦：对，Danger是英语，Hatari是斯瓦希里语。

尼尔斯：我可以看看吗？

库德内瓦：可以。

尼尔斯：哇！太美了，不可思议。

尼尔斯：你叫什么名字？

库德内瓦：我的名字叫贾弗瑞·哈桑·库德内瓦。

尼尔斯：库德内瓦。我叫尼尔斯。你是做什么工作的？

库德内瓦：我是铁路信号旗手。

【解说】

库德内瓦是一名铁路信号旗手，已经在坦赞铁路上工作了15年的他，早已对这里的一切烂熟于心。

【同期】

尼尔斯：你知道为什么要建坦赞铁路吗？

库德内瓦：为了帮助坦桑尼亚周边的国家：纳米比亚、津巴布韦。

尼尔斯：自由之路。

库德内瓦：对，为了帮助他们获得独立自由。

【画面】

车窗外的美景

【同期】

丹尼斯·伽玛：欢迎。

尼尔斯：谢谢。

【同期】

丹尼斯·伽玛：我是一名火车司机。我来铁路工作的时候，只有19岁，到现在已经35年了。

【解说】

丹尼斯·伽玛是坦赞铁路的一名老司机，1982年，完成了两年培训的他从助理司机逐步成长为一名资深火车司机。

【画面】

丹尼斯·伽玛开火车；

尼尔斯和丹尼斯·伽玛聊天

【同期】

尼尔斯：我听说英国人和美国人很不喜欢坦赞铁路。

丹尼斯·伽玛：任何反对解放运动的人，都不会喜欢这条铁路，比如1979年或者20世纪80年代初，赞比亚的谦比西河大桥，就被他们炸毁了。

【解说】

得知坦赞铁路曾经被炸毁这段鲜为人知的历史后，尼尔斯敏锐地感觉到特别有必要找到当时的见证人，去详细了解这一重要的历史事件。

【同期】

丹尼斯·伽玛：那座被炸毁的大桥就在这边，马上就能看到了。

这是被炸毁的那座桥。

这是后来新修的桥。

【画面】

火车司机指明方向；

两座桥

【解说】

列车抵达坦赞铁路终点站卡皮里姆波希后，尼尔斯终于见到了谦比西河大桥被殖民势力炸毁前，驾驶列车安全通过大桥的女司机伊芙琳·姆万萨。

【同期】

尼尔斯：1979年发生了一场特殊事故，大桥被炸毁了，你正是当时驾驶那趟列车的司机，是吗？

伊芙琳·姆万萨：当天我正要准备去开车的时候，两个白人进了火车站，他们开始打探消息，火车什么时候到。当我们快要驶进姆皮卡时，这两个人以同样的速度驾车跟着我们。这是要干什么？训练的时候，中国人告诉我们，穿过一座桥的时候，要高速通过，所以我高速通过了大桥。一个小时之后，有人通知我们，大桥被炸毁了。因为成功躲避了这个事故，我被授予一些勋章，因为我挽救了很多人的生命。

【解说】

伊芙琳，是赞比亚本国的第一批火车司机，也是当时唯一一位女性司机。

【同期】

伊芙琳·姆万萨：这是我的中国师傅，这就是我在训练的时候。

【解说】

从坦赞铁路建设至今，一些西方势力为阻止非洲的民族解放运动，维护自己的殖民统治，不惜散布坦赞铁路的各类谣言，甚至制造破坏行动。至今还有很多像伊芙琳·姆万萨一样的人，坚守在自己平凡的岗位上，默默守护着坦赞铁路。

【同期】

博瑞克：嗨，你好吗？

尼尔斯：你好吗？

博瑞克：很好很好。

尼尔斯：我是尼尔斯。

博瑞克：我是哈吉·博瑞克。

尼尔斯：博瑞克。

博瑞克：嗯。

尼尔斯：你是住在这里的吗？

博瑞克：对，我住在达市，不过我在这里工作。

尼尔斯：所以你是在坦赞铁路工作的吗？

博瑞克：嗯，我在坦赞铁路工作。

【解说】

哈吉·博瑞克工作的主要任务是维护铁路安全，保证坦赞铁路的正常运行，在他看来，没有比坦赞铁路更安全的交通方式了。

【画面】

下雨；

小女孩打招呼

【同期】

博瑞克：因为从坦赞铁路建立到现在，从来没有发生过致命的事故，从来没有。坦赞铁路比公路交通安全。

尼尔斯：雨季怎么样？你看今天就在下雨。

博瑞克：可能会造成晚点，但是依然很安全，因为我们会做很多防护措施。

【解说】

为确保铁路的安全运行，定期检查和维修机车成了一项常规工作。自坦赞铁路通车以来，在达累斯萨拉姆和姆贝亚附近都配备了专业的机车修理厂。

【同期】

辛卡拉：这个是可拆卸设备，这个非常管用，如果机车遇到牵引动力问题，它会动，会移到那边。

尼尔斯：对，我看到它在往下移。

辛卡拉：这里是切割铁轨的地方，从这里开始，往下。如果你没有连接发动机，它就会往下移。看，正在移动，然后会移到这里。

【解说】

姆贝亚机车修理厂共有90余名员工，他们中的大多数在完成相关的技能培训后，能够独立完成机车零部件的维修，中国也不定期提供机车设备和技术援助。

【同期】

辛卡拉：在2012年到2016年，这里有一些专家。因为我们收到了来自中国的新的火车，所以这些专家和火车一起来。两年后合同到期了，他们必须回中国，我们厂现在没有中国专家了。

【同期】

尼尔斯：这个工作很难啊？

辛卡拉：不。

尼尔斯：不？不难吗？

辛卡拉：不难。

尼尔斯：你是一名电气技师？

辛卡拉：对的。

辛卡拉：他们正在做调试，这是送风机，这是交流发电机，这是轴。我们进行调试是为了确保轴是直的。

尼尔斯：非常强大。

辛卡拉：对。

【解说】

铁路的修建与运营工作投入大、回报少，随着时间的流逝，坦赞铁路的部分设备和管理机制逐渐老化，引来西方一些不实报道甚至散布坦赞铁路已经荒废的谣言。

在调研中，尼尔斯却发现，坦桑尼亚境内还有一条德国殖民统治时期修建的铁路，但它早已变成一片废墟。

【同期】

当地人：这条铁路是德国在坦桑尼亚殖民时期修建的。这条铁路通往基达图。修建原因是因为那里有糖厂。

【解说】

这条始建于20世纪初的坦桑尼亚中央铁路，起始点和坦赞铁路一样，都是达累斯萨拉姆，第一次世界大战德国战败后由英国接管运营，但由于缺乏投入、管理不善，运力大幅度下滑，而这一切，西方媒体不予报道，外界鲜有人知。

【同期】

当地人：这条中央铁路是从科洛萨到基达图，而坦赞铁路是在之后建设的。

尼尔斯：你知道这条铁路为什么停止运营了吗？

当地人：我不确定，但是据我所知，铁路没有货运生意就停运了，原因在于公路和铁路存在竞争关系。

【解说】

　　这里是大北公路。20世纪60年代末70年代初，处于冷战对峙中的美国，在中国援建坦赞铁路的同一时期，几乎沿着铁路修建了这条公路。与铁路相比，公路在运输时间和停靠地点等方面更具弹性，公路的竞争在一定程度上导致了坦赞铁路的运力下滑。但坦桑尼亚周边村镇分布零散，路况不佳，公路经常发生交通事故。坦赞铁路凭借其安全稳定的特点，依然在负重前行。

【画面】

　　汽车行驶在公路上；

　　交通事故

【同期】

　　尼尔斯：现在我们遇到了一些问题。

　　我们没有足够的水了。

　　这个是中国汽车修理厂。

【同期】

　　杨延杰：你问约瑟夫擦一台车要几分钟能擦完？

　　老穆：约瑟夫你要花多长时间才能把这辆车擦完？你检查了所有地方，就留挡泥板那没弄，有什么问题吗？

【解说】

　　他叫本尼迪特，中文名字叫老穆，当年参与了坦赞铁路修建的他，说着一口极为流利的中文。坦赞铁路通车后，老穆做了20多年的站长。

【画面】

　　姆林巴汽车修理厂的日常

【同期】

　　尼尔斯：你在这里工作多久了？

　　老穆：3年多了。

　　尼尔斯：3年了？

　　老穆：嗯。退休后我没有工作，所以我决定给我好朋友干活来赚钱。中国人从20世纪70年代开始就是我最好的朋友。

【画面】

　　姆林巴汽车修理厂的日常

【同期】

老穆：对，这是一个严重的车祸，车从路上翻下来了。

尼尔斯：我在路上开车的时候，看到了很多事故，路上真的有那么多事故吗，还是只是恰巧被我碰到了？

老穆：不是巧合，这条路上的确有很多事故，因为有些车辆在夜间驾驶，如果迎面开来一辆车，大灯开起来，司机就容易失控。事实上我认为这些大车夜间在高速路上驾驶，会造成很多交通事故。

【解说】

老穆所在的汽车修理厂距离坦赞铁路不到一千米，闲暇时间他经常过去走一走，重温一下自己当年的工作场景。

【同期】

老穆：这个原来是我们站长的办公室，1970年开始用这个站，现在还在用，但是没有工人。

【解说】

乌有里站，是坦赞铁路的必经之站，尽管现在依然停靠使用，但自从坦赞铁路减少运营班次后，这些小站就不再派驻工作人员，重新激活铁路成为老穆的一大心愿。

【同期】

老穆：我跟你讲一下，如果你们国家可以考虑这个问题，我们还很高兴，中国人是老朋友嘛，原来毛主席、尼雷尔是老朋友嘛，我们还应该是老朋友。

【画面】

汽车行驶在公路上；

总指挥部大院

【解说】

这里是当年修建坦赞铁路时的总指挥部大院，1967年签订协议之后，5万多名中国铁路工人最先抵达的，就是这座大院。为了能够更好地保存铁路建设时期的珍贵记忆，相关部门在这里设立了第一所为纪念坦赞铁路而修建的陈列馆。

【同期】

姜义高：坦赞铁路修建成之后，已经有40多年的历史，我们一直是希望建一个坦赞铁路的陈列馆，把这段珍贵的历史，保存下来。但是这个陈列馆，规模还是相对比较简陋，我们呢，还有很大一批的文物在咱们国内。

【解说】

小小的陈列馆内，一张又一张被定格的相片，一个又一个装满故事的物品，所有的一切，都真实再现了铁路建设时期的点点滴滴。

【画面】

陈列馆内的物品

【同期】

姜义高：这个地方是我们最早的一个办公区域，这地方是咱们种的一些竹子。因为在最早的时候，西方很多人对这个铁路还是抱有很大的成见，然后也制造了很多的谣言，其中一条就是我们的工程是以竹子来建的，铁路也是以竹子来实施的。

【解说】

坦赞铁路建设近半个世纪以来，西方国家恶意诋毁中国援建坦赞铁路初衷的谣言从未间断。然而事实胜于雄辩，中国援建坦赞铁路，支持非洲的民族解放运动，不管时间过去多久，这段珍贵的历史记忆都值得被铭记。

【同期】

姜义高：这个地方呢，就是当时咱们坦赞铁路誓师大会的现场，在1970年10月份，誓师大会之后就正式开工了。这棵树呢已经很多年了，这个地方我们还留着，作为一个历史的回忆。

【结尾解说】

320座桥梁，12条隧道，93个车站，全长1860.5千米。

中方派遣的铁路工人，和坦桑尼亚、赞比亚两国人民一起，历时5年8个月，将不可能变成了现实。

作为中非合作的起点，坦赞铁路不仅打破了西方对南部非洲的经济封锁，帮助非洲国家获得独立和自由，也为中国在国际上赢得了掌声，在援建坦赞铁路仅一年后，中华人民共和国以压倒性的优势恢复了在联合国的合法席位，由此开创了中非合作互利共赢的新里程。

【画面】

火车依旧在坦赞铁路上行驶，驶向远方

第二集　铁路为生

【导视】

这是一部有关蜕变的成长史。

1976年，经过中、坦、赞三国人民的通力合作，全长1860.5千米的坦赞铁路终于在这片广袤的土地上落地生根。

时过40载，当时的一切已逐渐远去，但坦赞铁路带来的改变，却并未有丝毫的减弱。

马赛人赛托蒂：这里每个人都知道坦赞铁路。

沿线人民的生活，因为坦赞铁路的顺利运营，有了明显的变化。

坦桑尼亚医学博士查格·达米安：汽车在雨季的时候有的地方去不了，坦赞铁路成了唯一的出行方式。

他们渺小而又伟大的一生，和坦赞铁路紧紧相连。

马坎巴科车站通信工萨伊德：这是我工作的地方，这是我的生活。

他们，是时代转折的受益者。

纳孔德车站调度员蒙巴·包提法：我在这儿的工作非常非常重要。

他们，和铁路建设者们一起，

书写了这一段传奇。

【字幕】

第二集　铁路为生

【解说】

1976年7月14日，坦赞铁路实现了全线通车，坦桑尼亚、赞比亚人民的出行从此多了一个便利而实惠的选择。

这位来自达累斯萨拉姆的医学博士便是搭乘坦赞铁路的常客，每隔一段时间，他就要坐火车去依法卡拉工作。

【同期】

医学博士：上周我们就订票了，但没有票了，后来我们订了这趟。

【解说】

除了供达累斯萨拉姆附近城镇居民来回上班用的短途通勤车每天对开6班外，通往赞比亚终点站的远途列车逢周二、周五才从起点达累斯萨拉姆火车站出发，有限的班次往往会造成供不应求的困境。而时间对医生来说，则意味着一切。

【同期】

　　医学博士：通过坦赞铁路，我们可以去很多汽车去不了的地方，如果没有坦赞铁路，有时会导致很多人死亡，他们会因为去不了医院而死亡。

【解说】

　　坦赞铁路所经之地，多为热带草原气候，干湿两季分明。一般的交通方式在雨季无法满足人们日常出行所需，而坦赞铁路成了唯一的选择。

【同期】

　　医学博士：坦赞铁路真的非常非常重要，所以需要改善它，这样就可以挽救更多生命。

　　事实上，我认为坦赞铁路唯一的问题就是一等座和二等座票经常售完。很多人会优先选择二等座，也许我们可以有一列更长的火车提供大量的一等座和二等座，很多游客或者像我们一样的人就可以自由选择，坦赞铁路也可以有更多的收入。

【解说】

　　对于像医学博士这样的乘客来说，选择坦赞铁路出行，不仅意味着便利和实惠，通常还有另一种惊喜。

【同期】

　　医学博士：幸运的是坦赞铁路穿过了塞卢斯野生动物保护区，我们很快就要到那里了，那里有一望无际的绿色山脉，里面有很多动物。

【画面】

　　塞卢斯草原的景色

【解说】

　　塞卢斯野生动物保护区，是当今世界上面积最大、野生动物种类最多的自然保护区之一。相比昂贵的公路交通，只要花上不到50元人民币就可以深入塞卢斯腹地。

【解说】

　　如今，坦赞铁路早已成为游客前往塞卢斯草原的主要交通方式。

【同期】

　　工作人员：这里是塞卢斯草原，你可以从达市开车过来，也可以乘坦赞铁路到这里。

　　尼尔斯：在这里可以看到狮子、大象、水牛。

工作人员：非洲东南部大量的大象都在这个保护区。

【画面】

开车自驾和看到狮子

【同期】

尼尔斯：狮子？哦，狮子。是一只雌狮子。她听到了，我们吵到她了，她好像很生气。

【解说】

比起广为人知的塞伦盖蒂和马赛马拉保护区，塞卢斯野生动物保护区更加具有自然原始的野性之美。开发旅游专列成为激活坦赞铁路的一种新路径。

【同期】

尼尔斯：有水牛，我们距离它们很近，它们在看着我们。它们非常小心谨慎。

【画面】

列车行驶去马赛村

【同期】

尼尔斯：嗨，有个马赛村邀请我去看看，村子离火车站很近，现在我去见这些长老。

长老：欢迎你的到来。

尼尔斯：非常感谢。

长老：你好。

尼尔斯：您好。

长老：你旅行愉快吗？

尼尔斯：很快乐。

长老：欢迎来马赛村。

尼尔斯：非常感谢。

【解说】

马赛人，是东非现在依然活跃的一个游牧民族，几近原始的生活方式，成为坦赞铁路沿线一道独有的风景，这让去坦赞铁路调研的尼尔斯充满了好奇。

【同期】

尼尔斯：我可以躺一下吗？

马赛人：当然可以。这是我们睡觉的地方，因为我们是游牧部落，而这个很容易搬移。你很高啊，朋友。

尼尔斯：对，我很高，我就像一个马赛人。

马赛人：对，你要成为一个白皮肤的马赛人了。

【解说】

在坦赞铁路沿线，原来靠围猎为生的马赛人也开始转行做起了贩卖商品和招待游客的生意。

【同期】

马赛人：我可以翻译，你看看有什么想买的。

【画面】

马赛人招揽游客做生意的样子

【解说】

这些马赛人并非土生土长，而是为了更好的生活，从别处迁到了塞卢斯草原。坦赞铁路给马赛人的生活注入了新的动力。

【同期】

马赛人：说到坦赞铁路，我们会卖牛奶给车上的游客，很多人知道我们这个地方叫基萨基，这里可以买很多新鲜牛奶，这里每个人都知道坦赞铁路，村里很多人常常选择乘坐坦赞铁路去别的地方，去曼古拉，那里有一个大的牛奶市场，坦赞铁路是村民出入的交通工具，坦赞铁路对这里的帮助很大。

【画面】

马赛人修建的房屋

【解说】

这座与周围房屋风格截然不同的建筑是马赛人刚修建的学校，他们希望下一代接受更好的教育，并有机会坐火车去往更远的地方学习。

【画面】

马赛人跳舞；

尼尔斯和马赛人互动

【解说】

坦赞铁路让马赛人得以在不破坏生态环境的基础上发展旅游业，这一点在铁路建设之初是没有料到的。"自由之路"运行40多年，依然能给人们带来惊喜。

和马赛人一样，很多人以铁路为生、以铁路为梦，每当列车到站，无论白天还是夜晚，站台就如同过节一般热闹。

【画面】

（晚）各种沿线卖东西画面；

列车开远

【解说】

这里是位于坦桑尼亚边界的姆贝亚火车站，每周远途列车运行经过的那两天，附近的居民弗劳拉都要来这里卖烤香蕉。

【画面】

热闹非凡的集市；

弗劳拉卖香蕉

【同期】

Thank you（谢谢你）。

【解说】

为贴补家用，弗劳拉定期会去很远的地方采购香蕉，以高于进货价一倍左右的价格卖给车站的旅客，多年来从未间断过。

【同期】

弗劳拉：基本上我的利润是1万或者1.5万先令。夏天生意很好，一般是5月份到12月份。但是现在的季节，生意就不好了。

【解说】

虽然丈夫极力阻止妻子在外抛头露面，但弗劳拉并未顺从，这在男权至上的非洲极其少见。弗劳拉告诉我们，和守在家里相比，外出干活赚钱，才有更多的发展。

【画面】

弗劳拉的家庭画面

【同期】

弗劳拉：因为我家离火车站远，炉子不能放在这里，只能放在仓库，要走路去取，就像这样。

【解说】

如今，坦赞铁路沿线像弗劳拉这样的女性越来越多。她们不再完全依靠丈夫，而是勇敢地走出了家门，依靠自己的双手谋生。

坦赞铁路对非洲女性来说，是一条由内而生的精神自由之路。

【画面】

火车长鸣到站

【解说】

与很多妇女一样，沿线的一些儿童也得益于坦赞铁路的运营，能够挣点零花钱。每当列车停靠时，他们就会跑出家门把自己摘的水果拿出来卖给乘客。

【画面】

火车到站；

沿线小朋友卖水果给乘客；

火车行驶到站；

马坎巴科站人头攒动

【解说】

萨伊德，在坦赞铁路马坎巴科站任职，主要负责维护通信设备，确保铁路的安全运行。

【同期】

萨伊德：这个是通信用的设备。

尼尔斯：用了多少年了，从20世纪60年代还是70年代开始？

萨伊德：2002年。

尼尔斯：哦，2002年。

萨伊德：这是货运用的，我们在这里，主要是用这套设备，确保火车安全通过。

【解说】

在他的办公室，所有的设备都标着中文。

【同期】

尼尔斯：你认识那些字吗？因为那些字是中文。

萨伊德：每一个从中国进口的设备，都会有中英双语的说明书。

尼尔斯：那你会说中文吗？

萨伊德：不太会，只会一些词。

尼尔斯：你能讲一讲吗？

萨伊德：中文吗？

尼尔斯：对。

萨伊德："你好"，还有"米饭"，在我们国家就是米饭的意思，我会说"不客气"。

【解说】

几年前，萨伊德曾随坦赞铁路局来中国学习铁路专业技术和知识。直到今天，半掌大小的培训证明成了他随身必带的重要物件。

【同期】

萨伊德：这是我的证件，证件上面有我们在中国天津的位置，可以用来指路，我记得我在那里待了6个月，我从中国人那里看了很多，学了很多，经历了很多。

【解说】

坦赞铁路正式运营后，萨伊德便举家搬到了铁路附近，上下班很是方便。闲暇之余，他和绝大部分非洲人一样，喜欢看中国功夫片。

【同期】

萨伊德：这个就是成龙，很有名。

尼尔斯：这是他的一部功夫电影。

萨伊德：对。

尼尔斯：你喜欢功夫电影吗？

萨伊德：喜欢，但更喜欢武术电影。

【解说】

因为地理环境的缘故，过去，马坎巴科的经济非常落后。

坦赞铁路的成功修建为沿线的人们提供了多个就业岗位。依靠坦赞铁路的力量，萨伊德能够在这里谋得一份体面的工作，幸福感油然而生。

【同期】

萨伊德：她叫朱哈。

朱哈：嗨。

萨伊德：她现在在读高中。

尼尔斯：你和谁一起住？这里住了几个人？

萨伊德：我的儿子、妻子和女儿。这是我妻子。（尼尔斯打招呼：谢谢，很高兴认识你。妻子：谢谢，欢迎。）

尼尔斯：这个房子很不错。

萨伊德：对，至少对我的家庭而言很不错。

尼尔斯：铁路就在外面。

　　萨伊德：对，就在外面。

【画面】

　　尼尔斯和萨伊德走出家门的画面

【同期】

　　尼尔斯：外面就是铁路。

　　萨伊德：对，离火车站非常近。因为我在铁路工作，所以最好能观察铁路的一举一动以确保安全。

　　萨伊德：我在这里工作11年了，我喜欢这份工作，期待一直工作下去，这是我工作的地方，这是我的生活。

【画面】

　　铁路镜头；

　　小孩子嬉笑玩耍；

　　妇女、情侣、学生在铁路附近走动；

　　萨伊德走在铁路上和工人交流

【同期】

　　工作人员：请注意，请注意。旅客朋友们，开往赞比亚的列车，马上就要进站了，谢谢。

【画面】

　　火车到站

【解说】

　　在马坎巴科，我们还碰到了一位名叫马男的卢旺达青年，他最近一直用坦赞铁路运输玉米。

【同期】

　　马男：4个月前，我们尝试使用货车，从卢萨卡到基加利要两个多星期，所以这一段我们用坦赞铁路运输，然后再用货车直接运到卢旺达，这样的话我们只用过一个叫鲁苏陌的关口就行，我们需要确保一切以最快的速度，以及最大的量完成运输，这样就可以节省人力。

【解说】

　　坦赞铁路的货运功能，大大缩短了货物运输的时间，这是对当地生意人最实用的改变。

【同期】

　　马男：从卢萨卡到这里需要3天，从这里到基加利还要两天，一共5天。和两个星期比起来，5天不算太久。

【解说】

　　马男曾就读于中国江苏无锡的江南大学。

【同期】

　　马男：我去过中国，我学了食品科学。我在这里有时候我用英文，有时候用中文。

【解说】

　　学成归国后的他将专业所学运用于实践。

【同期】

　　马男：我们马上到我们的仓库了，在这里。

　　从火车站那里运输玉米到这，再用货车从这里运走。

　　这个玉米含有大豆、维生素和蛋白质，我们用来给小朋友以及哺乳期妇女做食物。

【画面】

　　马男走向工厂；

　　工作人员打开车厢；

　　马男拿玉米；

　　货车开走

【解说】

　　坦、赞两国地处东非核心地带，坦赞铁路在为其开辟了一条可靠的运输通道的同时，也带动了区域产业的调整和升级，成为一条贯通东非和中南非的经济大动脉。

【画面】

　　火车行驶到站

　　小孩子挥手

【解说】

　　这里是纳孔德站，地处坦、赞两国边境地带，因为牵涉两国物资转运，所以每辆列车到站后，都会有大量的货物需要卸载装载。附近的男女老少都不约而同地加入到装卸大军中来。

【同期】

工人：我们在装行李。

尼尔斯：你好。你在装行李吗？

工人：对，在装行李。

尼尔斯：好像很忙？

工人：是的。

尼尔斯：所以这些都是那边上来的行李？

工人：是的。

【画面】

尼尔斯走进装载仓库；

工人打招呼

【同期】

尼尔斯：那个是秤，抱歉。

工人：那是装载机。

尼尔斯：那是装载机？

工人：是的。

尼尔斯：行李称重后根据重量付费？

工人：对的，然后把它放在手推车上。

尼尔斯：好的。

工人：你是乘客吗？

尼尔斯：不是。

【解说】

纳孔德车站内，货物装卸井然有序，这一切得益于调度员熟练的操作。

【同期】

蒙巴·包提法：纳孔德0745，两上一下。好的，保持联系。

【同期】

蒙巴·包提法：我叫蒙巴·包提法。我是在站台值班的领班。我们车站有3个领班，这里有两个重要的官方办事处，检查从赞比亚运出的货物，同样也要检查坦桑尼亚出口的货物，两侧的检查都一样。

【解说】

每天的工作看似大同小异，甚至有些枯燥，但在蒙巴·包提法眼里，这不仅仅是一份工作，更关乎民族的解放。

【同期】

蒙巴·包提法：因为南非当时实施种族隔离制度，我们不能从那里出口铜矿，要从赞比亚出口至欧洲国家，因此必须建这条铁路，于是中国人来了，帮助我们建起了这条铁路，如果没有中国，就没有这条铁路，因为考虑到地理环境，有人说建这条铁路要花很多年，但中国用不到10年就建起来了。

【解说】

坦赞铁路沿线地形复杂，从1970年10月动工兴建，到1976年7月就全线完成，中国人高效的工作赢得了当地人民的认可，自此，从赞比亚出口的铜矿，经由坦赞铁路，能够顺利运输至港口，进而运往世界各地，坦、赞两国由此获得了经济上的独立和解放。

【同期】

火车旗手：我是亚木萨，来自坦桑尼亚。我是一名乘务人员，这是我的工作，我喜欢我的工作，中国人是我的朋友。尼雷尔总统和毛泽东主席，我爱中国，我爱坦桑尼亚，我爱赞比亚。我是坦桑尼亚人，坦桑尼亚是一个好国家，坦桑尼亚很好。

这是著名的国家，名字叫坦桑尼亚，坦桑尼亚，坦桑尼亚，我全心全意地爱你。睡着时你在我的梦里。醒来时我在和平环境，母亲。坦桑尼亚，坦桑尼亚，我全心全意地爱你。

【画面】

黄昏下列车行驶的画面；

铁路沿线的风景

【解说】

岁月悠悠，任凭雨打风吹，时至今日，铜矿的出口路线已经多元化，但坦赞铁路依旧为坦桑尼亚和赞比亚两国的沿线经济生活发挥着重要的作用。

这，是千万中非人民的智慧结晶，更是中非未来发展的有效保障。

第三集　坦赞情怀

【导视】

这是一场时代转折点的接力赛。

重新站在非洲的土地上，这条1976年7月建成的铁路依旧充满希望和能量。

坦桑尼亚留学生联谊会主席李个雷：如果没有这个铁路，很多人不会有那么好的好处。

作为中非关系发展的丰碑，坦赞铁路影响了一代又一代中非人。

四达时代公司赞比亚首席执行官廖兰芳：记得小时候我们看了马季的相声，说拉菲克就提到了坦赞铁路。

他们将自己的命运和梦想同整个中非合作的时代洪流紧紧联系在一起。

坦赞铁路中国专家组电气工程师田国华：对坦桑尼亚人民和这个工厂从感情和各方面都是非常深刻的。

光阴轮转，无数的英雄儿女把自己的血汗倾注于这条友谊的铁路、这片赤黄的土地。

孔子学院汉语志愿者胡馥筠：我觉得坦赞铁路对于坦桑尼亚人和赞比亚人来说，是一种希望，它对我来说也是一种希望。

他们的身上，凝聚了属于中非的光明和希望，亦是坦赞铁路生生不息的前进力量。

【字幕】

第三集　坦赞情怀

【同期】

田国华：我头一次来是2001年，到这块儿已经有十七八年，虽然中途回国过几次，但是我现在就在这块儿，已经工作满9年了。所以说，对坦桑人民和工厂从感情和各方面都是非常深刻的，所以我就把这快当成我的家了。

【画面】

汽车行驶；

田国华师傅和路上的小朋友打招呼

【解说】

1976年，坦赞铁路顺利通车后，便交由坦桑尼亚和赞比亚两国政府共同运营，负责修建的中国铁路工人分批回国，接下来的40多年里，中国陆续派遣多批技术专家来坦赞铁路指导，来自东北的田国华师傅就是其中的一员。

【同期】

田国华：大学毕业以后，正好赶上坦赞铁路需要重建轨枕厂。因为在坦桑尼亚没有轨枕厂，我是负责电气的，在这方面正好需要这么一个人，就让我代表国家，来这里建设这个轨枕厂，把坦赞铁路破损的部分进行更换。

【同期】

田国华：你好，拉菲克。你好。这是我的拉菲克，好朋友，他是专门负责水泵的，他从建厂2001年就在这块儿。

【画面】

田国华爬楼梯

【同期】

田国华：这就是那个控制台。2001年安装的，现在已经十七八年了吧。这个厂子的所有电气设备都是我亲手安装的，所以说，我对这厂子特别亲切就在这儿，每个布线都相当熟悉。

【画面】

田国华下楼梯

【同期】

田国华：我总是管坦赞这个轨枕厂叫"花园"。因为在这个地方，雨季还有点儿绿色，没有的话，一片焦黄，我引用别人的诗，我说是"天蓝蓝，地黄黄，风吹草低真凄凉"。但是我就认为这个工厂里边啊，绿化和我们营地绿化特别好，所以我就把工厂叫作"花园"。

【同期】

田国华：现在这个季节是最好的时候。中国的话讲嘛，"一年之计在于春"。

【解说】

美不胜收的风景、善良淳朴的民风、为国奉献的担当……这些，都是专家们选择留下来的理由。现在，坦赞铁路中国专家组共有12人，其中田国华所在的轨枕厂有3人，田国华担任组长，统筹康格勒轨枕厂的技术指导相关事宜，而英语老师出身的侯师傅则是组里的"翻译官"。

【同期】

尼尔斯：侯师傅，你们如何确保高质量呢？

侯师傅：是这样的，在生产过程中，要经过两次测试，一是在生产之前，二是对成品的测试。

【画面】

轨枕厂日常运行

【同期】

侯师傅：这是检测仪。他们要开始测试了。

尼尔斯：我们看看是怎么操作的。

侯师傅：好的，开始测试。

尼尔斯：你对检测质量很满意？

侯师傅：对，非常满意。读数很高。

尼尔斯：我可以拿出来，哇哦，不可思议，我们看到了混凝土的内部，很高兴看到我们乘坐的轨枕内部，火车底下的轨枕质量很好。

【画面】

质量检测；

冯玉华师傅指导工人

【解说】

这位正在指导工人的师傅是专家组里的"技术先锋"，名叫冯玉华，来自中国山东，2001年来到坦桑尼亚后，一直在轨枕厂负责轨枕生产和技术教学。

【同期】

冯玉华：咱们是每天都到厂，发现什么问题，直接告诉操作工怎么解决。因为他们原先吧，都是啥，就是普通的农民，这些设备他是看都没看过，所以后来经过咱们一手领着他安装，他涨了很多知识，对这些设备对什么都了解挺好的，而且现在他们村子里都是比较有名的，生活经济来源也好，家庭条件都挺好，就这个真正是从根本上帮助他们，所以他们现在对咱们的感情很深。

【画面】

热闹非凡的姆穗穗村集市

【同期】

冯玉华：这是咱们六七十年代的货到这了，孩子们好。糖果，糖果，很好吃。

只要在周五，就买点日用品，到这个小市场来看一看。距我们住的地方不到500米。

尼尔斯：看我。

【解说】

每到周五，轨枕厂附近就会举办一次集市，每次开张，这里就像过节似的，大小货物，一应俱全。

【同期】

冯玉华：你好，拉菲克。拉菲克，多少钱？

商贩：1万5先令。

田国华和冯玉华：姆穗穗这里的经济状况比较差，当时集市是有，但是没有现在那么繁华。后来轨枕厂建完之后吧，这些年给它带动起来了，因为轨枕厂这些工人定期开工资，而且基本没有差的工资，再说，早先，最开始时的市场，都是二手，都是旧货，现在新的几乎和旧的最低是各占百分之五十吧。这是中国产的袜子，中国产的，现在的小商品感觉很多很多，现在就是当地产品少，中国产品多。

【解说】

这些年来，随着中非经贸往来的日益频繁，"中国制造"在非洲随处可见，这些商品物美价廉，很受非洲普通老百姓的欢迎。但除了这些琳琅满目的小商品外，3位老专家很难再寻到其他熟悉的中国元素。

【画面】

师傅搬运货物

【同期】

冯玉华：在这个营地比较寂寞，每天傍晚的时候，在外面遛弯的时候唱唱歌，我们一般都是一年半一探亲，有时候想家的时候唱唱歌。抱歉。寂寞的时候除工作之外咱晚上没啥事了，就是遛弯的时候唱唱歌吧，消消愁、解解闷，完了之后呢，也是对身体挺好，反正就是，怎么说呢，就是在这工作咱没说的，必须把工作做好，因为啥，我感觉叫啥呢，祖国信任咱们，咱就应该把这工作做好，就是家庭再有再多的困难，也都要克服。像我的女儿上高中，我就出国了，一直到现在，我始终不能在跟前照顾她。

【同期】

　　冯玉华：灿烂的朝霞，升起在金色的北京。庄严的乐曲……

【解说】

　　悠扬高昂的歌声回荡在非洲大地的上空，久久未散，这是千千万万像冯师傅这样，在外工作的中华儿女的心声，更是他们舍小家为大家的责任与担当。

【画面】

　　航拍远景

【同期】

　　田国华：往铁道这个方向走，网络比较好，所以我就天天边散步边给家打个电话，问问家有什么事吗。

　　田国华：孩子们好。

　　路边的孩子们：您好。

　　田国华：他们小孩，摸成人脸，摸脑袋，就代表你很幸福，挺好，乖。

　　田国华：他们可愿意这么玩了。

　　田国华：拉菲克（朋友）你好。

　　田国华：你好。

　　田国华：这就是坦赞铁路，这块儿离我们那也就300多米吧。因为离得近，这块挺好的。

　　家人：该回来不回来。

　　田国华：该回来不回来，那也得等那个工作干完啊。

　　家人：好好干啊。

　　田国华：对，我在这好好干，谢谢你的大力支持，你在家做好我们的好后勤，谢谢你了啊。

【画面】

　　田国华边走路边接受采访；

　　田国华和路边小孩互动；

　　路边小孩搞怪；

　　和放牧人的交流；

　　介绍坦赞铁路；

田国华渐渐走远

【同期】

田国华：吃饭咯，吃饭咯。

【同期】

侯师傅：这个就开。

冯玉华：好了。再舀一勺。完事。好了，兄弟。老田注意咯，别崩身上。

冯玉华：拉菲克。谢谢。不客气。谢谢。欢迎。

田国华：欢迎。非常欢迎你来。

侯师傅：这是中国传统的食物，希望你也喜欢。

田国华：韭菜馅饺子。

尼尔斯：韭菜饺子。

很好吃。很好。

冯玉华：一切保重。

尼尔斯：非常感谢。

【解说】

时光如水，岁月如歌，无数坦赞铁路人的默默付出，为中非友谊贡献了不可磨灭的力量。

而在距离达累斯萨拉姆火车站不远处的城郊，安葬着一批为坦赞铁路事业奋斗到最后一刻的英雄。每当有人来这里参观、缅怀英烈，负责公墓维护的赵叶便会仔细讲解每一位烈士的故事。

【同期】

赵叶：专家公墓始建于1972年。你能看见，有70人在坦赞铁路以及其他在坦桑尼亚的项目的建设过程中献出了生命，你无法想象对他们来说这是多么艰难，你只需想象一下他们没有任何的通信设备。我听说过一个关于这些烈士的故事。在他来到坦桑尼亚之后，他给他的妻子写了一封信，"我很抱歉不能陪在你跟孩子身边"。这封信后来成了他最后的遗言，这是一个鲜活的生命啊。对不起。

【画面】

赵叶介绍中国专家公墓情况

【解说】

突如其来的灾难无情夺去了英雄的生命，正是他们这种无畏无惧的担当、无私奉献的国际主义精神，坦赞铁路才得以顺利建成、运营。

【同期】

赵叶："巍巍德业馨赤土，未竟成真报九州"，为援坦赞铁路建设及技术合作而牺牲的烈士英灵永垂不朽。

【解说】

在铁路的历史轨迹上，英雄虽然远去，但他们的精神却百世流芳。

【同期】

赵叶：艰苦奋斗的拼搏精神，无私奉献的国际主义精神。

【画面】

使馆组织的坦赞铁路活动现场

【同期】

赵叶：今天驻坦桑尼亚大使馆组织了一次重走坦赞铁路的活动。坦赞铁路跟中国有很大的历史渊源。所以，我作为一个中国人，是很期待重走这一趟坦赞铁路之旅的。那今天有这个机会，跟朋友们、同事们包括跟我爱人一起坐这个坦赞铁路（火车），心情很激动，也想看一看从40多年以前一直到现在坦赞铁路到底发生了什么，沿线的风光怎么样。

赵叶丈夫：我们是在国内认识的，我先通过我的描述，通过我的照片，通过我的语言，通过我的文字，告诉她坦桑尼亚是个什么样子，让她对这里产生兴趣，然后，她才来到这儿。从一年、两年、三年，到现在四年，我发现她现在已经爱上这里了。

【画面】

两个人合照

【同期】

赵叶丈夫和赵叶：茄子。

【解说】

坦赞铁路凝聚了来自世界各地的人们各式各样的情感，有旅途的乐趣、归家的迫切，也有探亲的想念、分别的苦楚，这一切，都由这一趟列车承载着，驶向远方。

【画面】

火车到站

【同期】

关晶晶：你的名字叫什么？

关晶晶：我的名字叫Cindy。你去哪里？去学校？

火车乘客（点头）：是的。

关晶晶：你会说英文吗？

火车乘客：不会。

【画面】

关晶晶和火车乘客交流；

关晶晶上车

【同期】

关晶晶：我叫关晶晶，来自中国山西，然后来坦桑尼亚主要是为了和我爱人一起过年。就来坦桑尼亚之前，我的同事包括朋友知道我来这边，他们就说那里很远、很危险。因为我爱人在坦桑尼亚工作，然后通过他或多或少对坦赞铁路有一些了解。我今天来的时候，还拍了一个那个铁轨上"中华人民共和国制"，20世纪70年代，一群年轻的中国人和中国专家来到非洲，修建了这样一条伟大的铁路，想到他们为之付出的血汗，真的是很不容易。

【画面】

火车沿路风景

【解说】

对于关晶晶这一代年轻人来说，坦赞铁路的修建历史已经逐步远去，为了避免这段历史被遗忘，一场名为重访坦赞铁路的知识竞赛正在姆贝亚科技大学举行。

【同期】

胡馥筠：第一个问题：哪几个国家合作修建了这条坦赞铁路，有三个国家？你是第一个举手的。

学生：其中的两个国家分别是坦桑尼亚、赞比亚和……

胡馥筠：坦桑尼亚、赞比亚，那么我的国家呢？

好的，第二个问题，什么时候完成了坦赞铁路的修建工作呢？哇哦，又是你第一个举手。

学生：1976年。

胡馥筠：1976年，谢谢。

【解说】

对于年轻一代的非洲人来说，比起坦赞铁路的历史，耳熟能详的中国歌曲更是深得他们的喜爱。

【画面】

歌声渐响，胡馥筠用手打节拍教非洲人民唱着歌；

"我的未来不是梦……"（背景音乐），铁路上方的空镜；

你是不是像我整天忙着追求，一次一次徘徊在十字街头，因为我不在乎，别人怎么说，我从没有忘记过，对自己的承诺，对爱的执着，我知道，我的未来不是梦，我认真地过每一分钟……

【同期】

胡馥筠：我叫胡馥筠，我来自浙江金华，现在在达累斯萨达姆大学姆贝亚教学点担任孔子学院汉语教师志愿者。

【解说】

胡馥筠所在的姆贝亚科技大学距离坦赞铁路仅有1000米，是去往城市的必经之地，来到坦桑尼亚工作后，胡馥筠对坦赞铁路有了更加深刻的认识。

【画面】

胡馥筠在黑板上写字，给学生们上课；

学生上课镜头，学生特写

【同期】

胡馥筠：我在国内对坦赞铁路其实没有很深的印象，但是来这里之后，像我们孔院的logo（标志），都是用坦赞铁路作为设计理念的一部分，所以我觉得坦赞铁路对于坦桑尼亚人和赞比亚人来说是一种希望，它对我来说也是一种希望，当时把那么一批工程师带到了坦桑尼亚，现在也把我带到了这里。

【解说】

如今，有越来越多的中国人来到非洲工作学习，也有越来越多的非洲人，开始追逐他们的中国梦。坦桑尼亚留华学生联谊会主席李个雷，便是其中的一员。

【画面】

李个雷一行人走进大使馆，参加活动；

活动现场的参加者镜头；

李个雷和参加者交谈；

李个雷走上讲台演讲并赠送苟皓东礼物

【同期】

李个雷：谢谢大家，我是李个雷。苟皓东公使，他支持我们做了很多事情，坦桑尼亚留华学生联谊会为他准备了一份礼物，我们非常感谢他。

【画面】

李个雷和参加者进行合影

【同期】

李个雷：我第一次到中国是1998年，去中国留学，毕业了以后回坦桑尼亚，差不多7年多了，因为我小的时候比较努力学习，所以我那个时候已经知道了坦赞铁路，因为在小学的时候教过，坦桑尼亚跟中国的关系，从毛泽东，还有尼雷尔，这个关系让我们有机会到中国，我感谢这两个国家的这些好的关系。

【解说】

除李个雷以外，目前有500多名坦桑尼亚留学生在中国学习。2009年，李个雷等人为了团结这些非洲的中国通，成立了坦桑尼亚留华学生联谊会，他们搭建起中非交流的友谊桥梁，成为名副其实的民间使者。

【同期】

李个雷：我觉得我们现在的年轻人，现在的坦桑尼亚人，必须要保护这个坦赞铁路。因为铁路沿线有农业活动、矿业开采，铁路沿线还有历史传统文化。

【画面】

婚礼现场的空镜，李个雷在与人交谈，参加者们开始跳舞

【解说】

坦赞铁路作为中非合作的试金石，带动了中非双方在不同领域的深度合作，无数的公司、企业家因为坦赞铁路来到了这里，成为新时期坦赞铁路的传承人。

【画面】

四达时代公司赞比亚首席执行官廖兰芳给员工开会

【同期】

廖兰芳：我叫廖兰芳，是四达赞比亚公司的负责人。其实来非洲也算是机缘巧合吧，我记得小时候我们看了一个相声，那个马季的相声，有一个叫拉菲克，说拉菲克呢，就提到了坦赞铁路，这是也是我对非洲最初的一个印象。

【解说】

谈起非洲，人们首先想到的就是坦赞铁路，或者是它奇丽无比的自然风光，但是随着了解的深入，我们发现，对非洲，我们往往存在着许多误解。

【同期】

廖兰芳：因为我们当时的这个坦赞铁路，使得中国，跟坦桑尼亚，跟赞比亚的关系非常近。给我印象深刻的是在赞比亚我们做一次电影大篷车下乡的活动，我们呢，是沿途从卢萨卡做到基特韦的铜带省，期间经过卡皮里姆波希，电影大篷车放映到卡皮里姆波希的时候，就明显感觉到当地人对待中国人的态度和对中国故事的理解那是非常不一样的。

【画面】

电影大篷车活动现场以及新闻

【解说】

近些年来，随着数字传媒和交通技术的不断发展，中非人民的交流和了解扩展到方方面面，但一些西方媒体以偏概全地批判坦赞铁路及其他中非合作项目，而廖兰芳等人所做的工作，则发出了中非人自己的声音。

【同期】

廖兰芳：这几年，随着中国经济走出来，西方媒体对中国啊，无论你是做什么，他可能就是一味地就是负面的，在我当时调任到赞比亚的时候专门抽时间去拜会赞比亚的国父卡翁达，他说那你们就是"文化TAZARA（坦赞铁路）"吗，我说对，这对于加深中国和赞比亚两国人民对各自文化和经济活动的了解，以及国情的了解，其实是起到很大的促进作用的。

【解说】

飞鸟碧空下，时代斗转星移，科技极速前进，中非合作的发展，从坦赞铁路开始，在时代的车轮中，逐步延伸到文化交流的领域。未来，无数的热血青年秉承坦赞铁路英雄们流传的精神，接力中非友好合作的新篇章。

附录二

纪录片《重走坦赞铁路》 主题曲歌词

作词：刘岩（中国）

作曲：桑佳·朱利叶斯·罗斯（坦桑尼亚）

演奏：桑佳·朱利叶斯·罗斯（坦桑尼亚）

演唱：桑佳·朱利叶斯·罗斯（坦桑尼亚）

独白：阿玉布·达米阿尼·泰威莱（坦桑尼亚）

音乐统筹：恩扬古姆威·萨鲁姆·萨义德（坦桑尼亚）

音乐视频导演：张勇（中国）

汉语	斯瓦希里语	英语
坦赞铁路之歌	**Wimbo wa TAZARA**	**Song of TAZARA**
记得小时候	Nakumbuka nilipokuwa mdogo	I remember when I was a little boy
我家门前有一条铁路	Ilikuwepo reli mbele ya nyumba yangu	Passing my hometown there was a railway
汽笛声是我童年的节奏	Miluzi ilikuwa mapigo ya utoto wangu	The whistle was the rhythm of my childhood
我的梦想就是铁路的尽头	Ndoto yangu ilikuwa mwisho wa reli	My dream was upon the other side of the railroad
我们做着猜火车的游戏	Tulicheza mchezo wa treni	Children were playing the trainspotting game
村民们不断吆喝自己的生意	Wanakijiji wakifurahia biashara zao	While villagers were running with the train and peddling
那熙熙攘攘的人群	Ule msongomano wa watu	The crowd of passengers
不知他们从哪来到哪去	Haikuujulikana wanatoka na kwenda wapi	It was not known where they came from and headed to
那一年我离开了妈妈	Mwaka niliomuacha mamaangu	That year I left my mother

续表

汉语	斯瓦希里语	英语
坦赞铁路之歌	**Wimbo wa TAZARA**	**Song of TAZARA**
坐上火车来到了Dar（达累斯萨拉姆）	Nilikuja na treni Dar	The train took me to Dar
我第一次看大海	Nisiku ya kwanza kuona bahari kubwa	The first sight of the dreamy sea
也第一次遇到我的（天使）	ni siku ya kwanza kumuona malaika wangu	The encounter with my beloved she
（我爱你妈妈，我爱你坦赞铁路）	Nakupenda mama,Nakupenda Tazara	I love you, mama I love you, Tazara
我历经千辛万苦	Nimepitia shida nyingi	I went through thick and thin
找到自己的幸福	Sasa nimepata furaha	to have someone stand by me
Tazara（坦赞铁路）是带给我幸福的路	Tazara imenipa furaha	Tazara made my happiness happen
（非常感谢 自由之路）	Asante sana reli ya uhuru	Thank you the Railway of Freedom
	Yeyeye yeye hayahaaaaa	
（坦赞铁路是我们的铁路）	Tazara ndiyo reli yetu eeh	Tazara is our own railway
（从达累斯萨拉姆到赞比亚卡皮里姆波希）	Kutoka Dar es salaam hadi Kapili Mposhi Zambia eeehh	From Dar es Salaam to Kapiri Mposhi Zambia
（祝贺中国为我们建了这条铁路）	Tuipongeza Serikali ya China kwa ujenzi wa reli ya Tazara	Congratulations to China for the construction of Tazara
（让我们一起向前）	Maendeleo sasa yanasonga mbele	Let's go forward together to far.

附录三

纪录片《重走坦赞铁路》
拍摄批文

驻外使领馆明码发电

发电单位　驻坦桑尼亚使馆　　　　　　签批　习胜东 3/

等级　特急　　　　　　　　　　　　发电 173 号

主办
单位
签批

关于邀请拍摄纪录片事

浙江师范大学：

　　为进一步弘扬坦赞铁路精神、传播中坦传统友谊，我馆拟邀请贵校非洲研究院非洲影视研究中心教师张勇(男，护照号 PE0906797)于近期赴坦拍摄纪录片《永远的坦赞铁路》，拍摄时间约为一个月，请贵校予以协助为盼，预致谢意。

　　联系人：肖帆 +255-763904808

驻坦桑尼亚使馆

2017年11月2日

| 拟稿单位：公新办 | 页数：共 页 | |
| 拟稿：肖帆 | 核稿： | 电话：+255-763904808 |

中国驻坦桑尼亚使馆邀请拍摄公函

No. 00461

THE UNITED REPUBLIC OF TANZANIA

—

MINISTRY OF INFORMATION YOUTH CULTUREAND SPORTS

(The Film and Stage Plays Act No. 1976)
The Films and Stage Plays Regulations, 2011
(G.N. No. 156)

NATIONAL FILM BOARD TANZANIA,
P.O. BOX 8031,
DAR ES SALAAM

Ref: CG57/204/001

DATE of issue: 22nd DECEMBER, 2017

FILMING PERMIT FOR FOREIGNERS

ZHANG YONG HOLDER OF PASSPORT N⁰ PE0906797 AND OTHERS, 6 CREW FROM INSTITUTE OF AFRICAN STUDIES OF ZHEJIANG NORMAL UNIVERSITY - IASZNU, CHINA.

A. Has/Have this day been permitted to:- FILMING TO PRODUCE A DOCUMENTARY ABOUT THE HISTORY OF TAZARA AND CHINA - TANZANIA RELATIONSHIP.

B. Area(S) to be covered is/are:- TANZANIA ZAMBIA RAILWAY (TAZARA).

C. Has/Have been authorized to interview/hold talks with:-

SELECTED PERSONEL.

D. Assignment to be carried out under the supervision of:- DAR ES SALAAM, NJOMBE, MOROGORO AND MBEYA REGIONAL ADMINISTRATIVE SECRETARY, THE MINISTRY OF WORKS, TRANSPORT AND COMMUNICATION AND TAZARA AUTHORITY.

This permit is valid from 22nd DECEMBER, 2017 to 26th JANUARY, 2018.

Issued by C. CHELESI   Signature...........

Date 22/12/2017

EXECUTIVE SECRETARY & SECRETARY, FILMING PERMIT COMMITTEE

Note: While adhering to good Tanzania Norms Values and Culture, the bearer should respect and follow other Laws, Rules na Regulations of the respective areas

坦桑尼亚新闻青年文化体育部采访同意函

Tanzania Zambia Railway Authority

Head Office Nyerere / Mandela Road Junction
P. O. Box 2834 Dar es Salaam Tanzania
Telephone: +255 739 998855 Website: www.tazarasite.com

Our Ref: TZR/MD/1/T&V/5
Your Ref:
Date: 22nd December, 2017

Mr. Gou Haodong
Minister Counselor
Embassy of the Peoples Republic of China
DAR ES SALAAM

Dear Mr. Haodong

ARRANGEMENT OF TROLLEY FOR CHINESE TV CREW

I acknowledge with thanks receipt of your letter dated 20th December, 2017 with regard to the above subject and the content therein.

Please be advised that the Trolley will be provided free of charge for a round trip of 50 kilometers on 30th December, 2017 from 10:30am to 16:30pm to enable the Chinese TV Crew film pictures and scenes along TAZARA line.

We will issue a letter authorizing filming of TAZARA facilities along the route.

You are informed accordingly.

Yours sincerely
Tanzania Zambia Railways Authority

Eng. Bruno T. Ching'andu
MANAGING DIRECTOR

cc.

坦赞铁路局采访同意函

TANZANIA ZAMBIA RAILWAY AUTHORITY
Internal Memorandum

To:	Regional General Manager – Tanzania	**Ref:**	TZR/MD/1/T&V/5
From:	Managing Director	**Date:**	22nd December, 2017

Re: **ARRANGEMENT OF TROLLEY FOR CHINESE TV CREW**

Refer to the subject above.

Please be advised that the Chinese filming Delegation will be taking photos along the route from Dar-es-salam to Mwakanga on 30th December, 2017 from 10:30am to 16:30pm. The TV Crew has been provided with a trolley and allowed to film TAZARA facilities as the photos are required for the documentary on TAZARA.

Kindly accord them the necessary assistance.

Eng. Bruno T. Ching'andu
Managing Director

owl

坦赞铁路局下发沿线车站采访同意函

重走**坦赞铁路**

　　我们这一代人对坦赞铁路的认知大多源自中小学历史课堂。成为一名老师后，我开始在课堂上询问来自不同专业的95后学生，让我震惊的是30多人的课堂通常只有五六人听说过坦赞铁路，我还被告知如今的中小学课本里已经没有了坦赞铁路相关内容。而友人的一句话同样令我震惊：在中国铁道博物馆里，坦赞铁路未被提及。

　　因为从事非洲影视研究的缘故，我很早就看过中央新闻电影制片厂制作出品的《坦赞铁路在建设中》，这是有关坦赞铁路这一新中国第一大援外工程最早的纪录片，而影片也不免带有浓重的时代烙印：宏大的主题叙事、高大全的影像呈现、激情澎湃的配音解说。这种影像的叙述尽管具有不可复制的文献价值，但在观赏性上显然跟我们这一代人的喜好有不小的距离。在北京电影学院读博期间，我曾有幸采访过原中国电影对外输出输入公司非洲业务小组负责人陆孝修先生，他曾用"坦赞铁路修到哪，中国电影放到哪"来概括中非电影交流的历史渊源，于是，我开始对坦赞铁路充满了好奇。2016年暑假我第一次去坦桑尼亚调研，时任中国驻坦桑尼亚使馆公使衔参赞的苟皓东先生推荐了一部BBC（英国广播公司）的纪录片《坦赞铁路纪行》，影片和大多数西方影视作品一样，先入为主地抨击中非合作，一如既往地鼓吹"中国新殖民主义"，仿佛不是纪录片，而是意识形态政论片，令人感到无语又无奈。

　　人生总是充满各种机缘巧合，或许我命中注定与坦赞铁路有缘。在坦桑尼亚调研期间，曾在坦赞铁路建设后期担任斯瓦希里语翻译的王晓明时隔多年后重返坦赞铁路，邀请我一路同行，我没有多想便答应了。在正式开始重走坦赞铁路之前，我们与驻坦桑尼亚使馆、孔子学院、中土公司、四达时代等驻非机构进行了交流，我惊讶地发现这些部门里的主力军大多为二三十岁的年轻人，他们年纪虽小，但个个都能独当一面，全面刷新了我对90后的认知。在与他们的一次次交流之后，我总是忍不住忆想起那句著名的口号"一不怕苦，二不怕死"，我的脑海中总是一次次浮现一个个中国人闯荡非洲开辟新天地的画面，他们显然跟西方媒体塑造的中国人在非洲的形象截然不同。

行走的第一站是位于达累斯萨拉姆市的火车站，这里是坦赞铁路的起点，远远地看去会让人有些恍惚，因为这个火车站的外观与中国的很多老火车站几乎一模一样。置身其中，仿佛自己不是在遥远的非洲，而是在熟悉的中国。左右问路后，我们见到了中国铁路组的苗组长，了解到坦赞铁路中方人员由原来的几万人，减少到现如今只有12个人负责技术援助，其中9人在达市、3人远在姆贝亚。在交流过程中，苗组长得知我是影视专业出身之后，提及央视前几年来拍过坦赞铁路，"干你们这一行的是不是都扎着小辫子？上次他们来的几个男同志都扎着小辫子，我们也不好多问，想着可能是这一行业的特点"，"这一行可真不容易，凌晨就趴在铁路沿线，等着拍火车开过来，好家伙把我们几个也累得够呛"。显然，我接触下来的苗组长根本没有BBC《坦赞铁路纪行》塑造的那样不可接近，而他本人也对自己在BBC纪录片里的形象非常不满，"我只是跟他们说要采访我必须经过使馆经参处同意，这有什么错吗？"没错，采访要经对方同意才能拍摄，这是媒体人的基本职业素养。

随后，我们去了坦赞铁路大院所在地，原来修建时期用过的宿舍、医院、水房、库房一一在那。在一个库房里面，几十箱电影胶片和电话机、电报机、缝纫机、热水壶等静静地躺在角落里，布满灰尘，掀开铁皮箱，"珠江电影制片厂""金光大道""红灯记"等字样映入眼帘，陆老前辈说的"坦赞铁路修到哪，中国电影放到哪"终于由想象变为现实。随后，我们又在院子里"考古"到当年放映露天电影的场地，那块悬挂放映幕布的支架板历经风雨数十年，早已破烂不堪。可以想象，成千上万个筑路工人，远在异国他乡，白天修路，晚上看电影，在革命需要高于一切的年代里，电影再次承载着释放压力、满足情感需求的造梦功能。

随后的十几天，我们租了一辆车从达累斯萨拉姆开到了姆贝亚，沿途遇到一个车站我们就停下来，王老师一路讲解、一路回忆，我拿着一个小摄像机一路跟拍，青山相见、时光穿梭、回忆的画面布满眼前，每当王老师感慨之时，就是最动人的瞬间，也是我最爱捕捉的点。而一路上亲眼所见、亲耳所听的沿线社会环境的变化、底层人民的生活变迁恰恰是我等坦赞铁路局外人最不了解的内容，却都是BBC所不曾提及的。只谈负面问题，屏蔽历史意义和现实价值，这种避重就轻的叙述意欲何为？作为纪录片人创作之本的客观、公正在哪里？我开始思考西方媒体的报道机制问题。更严重的问题在于，BBC这部纪录片如同坦赞铁路建设之前西方媒体散布的谣言"中国派出去的修路工人都是劳改犯"一样，别有用心地以偏概全抹黑坦赞铁路的历史，将铁路工人和沿线居民描绘成"居住在地狱""没有休息"等悲惨景象，混淆了世界人民的视听。

我们一行到达康格勒后，参观了坦赞铁路轨枕厂，它依旧在不停地生产着坦赞铁路需要的轨枕，不时更新铁路线破损的老枕木。康格勒与非洲的大城市不一样，地处偏远，"天苍苍野茫茫，风吹草低真凄凉"，年轻人待不住，仅有3个年过六旬的老师傅坚守，他们相依为命，自己种菜，轮流做饭，没有充沛物资，没有娱乐活动。而当他们出现在当地村庄里，每个当地人都跟他们打招呼，喊"Rafiki、Rafiki（拉菲克，朋友的意思）"，一种超级明星才能享受的待遇映入眼帘，我顿时为这种中非人民最底层、最真实的融合所触动，恨不能当场多个机位记录下那个感动的瞬间。离别前，我跟师傅们承诺我一定会回来记录下他们的动人故事。

2017年暑假，我重返坦桑尼亚，和桑给巴尔国际电影节联合举办了第二届中非影视合作论坛及《我从非洲来》全球首映式。活动结束后，我和同事陈明昆教授以及美术学院一行再度行走坦赞铁路，他们在铁路沿线现场作画，而我继续搜集人物故事。一个个栩栩如生的当地人物映入画卷，一句句"东方红、太阳升"记入相机，我开始对坦赞铁路纪录片的制作有了点把握，而在此之前，我一直感觉我们年轻人驾驭不了这一重大历史题材，时代离得远，没有亲历过，我个人也更喜欢微观叙事，但是，沿线铁路工作人员和居民的故事何尝不是微观叙事呢？！坦赞铁路纪录片何尝不是讲述普通人与铁路的故事呢？！

经过长期筹备，在我所在单位浙江师范大学非洲研究院以及中国驻坦桑尼亚大使馆、旅游卫视《行者》栏目等大力支持下，2018年1月，讲述坦赞铁路人故事的想法成为现实。先后认识的朋友，第一位深入非洲的人文摄影师梁子女士，伦敦大学亚非学院学者尼尔斯，轲影像摄影师王逸海、王圣溥，研究生陈远等人认同重走并记录坦赞铁路的意义。我们形成了一个由跨越不同国籍的60后、70后、80后、90后四代人所组成的小团队，沿着坦赞铁路采访拍摄了38天，并形成了多个版本的纪录片。

本书的编撰思路是汇集摄制组从坦赞铁路起点到终点的口述采访资料，为坦赞铁路相关研究者，摄影、旅行爱好者提供原汁原味的一手材料。与其他相关书籍不同，本书侧重外方采访者，涵盖高层亲历者、铁路现职工、沿线居民、乘客、专家、媒体人等不同层次，力图通过多元的视角、鲜活的对话呈现出坦赞铁路的历史评判和当下价值，尤其是既定历史叙述中关注较少的民族解放、沿线影响、西方舆论等话题。

本书得以出版，要感谢浙江大学出版社张琛副总编、包灵灵编辑的大力支持，学生高秋婧、徐佳利、潘文敏、韩中悦、邵雨婷、徐丹琳、陆依瑶、余婷、李玮琪、沈思彤、玄国等人对原视频采访素材进行了基础的整理和翻译，在此一并表示感谢。

　　书中部分内容重复甚至出现自相矛盾的观点，源自不同人物对同一事件的不同看法，我们在编撰时遵循采访原意仍保留下来，我想这也是口述史的丰富性及文献价值之所在。由于本人掌握的铁路历史和技术知识有限，内容表述不到位之处，敬请读者批评指正。

　　时至今日，海内外有关坦赞铁路历史和现实的噱头性文字仍在持续传播，我们应如何看待坦赞铁路的历史？如何来还坦赞铁路历史一个公道？如何从一个尽可能多元的视角来看坦赞铁路的现实？我觉得我们年轻一代学人、纪录片人应该尽自己的责任。

张 勇

2018年12月12日

图书在版编目（CIP）数据

中非之路 : 坦赞铁路沿线访谈录 = Uhuru: The
Story of Tanzania-Zambia Railway / 张勇主编. — 杭
州 : 浙江大学出版社，2019.8（2019.10重印）
　ISBN 978-7-308-19104-3

　Ⅰ . ①中… Ⅱ . ①张… Ⅲ . ①人物－访问记－非洲－
现代 Ⅳ . ①K834

　中国版本图书馆CIP数据核字（2019）第071033号

中非之路：坦赞铁路沿线访谈录

张　勇　主编

策　　划	张　琛　包灵灵	
责任编辑	包灵灵	
责任校对	吴水燕	
封面设计	杭州林智广告有限公司	
出版发行	浙江大学出版社	
	（杭州市天目山路148号　邮政编码 310007）	
	（网址：http://www.zjupress.com）	
排　　版	杭州林智广告有限公司	
印　　刷	杭州高腾印务有限公司	
开　　本	710×1000　1/16	
印　　张	15.25	
插　　页	12	
字　　数	256千	
版印次	2019年8月第1版　2019年10月第2次印刷	
书　　号	ISBN 978-7-308-19104-3	
定　　价	68.00元	